ओमप्रकाश वाल्मीकि

ओमप्रकाश वाल्मीकि का जन्म 30 जून, 1950 को बरला, जिला–मुजफ्फरनगर, उत्तर प्रदेश में हुआ। उन्होंने हिन्दी साहित्य से एम.ए. किया।

उनकी प्रकाशित कृतियाँ हैं—'सदियों का संताप', 'बस्स! बहुत हो चुका', 'अब और नहीं', 'शब्द झूठ नहीं बोलते', 'चयनित कविताएँ' (कविता-संग्रह); 'जूठन' (आत्मकथा); 'सलाम', 'घुसपैठिए', 'अम्मा एंड अदर स्टोरीज़', 'छतरी' (कहानी-संग्रह); 'दलित साहित्य का सौन्दर्यशास्त्र', 'मुख्यधारा और दलित साहित्य', 'दलित साहित्य : अनुभव, संघर्ष और यथार्थ' (आलोचना); 'सफाई देवता' (सामाजिक अध्ययन)।

उनकी आत्मकथा 'जूठन' अंग्रेजी, जर्मन, स्वीडिश, पंजाबी, तमिल, तेलगू, मलयालम, कन्नड़ आदि भाषाओं में अनूदित एवं प्रकाशित है। उन्होंने कई अनुवाद भी किए जिनमें 'सायरन का शहर' शीर्षक से अरुण काले के कविता-संग्रह का मराठी से हिन्दी में अनुवाद और 'मैं हिन्दू क्यों नहीं' शीर्षक से कांचा एलैया की अंग्रेज़ी पुस्तक का हिन्दी में अनुवाद प्रमुख हैं। इनके अलावा लोकनाथ यशवन्त की अनेक मराठी कविताओं का हिन्दी में अनुवाद किया। लगभग 60 नाटकों में अभिनय एवं निर्देशन किया। विभिन्न नाट्य-दलों द्वारा 'दो चेहरे' के मंचन हुए हैं। इसके अलावा 'जूठन' के नाट्य-रूपान्तरण के भी कई मंचन हुए। प्रथम हिन्दी दलित साहित्य सम्मेलन, नागपुर के अध्यक्ष; 28वें अस्मितादर्श साहित्य सम्मेलन, चन्द्रपुर, महाराष्ट्र के अध्यक्ष और भारतीय उच्च अध्ययन संस्थान, राष्ट्रपति निवास, शिमला सोसाइटी के सदस्य रहे।

उन्हें 'डॉ. अम्बेडकर राष्ट्रीय पुरस्कार', 'परिवेश सम्मान', 'जयश्री सम्मान', 'कथाक्रम सम्मान', 'न्यू इंडिया बुक पुरस्कार', 'साहित्य भूषण सम्मान' और उत्तर प्रदेश हिन्दी संस्थान के सम्मान से सम्मानित किया गया।

निधन : 17 नवम्बर, 2013

सफाई-देवता

(वाल्मीकि-समाज की ऐतिहासिक, सांस्कृतिक, सामाजिक पृष्ठभूमि)

ओमप्रकाश वाल्मीकि

राधाकृष्ण पेपरबैक्स

पहला पुस्तकालय संस्करण
राधाकृष्ण प्रकाशन प्राइवेट लिमिटेड द्वारा
2008 में प्रकाशित

राधाकृष्ण पेपरबैक्स में
पहला संस्करण : 2014
तीसरा संस्करण : 2023

राधाकृष्ण पेपरबैक्स : उत्कृष्ट साहित्य के जनसुलभ संस्करण

राधाकृष्ण प्रकाशन प्राइवेट लिमिटेड
जी-17, जगतपुरी, दिल्ली-110 051
द्वारा प्रकाशित

शाखाएँ : अशोक राजपथ, साइंस कॉलेज के सामने, पटना-800 006
पहली मंजिल, दरबारी बिल्डिंग, महात्मा गांधी मार्ग, प्रयागराज-211 001
1, अनमोल सोराबजी संतुक लेन, धोबी तलाव, मरीन लाइंस, मुम्बई-400 002

वेबसाइट : www.radhakrishnaprakashan.com
ई-मेल : info@radhakrishnaprakashan.com

बी.के. ऑफसेट
नवीन शाहदरा, दिल्ली-110 032
द्वारा मुद्रित

मूल्य : ₹ 199

SAFAIE DEVTA
by Omprakash Valmiki

ISBN : 978-81-8361-636-2

उन गुमनाम पुरखों को
जिन्होंने,
शोषण और उत्पीड़न के खिलाफ
मुक्ति-संघर्ष जारी रखा
और,
उनको—
जो मनुष्य की तरह जीने के लिए
संघर्ष कर रहे हैं !

क्षमा याचना... !

भारतीय समाज में 'भंगी' शब्द एक गाली की तरह इस्तेमाल किया जाता है। यह एक जाति सूचक संज्ञा भी है, लेकिन यहाँ यह गाली की तरह नहीं, बल्कि सामाजिक संरचना समझने के लिए प्रयोग हुआ है। अतः उन सभी सामाजिक कार्यकर्ताओं, प्रबुद्ध लोगों की, जो इस शब्द के सार्वजनिक इस्तेमाल का विरोध करते हैं, भावनाओं का ध्यान रखते हुए मैं इसे सामाजिक ढाँचे की विसंगतियों को विश्लेषित करने के लिए इस्तेमाल कर रहा हूँ। मुझे यह जरूरी लगा। यदि किसी को इससे भावनात्मक चोट पहुँच रही है, उसके लिए खेद है... !

–ओमप्रकाश वाल्मीकि

भूमिका

कितने आश्चर्य की बात है कि समाज को स्वच्छ और साफ रखनेवाले मनुष्य को, उसी समाज में जिसे वह रहने लायक बनाता है, कुत्ते-बिल्लियों से भी नीचे गिना जाता है। इससे बड़ी विडम्बना भला और क्या हो सकती है, कि समाज के लिए जो सबसे ज्यादा उपयोगी है, वही निकृष्ट और त्याज्य है, वही अंत्यज, अछूत, अस्पृश्य है, और यह एक-दो वर्ष या पचास-सौ वर्ष की बात नहीं है, हजारों साल से यह मानसिकता बरकरार है। आज भी स्थिति यही है कि 'भंगी' का नाम सुनते ही लोगों की भौंहें तन जाती हैं। उनके काम के प्रति अक्सर लोग उदासीन होते हैं या फिर कार्य को निकृष्ट मानकर उनकी उपेक्षा करते हैं। इसीलिए यह जाति हमेशा घोर उपेक्षा और पीड़ा के साथ जी रही है।

'भंगी-समाज' जिसे आज 'वाल्मीकि-समाज' के नाम से जाना जाता है, के मन में यह बात बैठ चुकी है, जिसके कारण वे हीन-ग्रन्थियों के शिकार हैं। समाज की उपेक्षा और प्रताड़ना ने उनमें इस कद्र हीनता-बोध भर दिया है कि वाल्मीकि-परिवार में जन्मे उच्च शिक्षित, उच्च प्रतिष्ठा प्राप्त व्यक्ति भी अपनी पहचान (Identity) छिपा कर रखता है। इन पंक्तियों का लेखक ऐसे अनेक प्रतिष्ठित कलाकारों, अधिकारियों, खिलाड़ियों, वैज्ञानिकों को व्यक्तिगत तौर पर जानता है, जो अपनी पहचान छिपाकर रखने के लिए मजबूर हैं। क्योंकि वे जानते हैं, जिस रोज उनकी पहचान एक वाल्मीकि एक भंगी या लालबेगी या हेला, हलालखोर, मेहतर परिवार में जन्मे व्यक्ति की तरह खुलेगी, उनकी सामाजिक प्रतिष्ठा रेतीली दीवार की तरह ढह जाएगी। यह हीन-ग्रन्थी बनी कैसे ? एक-एक महत्त्वपूर्ण प्रश्न है। सामाजिक दुर्भावना के कारण यह बनी है। इसी

के फलस्वरूप पंजाब जैसे प्रान्त में जहाँ वाल्मीकियों की संख्या ही ज्यादा नहीं है, बल्कि आर्थिक, शैक्षणिक, राजनीतिक प्रगति में भी आगे हैं, देश के अन्य वाल्मीकियों से, लेकिन फिर भी वहाँ पढ़ा-लिखा तबका अपने पारिवारिक उपनामों को परिवर्तित कर लेता है या छिपा लेता है, या फिर उच्च जातियों के उपनामों को अपने साथ जोड़ लेता है। उत्तर प्रदेश, मध्य प्रदेश में भी यही स्थिति है। पारिवारिक उपनामों को संशोधित, परिवर्तित कर लेने का प्रचलन बढ़ गया है। जैसे सौदा से सौदाई, सूद, कर लेना या चिनालिये से चंचल, चन्द्रिल, चन्द्रा या फिर चुटेल या चोहटेल से चौटाला, बिडलान से बिडला आदि-आदि। अपनी ग्रन्थी से उबरने का उन्हें यह रास्ता सुविधाजनक या सरल लगता है। लेकिन इसके भविष्य में क्या दुष्परिणाम होंगे, इससे वे अनभिज्ञ हैं। किसी समस्या से मुक्त होने के लिए पलायनवादी रास्ता कुछ समय के लिए आकर्षक और उपयोगी हो सकता है, लेकिन वही अन्तिम नहीं होता है। मुक्ति के लिए संघर्ष जरूरी होता है। वही विकास की दिशा तय करता है, और भविष्य के परिणाम भी।

दलितों में भी दलित यह समाज आर्थिक विपन्नता की दलदल में फँसा है। सरकारी योजनाओं में बाँध पीड़ितों के लिए पुनर्वसन की व्यवस्था होती है लेकिन सफाई कर्मचारियों के पुनर्वसन की आवश्यकता कभी किसी ने महसूस नहीं की।

उच्चवर्णीय, ब्राह्मणवादी मानसिकता, सामन्ती सोच-विचार के लोग मानवीय आधार पर भी इन्हें कोई भी अधिकार देने के पक्ष में नहीं हैं। आजादी के पचास वर्ष बाद भी मैला सिर पर ढोने की पद्धति आज भी अनेक महानगरों, कस्बों में विद्यमान है। राज्यसभा, लोकसभा अपने तमाम लोकतान्त्रिक वादों के बाद भी मैला ढोने की प्रथा को बन्द कराने और इस समाज के लोगों का पुनर्वास करने की अपनी प्रतिबद्धता दिखाने में नाकाम रही है।

श्री एन.आर. मलकानी अपनी पुस्तक 'स्वच्छ लोक और अस्वच्छ देश' में लिखते हैं—'दूसरे देशों में न भंगी होते थे, न अब हैं। लेकिन हम खुद भंगियों को नियुक्त करना चाहते हैं। हमारा दावा है कि हमी दुनिया के सर्वाधिक साफ-सुथरे इनसान हैं। हमारा अहंकार जितना महान है, उतना ही हमारा पतन भी।' सरकारी

समितियों की वस्तुस्थिति का जिक्र करते हुए वे आगे लिखते हैं, 'सरकारी समितियों की सिफारिशें अब महज पुराण-पोथी बनकर रह गई हैं। सिफारिशें कार्यान्वित करनेवाले अधिकारी ही बहाने बनाने में लगे होते हैं। पालिका प्रशासन ही क्यों, कामगार संगठन भी सिफारिशों को समेटकर रखने की प्रवृत्ति का तनिक भी विरोध नहीं करते हैं।'

प्रत्येक नगरपालिका में कूड़ा-करकट उठानेवाली गाड़ियों में काम करनेवाले कर्मचारियों के प्रति प्रशासन जितना लापरवाह है, उसकी चर्चा करना भी प्रशासन को गवारा नहीं है। मैला ढोनेवाली गाड़ियों को भरना, खाली करना, किसी नरक से कम नहीं है, और यह काम सभी शहरों में होता है।

पुणे महापालिका में हुई दुर्घटना का जिक्र करते हुए, डॉ. बाबा आढाव लिखते हैं, 'वहाँ ड्रेनेज मेंटेनेंस नाम का विभाग है। इस विभाग में निट्ठले लोगों की भर्ती की जाती है। अक्सर पालिका सभासद अपने पिट्ठुओं-चमचों को इसी विभाग में नौकरी दिलवाते हैं। ये सिफारिशी टट्टू सफाईकर्मी के रूप में नौकरी में आ तो जाते हैं, पर मैले को हाथ नहीं लगाते हैं। उनकी राय से यह काम भंगियों को करना चाहिए। भंगी-कामगार संगठन के लोग भी भंगियों के 'एकाधिकार' के पेशाई महत्त्व को कम न होने देने के डर से अपना मुँह न खोलना ही बेहतर मानते हैं।'

ज्यादातर नगरों में सफाई कार्य करनेवाले, इसी समाज से सम्बन्धित हैं। उनके अपने संगठन हैं। अखिल भारतीय सफाई मजदूर जैसी संस्थाएँ हैं, आयोग है, वाल्मीकि समाज के संगठन हैं, जो सामाजिक, धार्मिक, शैक्षणिक क्षेत्रों में काम कर रहे हैं। लेकिन मूलभूत समस्याएँ ज्यों की त्यों हैं। इस समाज में अनपढ़, अशिक्षित, अर्द्धशिक्षित नेताओं की भी कमी नहीं है, जो बड़े-बड़े राजनीतिक दलों के स्थानीय नेताओं के पिछलग्गू बनकर छोटे-मोटे हित साधने में लगे रहते हैं। समाज की मुक्ति और उसके विकास से उनका कोई लेना-देना नहीं होता है, न ही उनके पास इस तरह की जानकारियाँ होती हैं। सामाजिक चेतना की भी इनमें कमी होती है।

इस समाज के कुछ लोगों ने अपनी जीविका के लिए अन्य पेशे भी अपनाए हैं, लेकिन जातीयता की भावना वहाँ भी इनका पीछा

नहीं छोड़ती है, न ये लोग ही हीनताबोध से उबर पाते हैं।

'द हिस्ट्री ऑफ इंडिया' 1818, में जेम्स मिल वर्ण-व्यवस्था का विवरण देते हुए लिखते हैं—'हिन्दुओं में जाति जन्य पराधीनता की विभीषिका किसी भी अन्य समाज की अपेक्षा अधिक विनाशात्मक है (पृ. 166)।' इस जातिजन्य पराधीनता की भावना ने हजारों साल से इस समाज का उत्पीड़न किया है, जिसने मानसिक दासता को सुदृढ़ किया है।

डॉ. अम्बेडकर शूद्रों को उच्चवंश का सिद्ध करते हैं। अपनी पुस्तक 'हू वेयर शूद्राज' (शूद्र कौन थे ?), 1946 में यह मनोवृत्ति वाल्मीकि समाज में भी परिलक्षित होती है। इसी मनोवृत्ति के कारण इस समाज ने स्वयं अपने गोत्रों, उपनामों में परिवर्तन, संशोधन करना शुरू किया। 'शान्ति पर्व' (महाभारत) में पैंजवन को शूद्र राजा कहा गया है। उसने यज्ञ किया था, जिसके कारण शूद्रों को क्षत्रिय होने के प्रमाण के तौर पर मान लिया गया। इसी से यह स्थिति बनी। लेकिन वाल्मीकि-समाज की मूल समस्या—अस्पृश्यता एवं विपन्नता, सामाजिक स्तर पर निकृष्टतम स्थान—में कोई बदलाव या कोई समाधान होने की कोई प्रक्रिया दिखाई पड़ती है? इससे समाज की मानसिकता में कोई बदलाव आने की सम्भावना दिखाई नहीं पड़ती है। बदलाव के लिए संघर्ष और दासता से मुक्त होने का भाव पैदा होना जरूरी है।

इस पुस्तक का उद्देश्य ऐतिहासिक उत्पीड़न, शोषण, दमन का विश्लेषण करना है। उसकी ऐतिहासिक, सांस्कृतिक पृष्ठभूमि का आकलन करना है, तथा उसके समक्ष खड़ी समस्याओं का विवेचन करना है। इस लम्बे भीषण, नारकीय दौर में उसकी उपलब्धियों, संघर्षों की खोज कर, एक ऐसा उदाहरण प्रस्तुत करना है, जो भविष्य के अन्धकार से उसे बाहर निकलने की प्रेरणा दे सके। इसके लिए ऐतिहासिक विवरण ही काफी नहीं हैं, वर्तमान का मूल्यांकन भी उतना ही आवश्यक है। आँकड़े, तथ्य अपर्याप्त हैं, स्रोत सामग्री तथ्यपरक उपलब्ध नहीं है।

इस पुस्तक की सामग्री जिन पुस्तकों पर आधारित है, उनकी मूल भावना को समझने का प्रयास किया गया है। पर्याप्त तथ्यों और आँकड़ों के अभाव में निश्चित तौर पर यह बताना कठिन है कि

वाल्मीकि-समाज और रामायण के रचयिता वाल्मीकि का परस्पर क्या रिश्ता है। अनुयायी होना या वंशज होना, दोनों अलग हैं। सामाजिक सम्बन्धों में उच्च जातियों से इनके आर्थिक सामाजिक, धार्मिक सम्बन्धों पर विशेष ध्यान दिया गया है। इस समाज की धार्मिक, पूजापद्धति से जुड़ी मान्यताओं को भी रेखांकित किया गया है। वाल्मीकि-समाज के 'गोत्र' एकत्र करके एक सूची तैयार की गई है। स्रोत सामग्री का उपयोग करते हुए कहीं-कहीं लम्बे उद्धरण लेने पड़े हैं, जो विश्लेषण के लिए जरूरी लगे। उन सभी लेखकों, विद्वानों का अभार व्यक्त करता हूँ जिनकी पुस्तकों, रचनाओं, वक्तव्यों, साक्षात्कारों से इस पुस्तक के लिए सामग्री और उद्धरण लिए हैं।

यहाँ यह कहना भी जरूरी है कि 'वाल्मीकि-समाज' के विषय में यह अध्ययन केवल सफाई पेशे से जुड़े लोगों तक सीमित नहीं है। बल्कि उनकी वैधानिक व्यथा और प्रताड़नाओं की अटूट प्रथा तक जाता है, जिसका वे सदियों से शिकार रहे हैं। ब्राह्मणों ने धर्मसूत्रों, स्मृतियों, पुराणों, उपनिषदों, महाकाव्यों के माध्यम से ऐसी व्यथाओं और प्रताड़नाओं के विधान रच दिए कि यह समाज पृथक्, भिन्न और अभिज्ञेय समुदाय के रूप में अपना अस्तित्व खो बैठा। ब्राह्मणवादी, सामन्ती-व्यवस्थाओं की कठोरताओं ने इन्हें इतना हेय बना दिया कि समाज में इनका स्थान जानवरों से भी नीचे चला गया। कालान्तर में स्थिति इतनी चिन्ता जनक बन गई कि कहा जाने लगा कि न इनकी कोई सभ्यता है, न संस्कृति, न मान-सम्मान और न कोई सामाजिक हैसियत।

इस समाज पर शोध कार्य या अध्ययन बहुत ज्यादा नहीं हुआ है। इसीलिए स्रोत सामग्री या आधार सामग्री का अभाव है, फिर भी अपनी क्षमताओं, सीमाओं के तहत उपलब्ध सामग्री को ढूँढ़कर खंगालने, विश्लेषण करने का मैंने पूरा प्रयास किया है। प्रचलित मान्यताओं, किंवदन्तियों को भी अनदेखा नहीं किया है। मेरा यह प्रयास काँटों पर या अंगारों पर चलने जैसा था। लेकिन काँटों की चुभन और अंगारों की जलन का एहसास मुझे बचपन से है। इस समाज की पीड़ा मेरी पूँजी है, कोष है, प्रेरणा है। मेरे इस अध्ययन को प्रस्तुत करने का यही एकमात्र औचित्य और उत्तरदायित्व है।

इन क्षणों में मेरी स्मृति में माता-पिता, जो अब नहीं हैं,

बार-बार दस्तक दे रहे हैं। इस पुस्तक से मैं उन्हें जरा-सी खुशी भी दे पाता, यदि उनके रहते लिख पाता, तो शायद उनके त्याग और आकांक्षाओं की एवज में उन्हें कुछ सन्तोष दे पाता, तो कितना अच्छा होता...

प्रिय बिजेन्द्र घावरी का आभार व्यक्त करना जरूरी है, जिसने हमेशा सामग्री जुटाने में सहयोग दिया। सम्मानीय शिव बाबु मिश्र लगातार मेरा उत्साहवर्धन करते रहे, उनका भी आभारी हूँ। और अन्त में चन्दा मेरी पत्नी ने इस पुस्तक की पांडुलिपि तैयार करते समय खराब स्वास्थ्य के बावजूद सहयोग दिया, उसके लिए आभार व्यक्त करना सिर्फ औपचारिकता होगी।

पाठकों से बड़ा निर्णायक कोई नहीं है। यह पुस्तक अब उनके सामने है। जितना सम्भव था, किया। अच्छा या बुरा निर्णय पाठकों पर !

देहरादून **–ओमप्रकाश वाल्मीकि**
जनवरी, 2006

विषय-सूची

प्रस्तावना

भारतीय समाज-व्यवस्था और हिन्दू मानसिकता

भारतीय.समाज में जो भेदभाव, विषमता, जातीय वैमनस्य, अस्पृश्यता, घृणा भाव, गैर-बराबरी का व्यवहार, आदि व्याप्त हैं। आखिर इसकी जड़ें कहाँ हैं ? क्यों एक ब्राह्मण के मन में दलितों को लेकर इतना वैमनस्य भरा हुआ है ? क्यों आपसी विश्वास इतना विखंडित है ? जर्जर है ? देश और राष्ट्र से पहले जाति महत्त्वपूर्ण क्यों है ? ऐसे प्रश्न हैं जो भारतीय समाज-व्यवस्था का प्रतिफल हैं जिसे विदेशी शासकों ने अपने हित में इस्तेमाल किया। मनु स्मृति के अनुवाद की भूमिका में आधुनिक भारतीय विद्या (इंडोलोजी) के जन्मदाता सर विलियम जोंस (सन् 1794) ने लिखा कि 'यदि इस नीति का अनुसरण किया जाए तो 'करोड़ों हिन्दू प्रजा' का 'सुनिर्दिष्ट श्रम' ब्रिटेन की श्रीवृद्धि में सहायक होगा।'[1] ब्रिटिश शासकों ने इस व्यवस्था से लाभ उठाया। लेकिन भारतीय चिन्तकों पर इसका कोई असर नहीं पड़ा। वे अपनी श्रेठता के अहम् में ही डूबे रहे।

इन प्रश्नों का विश्लेषण और अध्ययन करने के लिए आवश्यक है, भारतीय समाज-व्यवस्था पर एक दृष्टि डाली जाए।

भारतीय समाज-व्यवस्था चातुर्वर्ण्य के सिद्धान्त पर टिकी है—ब्राह्मण, क्षत्रिय, वैश्य और शूद्र। ऋग्वेद के दसवें मंडल के पुरुष सूक्त में 12वें मन्त्र में कहा गया है :

ब्राह्मणोऽस्य मुखमासीद बाहू राजन्यः कृतः।
ऊरू तस्य यद वैश्यः पदभ्यां शूद्रों अजायत ॥[2]

जिसका अर्थ है—'ब्राह्मण उसके (पुरुष) मुख से, राजन्य उसकी भुजाओं से, वैश्य जंघाओं से तथा शूद्र उसके पैरों से उत्पन्न हुए हैं।'

इससे पहले 11वें मन्त्र में कहा गया है कि 'जब देवताओं ने पुरुष को विभाजित किया तो उसे कितने भागों में बाँटा गया ? उसका मुख क्या था, उसकी

भुजाएँ क्या थीं ? उसकी जंघाएँ क्या थीं ? और उसके चरण क्या थे ?[3]

डॉ. अम्बेडकर अपने विश्लेषण में कहते हैं–'यदि समाज का चार वर्णों में विभाजन इसका उद्‌देश्य होता तो चातुर्वर्ण्य बहुत साधारण-सा सिद्धान्त होता, दुर्भाग्यवश चातुर्वर्ण्य के सिद्धान्त में इससे अधिक कुछ निहित है। समाज को चार भागों में विभाजित करने के साथ-साथ, इस सिद्धान्त ने आगे बढ़कर वर्गीकृत असमानता के मत को चारों वर्णों के मध्य संयुक्त जीवन के निर्धारण का आधार बना दिया है। वर्गीकृत असमानता की प्रणाली मात्र वैचारिकी नहीं है। यह वैज्ञानिक और दंडात्मक है। चातुर्वर्ण्य व्यवस्था में शूद्र को वर्गीकरण में न केवल निम्नतम स्थान पर रखा गया है, ताकि वह निर्धारित नियमों के ऊपर सिर न उठा सके। वास्तविकता में जब तक अस्पृश्यों का पंचम वर्ण अस्तित्व में नहीं आया था, हिन्दुओं की दृष्टि में शूद्र निम्न से निम्नतर थे।'[4]

वर्ण-व्यवस्था को विश्व की सर्वश्रेष्ठ व्यवस्था कहनेवाले हिन्दुओं में रूढ़िवादी लोगों की कमी नहीं है। वे इस ऐतिहासिक तथ्य को जानबूझ कर नजरअन्दाज करते हैं कि इस व्यवस्था ने शूद्रों और दलितों का जो पीढ़ी-दर-पीढ़ी, हजारों साल से विकास अवरुद्ध किया है, वह समूचे राष्ट्र की हानि है। इन रूढ़िवादियों का 'राष्ट्रवाद' मात्र एक धोखा है। उनके लिए राष्ट्र-विकास से ज्यादा महत्त्वपूर्ण 'जातीय श्रेष्ठता' है।

वेदों के प्रति या अन्य धार्मिक पवित्र ग्रन्थों के प्रति जो सम्मान भाव ब्राह्मणवादी हिन्दुओं का है, अन्य लोगों का नहीं है। क्योंकि आस्था या विश्वास का उद्‌गम सामाजिक कारक होते हैं, जिनसे यह भावना पैदा होती है। इस साहित्य की रचना ब्राह्मणों ने अपने वर्चस्व की सत्ता कायम करने के लिए की है। इस साहित्य पर अपनी राय देते हुए डॉ. अम्बेडकर कहते हैं–'जिसे पवित्र साहित्य कहा गया है, वह जुगुप्सा से भरे सामाजिक दर्शन का पोखर है, जिससे सामाजिक हीनता उपजी है, तो गैर-ब्राह्मण उसके प्रति ब्राह्मणों के विपरीत ही रुख अपनाएगा। उस समय यह बात किसी को विचित्र नहीं लगेगी। यदि कोई यह ध्यान रखेगा कि मैं अब्राह्मण ही नहीं अछूत भी हूँ, तो इस पवित्र साहित्य के प्रति मेरी वितृष्णा किसी अब्राह्मण से घटकर नहीं हो सकती है।'[5]

पुरुष सूक्त द्वारा निर्धारित समाज की इस संरचना को 'ईश्वरीय' रूप देने में धर्मसूत्रों, स्मृतियों ने इस व्यवस्था को समाज में स्थापित करने में विशिष्ट भूमिका निभाई है। जिसे 'आदर्श व्यवस्था' कहकर वैधानिक स्वरूप प्रदान किया गया था।

आपतस्तंब धर्मसूत्र में कहा गया है–'जातियाँ चार हैं–ब्राह्मण, क्षत्रिय, वैश्य

और शूद्र। इन चारों में प्रत्येक पहली जाति क्रमशः दूसरी जातियों से श्रेष्ठ है।'[6]

'शूद्रों और निकृष्ट कार्य करनेवालों को छोड़कर सभी को उपनयन, वेदाध्ययन, यज्ञ अथवा धागा यज्ञोपवीत धारण करने का अधिकार है।'[7]

वशिष्ट धर्मसूत्र में इसे दोहराया गया है—'ब्राह्मण, क्षत्रिय, वैश्य और शूद्र चार जातियाँ हैं। ब्राह्मण, क्षत्रिय और वैश्य ये तीनों जातियाँ द्विज हैं, अर्थात् दो बार जन्मी हैं। उनका प्रथम जन्म माता की योनि से होता है और दूसरा उपनयन अर्थात् यज्ञोपवीत धारण करने से होता है।'[8]

मनु ने पुरुष सूक्त के आदर्श को ईश्वरीय आज्ञा के रूप में नए सिरे से प्रतिपादित किया। उसने कहा कि 'समृद्धि के लिए ईश्वर ने ब्राह्मण को अपने मुख से, क्षत्रिय को भुजाओं से, वैश्य को जंघाओं से और शूद्रों को पैरों से पैदा किया।'[9] इसी तरह 'ब्राह्मण, क्षत्रिय, वैश्य द्विजवर्ण हैं अर्थात् इनका जन्म दो बार होता है, और शूद्र का केवल एक बार ही होता है।'[10] मनु ने कहा—'वेद ही धर्म का एकमात्र और अन्तिम आधार है।'[11]

यहाँ यह कहना असंगत न होगा कि श्रेष्ठता और हीनता के आधार पर किसी भी समाज ने मनुष्य को नहीं बाँटा है, सिवाय हिन्दू धर्म के। असमानता के इस सिद्धान्त के आधार पर शूद्र सबसे नीचे है और ब्राह्मण सबसे ऊपर। क्षत्रिय ब्राह्मण से नीचे, क्षत्रिय से नीचे वैश्य, वैश्य से नीचे शूद्र। समाज में इस प्रकार का विभाजन एक प्रपंच के अलावा और कुछ नहीं है। यह प्रपंच आज भी जारी है, जिसे आदर्श का रूप देकर समाज में घृणा और असमानता को बढ़ावा दिया गया है। यह धारणा नैतिकता के विरुद्ध है। किसी भी सभ्य समाज में इस तरह की मान्यताओं के लिए कोई स्थान नहीं है। एक विशेष वर्ण के वर्चस्व को स्थापित करके समाज पर अपनी पकड़ कायम रखना और दूसरों को दीन-हीन बनाकर अनुचित और अन्याय पूर्ण ढंग से उन्हें दबाए रखना ही 'पुरुष-सूक्त' का उद्देश्य है, जो समाज विरोधी है।

चातुर्वर्ण्य स्थापित हो जाने के बाद दो परिवर्तन और हुए। एक—शूद्रों से नीचे एक और वर्ण बनाया गया जिसे अस्पृश्य या अंत्यज के नाम से पुकारा गया। दो—शूद्र अन्य तीन वर्णों से अलग हो गया। इन परिवर्तनों से कुछ नए शब्दों का जन्म हुआ। जैसे सवर्ण-अवर्ण, द्विज-अद्विज। सवर्ण का अर्थ—ब्राह्मण, क्षत्रिय, वैश्य और शूद्र। अवर्ण का अर्थ—अस्पृश्य, अछूत, अंत्यज, अतिशूद्र अर्थात् जिनका कोई वर्ण नहीं। यहाँ यह प्रश्न उठना स्वाभाविक है कि जिसका कोई वर्ण नहीं है यानी चतुर्वर्ण्य से बाहर है, फिर वह हिन्दू भी नहीं है। यानी वह गैर-हिन्दू है, जिसे जबरन अपने साथ, किसी विशेष हित के लिए, जोड़ रखा है, या फिर

सिर्फ राजनीतिक कारणों से। 'वाल्मीकि-समाज' के साथ ऐसा ही हुआ है, जिसकी चर्चा आगे के अध्यायों में की जाएगी।

मध्य प्रदेश की 'बलाई' नाम की एक दलित जाति पर हिन्दुओं द्वारा किए गए अत्याचारों की चर्चा करते हुए डॉ. अम्बेडकर टाइम्स ऑफ इंडिया में छपी एक रपट के हवाले से कहते हैं—'टाइम्स ऑफ इंडिया के संवाददाता ने समाचार दिया कि कनेरिया, बिचौली-हाफसी, बिचौली-मर्दाना गाँव तथा इन्दौर जिले (उस समय (सन् 1928 ई. की इन्दौर रियासत) के अन्य 15 गाँव की ऊँची जातियों के हिन्दुओं ने, अर्थात् राजपूतों, ब्राह्मणों, जिनमें पटेल और पटवारी भी शामिल हैं, अपने-अपने गाँव के बलाइयों को सूचित किया कि यदि वे उनमें रहना चाहते हैं तो उन्हें नियमों का अवश्य पालन करना होगा—

1. बलाई सुनहरी गोटेदार किनारी की पगड़ियाँ नहीं बाँधेंगे।
2. वे रंगीन या फैंसी किनारी की धोती भी नहीं पहनेंगे।
3. वे किसी हिन्दू की मृत्यु पर मृतक के सम्बन्धियों को चाहे वे कितनी भी दूर क्यों न रहते हों, मरने की सूचना देंगे।
4. सभी हिन्दुओं के विवाह में बलाई लोग बारात के आगे और विवाह के दौरान बाजा बजाएँगे।
5. बलाई स्त्रियाँ सोने या चाँदी के आभूषण नहीं पहनेंगी। वे फैन्सी गाउन या जैकेट भी नहीं पहनेंगी।
6. बलाई स्त्रियों को हिन्दू स्त्रियों के प्रसव के सभी मामलों में देखभाल करनी होगी।
7. बलाई लोगों को बिना कोई पारिश्रमिक माँगे सेवा करनी होगी, और हिन्दू जो उन्हें खुश होकर देंगे, लेना होगा।
8. अगर बलाई लोग इन शर्तों का पालन करना स्वीकार नहीं करते हैं तो उन्हें गाँव छोड़ना होगा।

बलाई लोगों ने उनकी इन शर्तों को मानने से इंकार कर दिया और हिन्दुओं ने उनके विरुद्ध कार्यवाही की। बलाइयों को गाँव के कुएँ से पानी नहीं दिया गया। उन्हें अपने पशुओं को चराने के लिए नहीं ले जाने दिया गया। उनका बहिष्कार किया।[12]

यहाँ एक तथ्य की ओर ध्यान देना आवश्यक है। यह घटना 1928 ई. की है। जहाँ सवर्ण जातियों के लिए 'हिन्दू' शब्द का बार-बार प्रयोग हुआ है। यानी सवर्ण लोग ही हिन्दू थे। अछूतों, अस्पृश्यों, अंत्यजों की गणना हिन्दुओं में नहीं थी।

'जाति प्रथा' का समर्थन करनेवालों की आज भी कमी नहीं है। वे इसे 'श्रम विभाजन' का नाम देकर इसकी बुराई को छिपाने का प्रयास करते हैं, जबकि यह 'श्रम विभाजन' नहीं 'श्रमिकों का विभाजन' है। यह एक श्रेणीबद्ध व्यवस्था है।

इतना तो तय है कि इस व्यवस्था को इच्छा से स्वीकार नहीं किया गया था। बल्कि जोर-जबर्दस्ती के बल पर इसे नीचे के तबके पर लागू किया गया था, जैसा कि 'बलाइयों' के साथ हुआ। यही कारण है कि हिन्दू समाज टुकड़ों-टुकड़ों में विभाजित है। इसी व्यवस्था के कारण 'सामाजिक चेतना' का अभाव है। प्रत्येक हिन्दू में जो चेतना है, वह 'समाज-चेतना' नहीं बल्कि 'जाति चेतना' है। इसीलिए यह चेतना 'समाज-विरोधी' परिणाम देती है। यहाँ यह कहना भी आवश्यक है कि इसी कारण विदेशियों ने भारत को हजारों साल गुलाम बनाए रखा, और देश की सम्पदा का भरपूर दोहन किया। भारत के आरम्भिक सामाजिक इतिहास पर लिखी गई अंग्रेजी पुस्तक 'अ कोड ऑफ जेंटू लाज (1776)' जिसकी भूमिका में बताया गया है कि 'भारत के व्यापार और बंगाल में स्थानीय सत्ता की स्थापना, के लाभ तभी कायम रह सकते हैं, जब इस देश की मौलिक संव्यवस्थाओं को अपना लिया जाए, जो विजेताओं के कानून और हितों के प्रतिकूल नहीं हैं।[13]

हिन्दू समाज-व्यवस्था का उद्‌गम ईश्वर के विभिन्न अंगों से हुआ है। ये भिन्न-भिन्न वर्ण अपनी अलग पहचान रखते हैं। यह ईश्वर का आदेश है कि वे एक-दूसरे से अलग रहें। ब्राह्मण, क्षत्रिय का भाई नहीं है, न वैश्य ही, न शूद्र ही। अंत्यज या शूद्र का तो प्रश्न ही नहीं उठता, यानी परस्पर बन्धुता की भावना नहीं पनपती। यही भावना तो समाज का निर्माण करती है, और इस व्यवस्था में इसी भावना का निषेद्ध है। मनुस्मृति में इसी अलग-अलग पहचान बनाए रखने पर जोर दिया गया है—'जन्म के बाद ब्राह्मण पिता को आठवें वर्ष में, क्षत्रिय पिता को ग्यारहवें वर्ष में, और वैश्य पिता को बारहवें वर्ष में अपने पुत्र को उसके वर्ग-प्रतीक का अभिषेक करना चाहिए।'[14]

'विद्यार्थी (अपनी जाति के अनुसार) अपने कपड़े (ब्राह्य वस्त्र) कृष्णासार मृग, चितकबरे मृग तथा बकरे की खाल के तथा आन्तरिक वस्त्र सन, क्षौमा या ऊन के बने हुए पहनें।'[15] 'ब्राह्मण का यज्ञोपवीत रूई का, क्षत्रिय का सन के धागों का तथा वैश्य का यज्ञोपवीत ऊनी धागों का ऊपर की ओर से बँटा हुआ तीन लड़ी का होना चाहिए।'[16]

उपर्युक्त नियम विद्यार्थियों से सम्बन्धित हैं। लेकिन यह भिन्नता सहज हिन्दू प्रवृत्ति की परिचायक है। जो समाज में गहरे विभेद को स्थापित करती है। इसी भावना ने हिन्दुओं में पृथक्करण और अलगाववाद की भावना को व्यापक और

अनियन्त्रित बनाकर जाति-प्रथा को सुदृढ़ किया है। जातियों को फिर उपजातियों में बाँटा गया। ब्राह्मणों में लगभग 1886 उपजातियाँ हैं। केवल पंजाब में ही सारस्वत ब्राह्मण 469 उपजातियों में बँटे हैं। इन उपजातियों के विभाजन का कारण बताते हुए डॉ. अम्बेडकर लिखते हैं–'जातियों-उपजातियों में स्थान परिवर्तन, व्यवसाय परिवर्तन, सामाजिक व्यवहार में परिवर्तन, प्रदूषण के कारण परिवर्तन, मालिकाना हक के कारण, झगड़े के कारण परिवर्तन, धर्म परिवर्तन के कारण से बिखराव आता है।'[17]

इन जातियों में परस्पर मेल-मिलाप नहीं है। 'एक-दूसरे से दूर रहना', 'खान-पान का परहेज करना' आदि हैं। हिन्दू मानसिकता इस व्यवस्था द्वारा संचालित होती है, जिसमें एक जाति दूसरे से ऊपर खड़ी है। जहाँ प्रेम नहीं सिर्फ घृणा है। यह तथ्य उन कहावतों, मुहावरों से परिलक्षित होता है, जो जाति पर कटाक्ष करने के लिए बनाई गई है। एक जाति दूसरे के लिए गाली है। जो एक-दूसरे के लिए घृणास्पद शब्दों, मुहावरों का इस्तेमाल करते हैं। जिससे यही सिद्ध होता है कि उनमें आपसी सौहार्द्र नहीं वैमनस्य भावना है। हिन्दू समाज-व्यवस्था इस मत के प्रति भी उदासीन है कि मनुष्य जब पैदा होता है तब वह गुण, स्वभाव और प्राकृतिक रूप में समान होता है। यह व्यवस्था यह भी मानने से इंकार करती है कि सभी मनुष्य स्वभाव और दृष्टिकोण में भिन्न होते हुए भी मनुष्य ही होते हैं। यह समाज-व्यवस्था समतावादी परम्परा के विरुद्ध है।

खान-पान के मामले में भी हिन्दू ने जो नियम बनाए हैं, वे तर्कहीन और अवैज्ञानिक हैं। ब्लंट कहते हैं–'यह जानना आवश्यक है कि खान-पान के सम्बन्ध में रसोइए की जाति पक्का मापदण्ड है। मेजबान कोई भी हो सकता है। अतः यह स्वाभाविक ही है कि उच्च जाति का हिन्दू किसी भी जाति के व्यक्ति का खाना खा सकता है, बशर्ते मेजबान का रसोइया उपयुक्त जाति का हो। और यही कारण है कि अनेक रसोइए ब्राह्मण हैं। हिन्दू कच्चा खाना, जो कि पानी से बनाया जाता है, तथा पक्का खाना जो कि घी से बनाया जाता है, के बीच अन्तर करता है। यह अन्तर इस सिद्धान्त पर आधारित है कि गाय का घी शुद्ध पदार्थ है, इसलिए अशुद्ध की आशंका नहीं रहती है। इसीलिए इस सुविधाजनक मान्यता के कारण हिन्दू कच्चे खाने की अपेक्षा पक्के खाने के मामले में कम रूढ़िवादी होता है, और उसी के अनुसार अपने प्रतिबन्धों को सीमित करता है।'[18]

डॉ. अम्बेडकर के अनुसार, 'हिन्दू समाज-व्यवस्था का पोषण तीन सिद्धान्तों द्वारा होता है। इनमें पहला सिद्धान्त है, सीढ़ी-दर-सीढ़ी भेदभाव का व्यवहार। इस चरणबद्ध असमानता का यह मूल सिद्धान्त है और विवाद से परे है। चारों वर्ण

सपाट धरातल पर नहीं रचे गए हैं, जो भिन्न होते हुए भी समान हैं। ये सीढ़ीनुमा धरातल वाले हैं। ये न केवल भिन्न हैं, वरन् स्थिति में भी असमान हैं, और एक-दूसरे के ऊपर टिके हुए हैं।'[19]

ब्राह्मण, क्षत्रिय, वैश्य, शूद्र और अस्पृश्य। इनके बीच जो भेदभाव रचा गया है, वह सिर्फ पारम्परिक नहीं है। उसके पीछे हिन्दू-दर्शन, आध्यात्मिकता, नैतिकता और वैधानिक व्यवस्था काम करती है। जीवन का कोई पल ऐसा नहीं है जहाँ यह असमानता दिखाई न पड़ती हो, और वर्गीकरण के इस गैर-बराबरी के सिद्धान्त से अछूती हो।

शूद्रों को चौथे वर्ण में रखा गया है। डॉ. अम्बेडकर का मानना है कि शूद्र क्षत्रिय थे। उन्होंने अपने निष्कर्ष में बताया–

1. शूद्र आर्यों के सूर्यवंशी समुदाय में से थे।
2. शूद्रों का अलग से कोई वर्ण नहीं था। वे भारतीय आर्य समुदाय के क्षत्रिय वर्ग में आते थे।
3. एक समय था जब आर्य समुदाय ने केवल तीन वर्णों ब्राह्मण, क्षत्रिय और वैश्य को ही मान्यता दी थी।
4. शूद्र राजाओं और ब्राह्मणों के बीच अनवरत संघर्ष होते रहते थे और ब्राह्मणों को शूद्रों के हाथ अनेक कष्ट और अपमान सहने पड़े थे।
5. शूद्रों द्वारा किए गए उत्पीड़न और पीड़ाओं से त्रस्त होकर ब्राह्मणों ने शूद्रों का उपनयन संस्कार सम्पन्न करना बन्द कर दिया।
6. उपनयन से वंचित होने पर शूद्र जो क्षत्रिय थे, उनका सामाजिक ह्रास हो गया। उनका दर्जा वैश्यों के नीचे हो गया और वे चौथे वर्ण में गिने गए।[20]

डॉ. अम्बेडकर के उपर्युक्त निष्कर्षों से असहमति रखते हुए रामशरण शर्मा कहते हैं–'शूद्रों के सम्बन्ध में एक मात्र रचना (सन् 1946 ई.) सुविख्यात भारतीय राजनीतिज्ञ डॉ. अम्बेडकर की है। यह शूद्रों के उद्‌भव के प्रश्नों तक सीमित है। लेखक ने पूरी सामग्री अनुवादों से जुटाई है और इससे भी बुरी बात है कि उनके लेखन से यह आभास मिलता है कि उन्होंने शूद्रों को उच्चवंश का सिद्ध करने के लिए दृढ़ संकल्प लेकर अपनी यह पुस्तक लिखी है। यह उस मनोवृत्ति का परिचायक है, जो हाल ही में नीची जाति के पढ़े-लिखे लोगों में उत्पन्न हुई है। 'शान्ति पर्व' (महाभारत के मात्र एक स्थल पर शूद्र पैजवन द्वारा किए गए यज्ञ की चर्चा को शूद्रों के मूलतया क्षत्रिय होने का पर्याप्त प्रमाण मान लिया गया है।)'[21]

लेकिन रौथ का कहना है कि 'शूद्र आर्यों से बाहर के लोग थे।'[22] ऋग्वेद और

अथर्ववेद में आर्यों के देवता इन्द्र को दासों के विजेता के रूप में दिखाया गया है। कहा गया है कि 'इन्द्र ने अधम दास वर्ण को गुफाओं में रहने के लिए बाध्य कर दिया था—येनेमा विश्वा च्यवना कृतानि, यो दासं वर्णमधरं गुहाकः'[23] 'यथा वंश नयति दास मार्य' (विश्वनियंता की हैसियत से दासों को पराधीन बनाने का भार उनके ऊपर है।)[24] दास वेशाम चावः (उनसे अनुरोध किया जाता है कि वे इन दासों का विनाश करें)[25] (सायण की टीका में दासों के विनाश के रूप में की है)।

ऋग्वेद की स्तुतियों में बार-बार इन्द्र से अनुरोध किया गया है कि 'वे दास जनजाति (विश) का विध्वंस करें।'[26] वेदों में दासों की अपेक्षा दस्युओं के विनाश और उन्हें पराधीन बनाने की चर्चा अधिक है। कहा गया है कि 'दस्युओं को मारकर इन्द्र ने आर्य वर्ण की रक्षा की'—हत्वी दस्यून आर्य वर्ण मावतः।[27] इसका अर्थ यह है कि दास और दस्यु एक नहीं थे।

सामाजिक जीवन को संचालित करनेवाले नियमों की चर्चा जरूरी है, जो वर्गीकृत असमानता के सिद्धान्त को समझने में सहायक होगी।

दासता

दासता के सम्बन्ध में मनु के नियम शूद्र के सामाजिक जीवन पर पूर्ण प्रकाश डालते हैं। मनु ही यह सिद्धान्त प्रतिपादित करते हैं कि दासता शूद्र के जीवन का शाश्वत रूप है। किन्तु यह केवल ब्राह्मणों और शूद्रों के सम्बन्ध पर लागू होता है। मनु कहते हैं कि शूद्र खरीदा हुआ हो या नहीं, उसे दास बनाना ही होगा। क्योंकि परमात्मा ने उसका सृजन ब्राह्मण की सेवा के लिए किया है—शूद्रंतु कारयेद् दास्यं क्रीतमक्रीत मेव वा; दास्यायेव हि सृष्टोसे ब्राह्मणस्य स्वयम्भुवा।[28] न स्वामिना नि सृष्टिोऽपि शूद्रो दास्या द्वि मुच्यते, निसर्गजं हित तस्य कस्तस्मात तमपोहति। यानी शूद्र भोगा अधिकार से मुक्त नहीं किया जा सकता, क्योंकि भोगाधिकार उसमें अन्तर्जात है।[29]

मनु स्मृति में सात प्रकार की दासता का उल्लेख है। नारद स्मृति में पन्द्रह श्रेणियाँ हैं। हिन्दू धर्म में दासता वैधानिक है। नारद स्मृति के अनुसार चारों वर्णों में उल्टे क्रम में दासता की कोई व्यवस्था नहीं है। सिवाय इसके कि जब कोई व्यक्ति अपनी जाति के लिए निर्धारित कर्तव्यों की अवहेलना करता है...दासता एक पत्नी की स्थिति जैसी होती है।[30] याज्ञवल्क्य स्मृति के अनुसार 'दासता वर्णों के अवरोही क्रम में होती है, आरोही में नहीं।'[31]

उपर्युक्त उद्धरणों से जो निष्कर्ष निकलते हैं, वे वर्ण-व्यवस्था की गहरी जड़ों की ओर संकेत करते हैं। दासता भी ऊपर से नीचे के क्रम में है न कि नीचे से ऊपर। एक ब्राह्मण किसी अस्पृश्य या शूद्र का दास नहीं हो सकता था। दूसरी ओर ब्राह्मण चारों वर्णों को दास बना सकता है, लेकिन एक ब्राह्मण दूसरे ब्राह्मण का दास तो बन सकता है, लेकिन वह किसी दूसरे वर्ण का दास नहीं बन सकता है।

दास के जीवन को निकृष्ट बना देने के नियम भी निर्मित किए गए। गौतम सूत्र में कहा गया है–'शूद्र नौकर को चाहिए कि वह उच्चवर्ण के लोगों द्वारा उतार कर फेंके गए जूते, छाते, वस्त्र, चटाई का इस्तेमाल करे' (जीर्णा न्यूपानच्छत्रवासः कूचीनि)[32] आगे कहते हैं कि 'भोजन का उछिष्ट (जूठन) शूद्र नौकरों के लिए रखा जाए।[33]

आपतस्तंब में भी इसी प्रकार छात्रों को उपदेश दिया गया है कि उनकी थाली में जो उछिष्ट (जूठन) रह जाता है उसे या तो किसी अदीक्षित आर्य के निकट अथवा अपने गुरु के शूद्र नौकर के निकट रख दें। इसका अर्थ है कि शूद्र नौकर को जूठन खाने के लिए दिया जाता था।

अपनी पुस्तक 'द हिस्ट्री ऑफ इण्डिया' में जेम्स मिल वर्ण-व्यवस्था का विवरण प्रस्तुत करते हुए इस निष्कर्ष पर पहुँचते हैं कि 'हिन्दुओं में जातिजन्य पराधीनता की विभीषिका किसी भी अन्य समाज की अपेक्षा अधिक विनाशात्मक थी।' उसने यह भी कहा कि 'हिन्दू-समाज की यह विभत्सता अभी भी बनी हुई है।'[34]

विवाह

सामाजिक असमानता के इस सिद्धान्त को विवाह-सम्बन्धी नियमों और मान्यताओं में भी देखा जा सकता है। मनु अन्तर्जातीय विवाह के विरुद्ध हैं। दासता की तरह अन्तर्जातीय विवाह की अनुमति है लेकिन उल्टे क्रम में नहीं, वर्गीकृत समानता के सिद्धान्त को बिना कोई नुकसान पहुँचाए। यदि कोई ब्राह्मण अपने वर्ण से बाहर विवाह करता है तो वह अपने से निम्नवर्ण की किसी भी स्त्री से कर सकता है। लेकिन एक शूद्र न वैश्य, न क्षत्रिय, न ब्राह्मण स्त्री से विवाह कर सकता है। एक क्षत्रिय वैश्य और शूद्र स्त्री से विवाह कर सकता है, एक ब्राह्मण स्त्री से नहीं। मनु कहते हैं–'द्विज की पहली शादी के लिए उसी जाति की स्त्री की संस्तुति की जाती है, परन्तु ऐसे लोगों के लिए, जिन्हें किसी कारण

से पुनर्विवाह करना हो, उसमें वर्णों के सीधे नीचे वर्ण की स्त्रियों को वरीयता दी जाती है।'[35] मनु कहते हैं—'एक शूद्र स्त्री केवल शूद्र की पत्नी बन सकती है, वैश्य स्त्री, एक वैश्य की पत्नी बन सकती है, वह दोनों तथा क्षत्रिय किसी क्षत्रिय की पत्नी बन सकती है, वह तीनों तथा ब्राह्मण स्त्री किसी ब्राह्मण की पत्नियाँ बन सकती है।'[36]

दंड-विधान

दंड-विधान की स्थापना मनु ने की, जिसे कौटिल्य ने 'अर्थशास्त्र' में और ज्यादा मजबूत किया। 'मानहानि' के लिए मनु का दंड-विधान है—'यदि कोई क्षत्रिय किसी पुरोहित की मानहानि करता है तो उस पर सौ पण की जुर्माना किया जाएगा; यदि कोई वैश्य पुरोहित की मानहानि करता है तो उस पर एक सौ पचास पण या दो सौ पण का जुर्माना किया जाएगा; लेकिन ऐसे किसी अपराध के लिए किसी शिल्पी या दास व्यक्ति को कोड़े लगाए जाएँगे।'[37] 'यदि कोई पुरोहित किसी क्षत्रिय की मानहानि करे तो उस पर पचास पण का जुर्माना किया जाएगा; यदि वह किसी वैश्य की मानहानि करे तो उस पर पच्चीस पण का जुर्माना तथा दास वर्ग के किसी व्यक्ति की भर्त्सना करने पर बारह पण जुर्माना किया जाएगा।'[38] 'यदि एक जन्मा (शूद्र) किसी द्विज (ब्राह्मण, क्षत्रिय और वैश्य) का अपमान करे तो उसकी जीभ को चीर दिया जाए; क्योंकि उसने ब्राह्मण के निम्नतम भाग से जन्म लिया है।'[39] 'यदि उनके नामों और वर्णों का अपमानपूर्ण तरीके से उल्लेख करता है, मानो वह कहता है, अरे, देवदत्त, तू ब्राह्मण नहीं है, दो दस अंगुल लम्बी लोहे की गर्म शलाका उसके मुँह में डाली जाएगी।'[40] 'यदि वह घमंडपूर्वक पुरोहितों को उनके कर्तव्यों के लिए निर्देश देता है, तो राजा उसके मुँह तथा कान में गर्म तेल डालने का आदेश देगा।'[41] 'नीच जाति का कोई व्यक्ति यदि उच्च जाति के व्यक्ति के साथ उसी स्थान पर अभद्रता के साथ बैठेगा, तो उसके कूल्हे को दाग दिया जाएगा तथा उसे देश निकाला दे दिया जाएगा, या राजा उसके नितम्ब पर गहरा घाव देगा।'[42] 'यदि वह घमंड के साथ उस पर थूकता है, तो राजा उसके दोनों होंठों पर घाव करवा देगा; यदि वह उस पर पेशाब करता है, तो उसके लिंग को गुदा की ओर मोड़कर तोड़ दिया जाए।'[43]

'रक्षित ब्राह्मणी के साथ व्यभिचार करने पर वैश्य को एक वर्ष की सजा के बाद वह अपनी धन-सम्पदा खो देगा। क्षत्रिय पर एक हजार पण जुर्माना किया जाएगा, और गधे के मूत्र से उसका मुण्डन किया जाएगा।'[44] 'लेकिन यदि कोई

वैश्य या क्षत्रिय किसी आरक्षित ब्राह्मणी के साथ व्यभिचार करता है, तो राजा वैश्य पर पाँच सौ पण तथा क्षत्रिय पर एक हजार पण का जुर्माना करेगा।'[45] 'यदि कोई ब्राह्मण इन दोनों वर्णों (क्षत्रिय, वैश्य) की किसी रक्षित स्त्री के साथ व्यभिचार करता है तो उस पर एक हजार पण का जुर्माना किया जाना चाहिए। शूद्र के साथ व्यभिचार करने पर क्षत्रिय या वैश्य पर भी एक हजार पण जुर्माना किया जाना चाहिए।'[46]

शपथ-विधान

मनु ने गवाहों को शपथ लेने के लिए जो विधान बनाए उन पर भी एक दृष्टि डाली जाए। 'पूर्वाह्न में न्यायाधीश स्वयं शुद्ध होकर तथा शुद्ध पवित्र द्विज को कई बार पुकारेगा कि वह किसी प्रतिमा, किसी देवता तथा ब्राह्मण के प्रतीक के समक्ष सत्य की घोषणा करे, जबकि गवाह अपना चेहरा या तो उत्तर की ओर करेंगे या फिर पूरब की ओर।'[47] 'न्यायाधीश ब्राह्मण से 'कहो', क्षत्रिय से 'सत्य कहो', वैश्य से उसकी पशुशाला, अनाज या स्वर्ण की याद दिलाकर चेतावनी देगा, तथा शूद्र को उसके अपराधों की जो किसी के अथवा वह प्रत्येक अपराध जो मनुष्य कर सकता है, के साथ तुलना करने की धमकी देगा।'[48]

हिन्दू न्याय-व्यवस्था में साफ तौर पर असमानता दिखाई पड़ती है। यह दंड-प्रक्रिया ही अमानवीय है, जहाँ एक ही अपराध का दण्ड वर्णानुसार कम या ज्यादा है। यह असमानता पर आधारित है। जो एक योजनाबद्ध तरीके से इस्तेमाल होती है।

हिन्दू समाज-व्यवस्था में जो सबसे शक्तिशाली सिद्धान्त है, वह है लोगों का जाति या वर्ण में मजबूती से बाँधे रखना। जीवन का ऐसा कोई भी क्षेत्र नहीं है जहाँ जाति या वर्ण अपना प्रभाव न रखता हो। परिवार, राजनीतिक दल, क्लब, खेल का मैदान, शिक्षा-संस्थान, डाकुओं के गिरोह, पुलिस-दस्ते, बाज़ार, बस्तियाँ, कॉलोनियाँ, अवैध धन्धा करनेवाले, साधु-महात्मा, सरकारी, गैर-सरकारी दफ्तर, व्यवसायिक निगम, प्राइवेट कम्पनियाँ, यानी ऐसा कोई क्षेत्र नहीं है, जो इस व्यवस्था से अछूता हो। यह भारतीय जीवन में अलगाव की भावना पैदा करने का उद्गम है। किसी भी समाज-व्यवस्था में ऐसे तत्त्व अन्तर्निहित होते हैं, जो इन तमाम भावनाओं को रोककर अलगाववाद और पृथक्करण की भावना को रोकते हैं। वही आदर्श स्थिति होती है। तभी समाज एकजुट होता है। जीवन में विकास की गति तीव्र होती है। इस व्यवस्था में समानता के सिद्धान्त के लिए

कोई जगह नहीं है। यह व्यवस्था व्यवसाय के चयन की स्वतंत्रता नहीं देती है। यह व्यवस्था लोकतन्त्र में विश्वास नहीं करती है। प्रतिनिधि सरकार जैसी कोई भावना इसमें नहीं है। इसके लिए यहाँ दो उद्धरणों का उल्लेख आवश्यक है। गोहाना कांड (हरियाणा, 31 अगस्त, 2005) और गत दिनों शकररमन हत्याकांड में शंकराचार्य की गिरफ्तारी का मामला। गोहाना कांड में 'जाटों की पंचायत' ने न सरकार को माना, न पुलिस को। खुलेआम फैसला लेकर 'वाल्मीकि-बस्ती' को पूरी तरह जला दिया, घरों में लूटपाट की। बस्ती भी ऐसी जो शहर के बीच में थी और ज्यादातर लोगों के घर पक्के और समृद्ध थे। इसी तरह शंकराचार्य की गिरफ्तारी पर भूतपूर्व प्रधानमन्त्री, गृहमन्त्री (उपप्रधानमन्त्री), राष्ट्रीय दल के वरिष्ठ नेता एक स्वर में चिल्ला रहे थे कि शंकराचार्य को एक अपराधी की तरह गिरफ्तार नहीं किया जा सकता है। वे इस गिरफ्तारी को हिन्दू धर्म पर हमला बता रहे थे। जबकि यह समूचा प्रकरण संवैधानिक प्रक्रिया के तहत किया गया था।

गोहाना कांड की पृष्ठभूमि में वाल्मीकियों की बढ़ती सम्पन्नता थी। यहाँ मनु द्वारा रचे विध।नों का सन्दर्भ देना अप्रासंगिक नहीं होगा। 'मनु ने शूद्र के सम्पत्ति जमा करने पर प्रतिबन्ध लगाने का विधान बनाया था। क्योंकि इससे उच्चवर्णीयों (द्विजों) के वर्चस्व को खतरा हो सकता है।'[49] साथ ही मनु ने एक और नियम बनाया था कि ब्राह्मण अपने शूद्र दास के सामान को निर्ममता से जब्त कर सकता है, क्योंकि उसे सम्पत्ति रखने का अधिकार नहीं है।[50]

सामाजिक जीवन में हीनताबोध पैदा करने के तमाम ऐसे कार्य किए गए कि शूद्रों, दासों, अस्पृश्यों एवं अंत्यजों का जीवन निकृष्टतम होता चला गया।

बौद्ध ग्रन्थ विनय पिटिक से जानकारी मिलती है–'वरम् एवं सप्पि दासनं वा कम्मकरानं वा पादभञ्जन वा पादीप करणे वा आसित्तम'[51] (एक सौदागर की बीमार पत्नी ने अपने वमन से निकले घी को सँजोकर रखा था कि दास या **कम्मकर** (मजदूर) उसे अपने पाँव में लेपेंगे या दीप में जलाएँगे।) यानी दासों, सेवकों को 'जूठन' दी जाती थी। बुद्ध कहते हैं कि 'घरों में दासों और कम्मकरों (मजदूरों) को खट्टे दलिया के साथ भात खिलाया जाता है (कजाजकं भोजनं दिय्यति)।'[52] एक जातक कथा में एक कुम्भकार द्वारा रखे गए भाड़े के मजदूर की चर्चा आई है, जो दिन-भर चाक पर मिट्टी का सामान बनाने के बाद बदन पर मिट्टी लगाए हुए ही तिनकों के गट्ठर पर बैठता है, और थोड़े से घोल में ज्वार की टिकियों को डुबो-डुबो कर खाता है।[53]

एक स्थान पर एक मजदूर कहता है–'मुझे मजदूरी के रूप में एक मासक

या आधा मासक मिलता है, जिससे मैं अपनी माँ का भरण-पोषण करने में असमर्थ हूँ।'[54]

सारांश यह है कि उस काल में रोजमर्रा की जिन्दगी में मजदूरी जीवन-निर्वाह के लिए पर्याप्त नहीं मिलती थी। भाड़े के मजदूरों के रूप में काम करनेवाले अधिकांश शूद्र ही थे।

सुत्तनिपात के अनुसार कम्मकरों (मजदूरों) की तुलना में दास मालिक की सम्पत्ति होता था, और पैतृक सम्पत्ति की तरह दासों का भी बँटवारा होता था। दासों की स्थिति गुलामों जैसी थी।[55]

'भगवद्गीता' में कृष्ण कहते हैं—'यदा-यदा ही धर्मस्य ग्लानिर्भवति भारतः' हे भारत, जब-जब धर्म की हानि होती और अधर्म बढ़ता है, तब-तब मैं स्वयं जन्म लेता हूँ। मैं साधुओं की रक्षा और दुष्टों का नाश करने, धर्म की स्थापना के लिए अलग-अलग युगों में जन्म लेता हूँ। यहाँ पर जानना जरूरी है कि कृष्ण के लिए साधु और दुष्ट कौन है ? क्या दलितों के लिए जो दुष्ट है, वही कृष्ण के लिए भी दुष्ट है या वर्तमान में जो साधु (निठल्लों की भीड़) है, वही कृष्ण के भी साधु हैं ?

डॉ. अम्बेडकर के अनुसार, 'हिन्दू समाज में ही मानवीय सम्बन्धों को धर्म का आवरण ओढ़ा कर अनुलंघनीय बना दिया गया है, हिन्दुओं में कामगारों के पारस्परिक सम्बन्धों की भी सीमाएँ बाँध दी गई हैं। उन्हें कड़ियों और सनातन संशयहीनता के शिकंजे में कस दिया गया है।'[56]

रामशरण शर्मा के अनुसार—'मौर्य पूर्व काल में शूद्र की सामान्य आर्थिक स्थिति का विश्लेषण करने में सेविवर्ग के रूप में उनकी विशेषता पर खासतौर से ध्यान देना होगा, जिसकी चर्चा प्रथमतः इस अवधि में स्पष्ट रूप से की गई है। सेवा कार्य के चलते इस वर्ग में सजातीयता का बोध हुआ, जो विजातीयता के भाव से प्रभावित थे। सेविवर्ग के सदस्य के रूप में, वैश्य किसानों के साथ, शूद्र मुख्य उत्पादकों का कार्य करते थे, जिससे समाज के विकास की नींव सुदृढ़ होती थी। कृषि मजदूरों के रूप में उन्होंने कौशल और मगध के घने जंगल वाले क्षेत्रों को कृषि योग्य बनाने में सहायता पहुँचाई। इन क्षेत्रों के बारे में ग्रन्थों में बताया गया है कि वे छोटे-बड़े टुकड़ों में बँटे थे, जिनमें दास और मजदूर खेती करते थे। कौटिल्य ने यह नीति निर्धारित की थी कि नई बस्तियों में परती ज़मीन को आबाद करने के लिए शूद्र मजदूर लगाए जाएँ, इनके अतिरिक्त शिल्पियों के रूप में शूद्रों ने शिल्प-विज्ञान के विकास में योगदान दिया, और बिक्री योग्य बहुत-सी सामग्रियाँ बनाईं। इनके चलते कई नगर बस गए, जहाँ वाणिज्य और व्यापार होते थे।'[57]

समाज-सुधारक

इसमें सन्देह नहीं कि बहुत-सी अति पुरातन सामाजिक प्रथाएँ उन्नीसवीं शताब्दी में भी प्रचलित थीं। इंग्लैंड के विकासोन्मुख औद्योगिक समाज और भारत के पुराने तथा पतनोन्मुख समाज के बीच की गहरी विषमता ने राष्ट्रीय भावना से प्रेरित भारत के शिक्षित और बुद्धिजीवी वर्ग का ध्यान आकर्षित किया। उन्होंने महसूस किया कि सती-प्रथा, आजीवन वैधव्य, बाल-विवाह और सजातीय विवाह की प्रथा राष्ट्र की प्रगति में बाधक हैं। चूँकि ये प्रथाएँ धर्मशास्त्रों के बल पर चल रही थीं, इसलिए यह अनुभव किया गया कि उनमें सुधार आसानी से लाए जा सकते हैं। यदि यह सिद्ध किया जा सके कि वे सुधार धार्मिक ग्रन्थों के अनुरूप हैं। इस प्रकार 1818 ई. में राममोहन राय ने सती-प्रथा के विरोध में प्रकाशित अपनी प्रथम पुस्तिका (ट्रैक्ट) के द्वारा यह सिद्ध करने का प्रयास किया कि शास्त्रों के अनुसार, नारी के मोक्ष का सर्वोत्तम साधन सती-प्रथा नहीं है।[58]

इसी शताब्दी में पाँचवें दशक में स्मृति ग्रन्थों के आधार पर ईश्वरचन्द्र विद्यासागर ने विधवा विवाह का समर्थन किया। महाराष्ट्र में ज्योतिराव फूले ने विधवा विवाह, स्त्री शिक्षा का सामाजिक आन्दोलन चलाया। स्वयं एक विधवा सावित्री बाई फूले से विवाह करके समाज के सामने एक आदर्श प्रस्तुत किया। सातवें दशक में आर्य समाज के संस्थापक स्वामी दयानन्द ने मूल संस्कृत ग्रन्थों के उद्धरणों का संकलन 'सत्यार्थ प्रकाश' के नाम से प्रकाशित किया। उन्होंने विधवा विवाह का समर्थन किया। जन्म पर आधारित जाति-प्रथा के बहिष्कार की घोषणा की। शूद्रों को वेदाध्ययन का अधिकारी माना।[59]

गांधी ने अछूतोद्धार के कार्यक्रमों की घोषणाएँ कीं। लेकिन दलितों की राजनीतिक आकांक्षाओं का विरोध किया। जिसके कारण 25 सितम्बर, 1932 को डॉ. अम्बेडकर और हिन्दू नेताओं के बीच एक समझौते पर सहमति बनी, जिसे 'पूना पैक्ट' के नाम से जाना जाता है।

रामशरण शर्मा का कहना है कि 'हमें मालूम नहीं कि आरम्भ में समाज-सुधारकों को म्यूर की समकालीन रचनाओं से कहाँ तक प्रेरणा मिली। उसने यह प्रमाणित करने का प्रयास किया है कि प्राचीन युग में यह विश्वास प्रचलित नहीं था कि चारों वर्णों की उत्त्पत्ति आदि पुरुष (मानव) से हुई है। हम यह भी नहीं जानते हैं कि वेबर की उन रचनाओं का भी उन पर कोई प्रभाव पड़ा या नहीं जिनमें उसने ब्राह्मणों और सूत्रों के आधार पर वर्ण-व्यवस्था का प्रथम महत्त्वपूर्ण विश्लेषण प्रस्तुत किया।'[60]

यहाँ यह कहना आवश्यक लगता है कि 1891 में जब 'एज ऑफ कन्सेंट बिल' (आयु सम्मति बिल) बाल-विवाह की रोकथाम के लिए प्रस्तुत किया जा रहा था, तब सर आर.जी. भंडारकर और बालगंगाधर तिलक ने इस बिल का विरोध किया था।

जाति-व्यवस्था पर गर्व करनेवाले भारतीय लेखक 'वर्ण-व्यवस्था' का विश्लेषण करनेवाली पुस्तकों, लेखकों की आलोचनाओं के प्रति शिकायत भरे स्वर में कहते हैं कि 'हब्शियों के प्रति बरते जानेवाले भेदभाव से प्रभावित होने के कारण यूरोपीय लेखक भारतीय जाति-प्रथा का नाहक बढ़ा-चढ़ाकर चित्रण करते हैं।'[61] केतकर के साथ-साथ घुर्वे भी जाति-प्रथा को लेकर इसी प्रकार की मान्यताएँ रखते हैं।

भारतीय समाज में अतिथि-सत्कार का गौरवपूर्ण गुणगान होता है। वास्तविकता यह है कि अतिथि-सत्कार भी जातीय आधार पर ही होता है। धर्मसूत्रों में ऐसी प्रवृत्ति स्पष्ट दिखाई पड़ती है कि ब्राह्मण और शूद्र में विभेद बढ़े हैं। आपतस्तंब और बोधायन का मत है कि 'यदि कोई शूद्र अतिथि के रूप में ब्राह्मण के घर आए तो उसे कुछ काम करने का भार सौंपना चाहिए, और जब काम सम्पन्न हो जाए तब उसे भोजन देना चाहिए—'शूद्र मम्यागतम् शूद्रो चे दाग तस्तं कर्मणि नियुंज्यात'[62] ब्राह्मण न तो उसका सत्कार करे और न स्वयं खाना खिलाए, बल्कि ब्राह्मण का नौकर राजा के भंडार से चावल लाकर उसे भोजन कराए। (राजा के भंडार में इस प्रयोजन की सामग्री ब्राह्मणों के लिए रखी जाती थी।)[63] गौतम धर्मसूत्र का विचार है कि ब्राह्मणेतर जातियों को, यज्ञ का अवसर छोड़कर अन्यथा ब्राह्मण का अतिथि नहीं होना चाहिए।[64]

उपर्युक्त विवेचनाओं से भारतीय समाज में शूद्रों, अस्पृश्यों की सामाजिक, आर्थिक, धार्मिक स्थिति की जानकारी मिलती है। जिसके आधार पर उस मानसिकता से परिचय होता है। जिसने अस्पृश्यों को हजारों साल से दासता के चक्र में फँसा कर उनका सामाजिक, आर्थिक-विकास अवरुद्ध किया। 'वाल्मीकि-समाज' की वर्तमान स्थितियों, विपन्नताओं की जिम्मेदार यही वर्ण-व्यवस्था, जाति भेद है जिसकी विभीषिका में यह समाज आज भी फँसा हुआ है। इससे बाहर निकलने, दासता से मुक्त होने की छटपटाहट और संघर्ष जारी है।

शूद्रों को अछूतों, दलितों के साथ जोड़कर देखा जाता है। इसीलिए शूद्रों की चर्चा आवश्यक लगी।

प्रस्तुत पुस्तक की रचना का उद्‌देश्य मात्र 'वाल्मीकि-समाज' की स्थिति का

विस्तृत विवेचन करना ही नहीं है, बल्कि उसके वर्तमान जीवन का मूल्यांकन और समायोजन करना भी है, जो सिर्फ विवरण भर नहीं है, जो सुधारवादी या सुधार विरोध या रूढ़िवादी दृष्टिकोण से लिखे गए हैं।

इस पुस्तक की सामग्री के लिए मुख्यतः साहित्यिक स्रोतों पर, लोकमानस की मान्यताओं, किंवदन्तियों, साक्षात्कारों, सर्वेक्षणों पर निर्भर रहना पड़ा, जिनको जुटाना काफी श्रम-साध्य था। 'वाल्मीकि-समाज' एक अस्पृश्य, श्रमिक समाज है। अतः उनके आर्थिक, सामाजिक, धार्मिक जीवन के साथ उच्चवर्णीय समाज के सम्बन्धों का स्वरूप निश्चित करना जरूरी था। साथ ही ऐतिहासिक सन्दर्भों के साथ उन शब्दों का प्रयोग भी जरूरी था, जिन्हें आज अपमान द्योतक माना जाता है (मसलन भंगी, चूहड़ा आदि) ये ऐतिहासिक विवशता के साथ प्रयुक्त हुए हैं। मैं स्वयं इन शब्दों को अपमान बोधक मानता हूँ।

सन्दर्भ

1. रामशरण शर्मा—शूद्रों का इतिहास, राजकमल प्रकाशन, 1992, नई दिल्ली, पृ. 9 इन्स्टीट्यूटस ऑफ हिन्दू लॉ, भूमिका, पृ. XIX
2. ऋग्वेद—दसवाँ मंडल, पुरुष सूक्त, 12वाँ मन्त्र
3. वही, 11वाँ मंत्र
4. डॉ. भीमराव अम्बेडकर—सम्पूर्ण वाङ्मय, खंड-13, पृ. प्राक्कथन, डॉ. अम्बेडकर प्रतिष्ठान, कल्याण मन्त्रालय, भारत सरकार, नई दिल्ली, 1998
5. वही, पृ. प्राक्कथन
6. आपतस्तंब धर्मसूत्र—प्रश्न-1, पटल-1, खंड-1, सूत्र—4-5
7. वही, सूत्र-6
8. वसिष्ठ धर्मसूत्र
9. मनु, अध्याय-1, श्लोक-31
10. मनु, अध्याय-10, श्लोक-4
11. मनु, अध्याय-2, श्लोक-6
12. डॉ. अम्बेडकर जाति-प्रथा उन्मूलन, टाइम्स ऑफ इंडिया, 4 जनवरी, 1928
13. रामशरण शर्मा—शूद्रों का इतिहास, भूमिका, पृ. 9, विवादार्ण व सेतु, अनुवादक की भूमिका, पृ. IX, इस ग्रन्थ का अनुवाद अंग्रेजी से जर्मन भाषा में 1778 में हुआ था।
14. मनु, अध्याय-2, श्लोक-36
15. वही, श्लोक-41
16. वही, श्लोक-44
17. डॉ. अम्बेडकर—सम्पूर्ण वाङ्मय, खंड-6, पृ. 131, हिन्दू समाज-व्यवस्था : इसके मूल सिद्धान्त
18. ब्लंट—द कास्ट सिस्टम ऑफ नार्दन इंडिया, पृ. 89-90
19. डॉ. अम्बेडकर—सम्पूर्ण वाङ्मय, खंड-6, पृ. 136
20. वही, खंड-13, पृ. 165

21. रामशरण शर्मा—शूद्रों का इतिहास, पृ. 12
22. आर. रौथ—शब्रहम एंड डाईब्राहमनेन साइट शिफ्ट डेर डोय चेन मेर्गेन लिंडशेन गेज़ेल शाफ्ट बर्लिन, पृ. 84
23. ऋग्वेद-II, 12.4
24. ऋग्वेद-V, 34.6
25. ऋग्वेद- II, 13.8
26. ऋग्वेद-II, 11.4, 25.2, X, 1.48.2
27. ऋग्वेद-III, 34.9
28. मनुस्मृति, VIII, 413
29. मनुस्मृति, VIII, 414
30. नारद स्मृति, 5.39
31. याज्ञवल्कय स्मृति, 16.183 (2)
32. गौतम सूत्र—X, 58
33. गौतम सूत्र— X, 59
34. जेम्स मिल—द हिस्ट्री आफ इंडिया, पृ.166
35. मनुस्मृति—3.12
36. मनुस्मृति—3.13
37. मनुस्मृति—8.267
38. मनुस्मृति—8.268
39. मनुस्मृति—8.270
40. मनुस्मृति—8.271
41. मनुस्मृति—8.272
42. मनुस्मृति—8.281
43. मनुस्मृति—8.282
44. मनुस्मृति—8.375
45. मनुस्मृति—8.376
46. मनुस्मृति—8.383
47. मनुस्मृति—8.87
48. मनुस्मृति—8.88
49. मनुस्मृति—10.129
50. मनुस्मृति—8.417
51. विनय पिटिक—IV, पृ. 272
52. अंगुत्तर निकाय, I, पृ. 145
53. अंगुतर निकाय, VI, पृ. 372
54. जातक, III, पृ. 326
55. सुत्तनिपात, पृ. 769
56. डॉ. अम्बेडकर—सम्पूर्ण वाङ्मय, खंड-6, पृ. 160
57. रामशरण शर्मा—शूद्रों का इतिहास, पृ. 101
58. जे.सी. घोष—दि इंग्लिश वर्क्स ऑफ राममोहन राय (i) प्रस्तावना; पृ. XVIII
59. दयानंद सरस्वती—सत्यार्थ प्रकाश, चतुर्थ-समुल्लास, पृ. 83-92, 113-122

60. रामशरण शर्मा–शूद्रों का इतिहास, पृ. 10, जे म्यूर–ऑरिजनल संस्कृत टैक्ट्स, (i) लन्दन, 1872, बेबर–इंडिसे स्टूडियन, X, 1-160
61. केतकर–हिस्ट्री ऑफ कास्ट, 1911, पृ. 12-13
62. आपतस्तंब धर्मसूत्र–II, 2.4.29
63. वही, 2.4.20
64. गौतम धर्मसूत्र-V.43

उत्पत्ति

'वाल्मीकि-समाज' को अलग-अलग राज्यों में विभिन्न नामों से जाना जाता है। पंजाब में मुख्य जाति 'चूहड़ा' है। जिसने सर्वप्रथम स्वयं को 'वाल्मीकि' के साथ जोड़ा। हरियाणा, राजस्थान, पश्चिमी उत्तर प्रदेश आदि में 'चूहड़ा' नाम से ही इस समाज को जाना जाता है। इसके अलावा वाल्मीकि, लाल बेगी, मलकाना, हलालखोर, हाड़ी, मेहतर, शेख भंगी, डोम, डूमार, बंसोड, हेला आदि कुछ प्रमुख उपजातियाँ हैं।

'भंगी' नाम कैसे पड़ा ? यह खोज, शोध का विषय है। इस समाज की उत्पत्ति कहाँ से है ? यह अतीत के गर्भ में छिपा है। अनेक विद्वानों का मत है कि भंगी का पेशा–मल-मूत्र ढोना, सफाई-कार्य मुस्लिम शासकों की देन है। ऐसे लोगों में हिन्दुत्ववादी विद्वान प्रमुख हैं। हिन्दी के चर्चित एवं प्रतिष्ठित साहित्यकार अमृतलाल नागर ने इस समाज की पृष्ठभूमि पर 'नाच्यौ बहुत गोपाल' शीर्षक से एक उपन्यास लिखा था। जिसमें अमृतलाल नागर ने 'मार-मार कर भंगी बनाना' मुहावरे को ही स्थापित किया था। लेकिन हजारों वर्ष से हिन्दू समाज में छुआछूत की जो दहला देनेवाली व्यवस्था मौजूद है, उसकी ओर वे कोई संकेत नहीं करते हैं। यह सिर्फ नागर जी की ही स्थिति नहीं है, ज्यादातर सृजन और बौद्धिक-विमर्श से जुड़े लोग हैं, उन सबकी यही स्थिति है। इसका सबसे बड़ा साक्ष्य है कि 'भंगी-समाज' जिसे हम 'वाल्मीकि-समाज' से सम्बोधित कर रहे हैं, वह उन्हीं स्थानों पर बहुतायत में है, जहाँ 'ब्राह्मणवादी' संस्कृति और धर्म का वर्चस्व है। पूर्वी राज्यों महाराष्ट्र, गढ़वाल, कुमायूँ, बंगाल आदि में 'वाल्मीकि-समाज' का कोई अस्तित्व ही नहीं था।

भगवानदास की भी मान्यता इसी तरह की है। वे कहते हैं–'भंगी जाति की अधिक संख्या उत्तरी पश्चिमी प्रदेशों में मौजूद थी। शायद इसका कारण यह रहा है कि इसी प्रदेश में बौद्ध धर्म, जैन धर्म का अधिक प्रभाव रहा है। और इसी भाग में 'ब्राह्मण-धर्म' नए सिरे से उभरने पर उन्हें घृणा की नज़र से देखा जाने लगा था।'[1]

वे यह भी दावा करते हैं कि 'भिक्षुओं को 'मार-मार कर भंगी बनाकर' महन्त विहारों के मालिक बन बैठे थे।'[2] भगवानदास की मान्यता है कि बौद्ध धर्म को माननेवाले लोग भटकते हुए मारे-मारे फिरने लगे। आज किसी को भंगी कहा जाता है, किसी को महार, कोई मादिगा है और कोई माँग, किसी को डेढ़, तो किसी को डोम कहते हैं।'[3]

'भंगी' शब्द की उत्पत्ति के सम्बन्ध में भी कई मत प्रचलित हैं। देहाती पेशे का विशेषता सूचक भी यह शब्द हो सकता है। अरुण ठाकुर और महम्मद खडस अपनी पुस्तक 'नरक सफाई' में लिखते हैं कि 'गुजरात में बाँस की टोकरी बुननेवाले को 'भंगी' कहा जाता है। जाहिर है, बाँस को भंग करना पड़ता है, इसीलिए 'भंगी' कहा जाता है। समाज में बाँस की टोकरी बुनने का काम ओछा माना जाता है। पुणे जिले में बेबड़ ओहल गाँव में बलूते दारों (पवनी के हक़दार व्यक्ति) से बातचीत करते हुए हमने माँग जाति के एक व्यक्ति से पूछा, "क्या आप बाँस का काम करते हैं ?" उसने तपाक से जवाब दिया, "हम उस तरह का ओछा काम नहीं करते।"[4]

ए थो विन शब्दकोश के अनुसार, 'उच्चवर्ग के सामाजिक बन्धनों और आचार संहिता का पालन न करनेवाले लोगों को बहिष्कृत किया जाता था, और वे ही बाद में भंगी बन गए।'[5]

श्रीधर व्यंकटेश केतकर की मान्यता है कि 'मलमूत्र उठाने के पेशे की वजह से यह वर्ग बना। अतएव जाहिर है कि उनमें सिख, हिन्दू, मुसलमान आदि सभी धर्मों के लोग हैं। सबसे अधिक भंगी संयुक्त प्रान्त और मुम्बई इलाके में है। इनके अलावा चूहड़ा, हलालखोर, मेहतर आदि अन्य जातियाँ हैं। भंगी अस्पृश्य माने जाते हैं। उन्होंने मैला ढोना क्यों स्वीकार किया, इसके कई कारण हो सकते हैं।'[6]

उन कारणों को बताना शायद केतकर जैसे विद्वान के लिए जरूरी नहीं था। यह उदासीनता ही है, जो इस समाज के विकास में बाधक बनी है। यथास्थिति बनाए रखने में विद्वानों, लेखकों, राजनीतिज्ञों का भी बहुत बड़ा हाथ है।

बांबे गजेटियर के आठवें खंड में लिखा है—"भंगी जाति दो हजार वर्षों से है।"[7]

जैसा कि आरम्भ में ही कहा था कि हिन्दुत्व की भावना के प्रबल समर्थक या उससे प्रभावित लोगों की धारणा है कि भारत में इस्लामी शासन से पूर्व यहाँ भंगी नहीं थे। ये विद्वान ऐसे तथ्यों को पूर्वाग्रही होकर प्रस्तुत करते हैं। बौद्ध कालीन 'सुणीत भंगी' के तथ्यों को अनदेखा करते हैं। जैन धर्म में जिन पाँच लोगों को दीक्षा देने की मनाही है उनमें एक मलमूत्र ढोनेवाला 'बंसोड़' भी बताया गया

है। इसका अर्थ है कि भारत में इस्लामी शासन से पूर्व भी यह जाति विद्यमान थी। जिसे विद्वानों में (चाहे जो भी कारण रहे हों) अनदेखा करने की प्रवृत्ति मौजूद थी।

यहाँ यह निर्विवाद सत्य है कि अँग्रेजों ने अपनी सेना में, छावनियों में भंगियों को महत्ता दी। इसी कारण भंगी उत्तर भारत से समूचे देश में फैल गए। **एंथोविन** के कोश में भी इसी प्रकार के संकेत हैं–'सैनिक छावनियों के साथ ही भंगी उत्तर भारत से अन्य इलाकों में आए होंगे।'[8]

पुणे में भंगियों की अलग-अलग कॉलोनियाँ हैं। उनकी अलग पंचायतें हैं। इन पंचायतों में एक शीर्ष पंचायत होती है, जिसे 'ब्रिगेड पंचायत' कहा जाता है। सेना के ही 'ब्रिगेड' से शायद यह शब्द लिया गया है। सैनिक छावनियों तथा नए शहरों में बढ़ती हुई संख्या के कारण सम्भवतया भंगियों की आवश्यकता तीव्रता से महसूस की गई।[9]

बिट्ठल राम शिन्दे का कहना है कि 'महाराष्ट्र प्रान्त में नगरपालिकाओं की स्थापना के बाद पाखाने साफ करने के लिए भंगियों को गुजरात और पंजाब से लाया गया था। क्योंकि यहाँ कि कोई भी अंत्यज जाति यह काम करने को तैयार नहीं थी। इससे साफ होता है कि यह पद्धति उत्तर भारत से आई होगी।'[10]

धर्मानन्द कौसाम्बी का भी मानना है कि 'सुणीत का जन्म भंगी परिवार में हुआ। थेर गाथा के बारहवें निपात में उसकी गाथाएँ हैं। उनमें उसका चरित्र-चित्रण है। वह कहता है, "मैं नीच कुल में जन्मा था। मेरे परिवार जन इस कदर गरीब थे कि दो वक्त की रोटी जुटाना भी मुश्किल था। मेरा व्यवसाय निकृष्ट था। मैं भंगी (पुष्क-घडडक) था। लोग मुझे टालते थे, मेरी भर्त्सना करते थे। फिर भी मैं बड़ी विनम्रता से कई लोगों का अभिवादन करता था।'[11]

सुणीत को स्वयं भगवान बुद्ध ने संघ में शामिल होने की दीक्षा दी थी। डॉ. भीमराव अम्बेडकर ने भी इसकी विशद्ध चर्चा की है। सुणीत के अलावा श्वपाक एवं चंडाल को भी बौद्ध संघ में शामिल किया था।[12]

जैसा कि आरम्भ में ही कहा कि जैन धर्म में कुछ जातियों को दीक्षित करने की मनाही थी। धर्मानन्द कौसाम्बी अपनी पुस्तक 'भगवान बुद्ध और उनका दर्शन' में जैन-साधु-संघ में हीन कही जानेवाली जातियों को न लेने का उल्लेख करते हैं–

'तथा जाति-धर्म-शरीरा दिभि दुर्षितो जुगितः। तत्र मातंग-कौलिक-बरूड़ सूचिक-छिंपादयोऽस्पृश्या जाति जुंगितः। स्पृश्या अपि स्त्री-मयूर-कुक्कट-शुक्रादि पोषक। वंशवर-त्रारोहण-नख प्रक्षालन-सोकरिकत्व-वागु रिक्त्वादि निंदित कर्म

कारिणः कर्म जुगितः। कर चरण वर्जितः पंगु-कुब्ज-वामनक-काण प्रभुतयः शरीर जुंगितः। तेऽपि न दीक्षा र्हा लोकेऽवर्णवाद संभवात्।

(उसी प्रकार जाति, कर्म, शरीर आदि से दूषित को जुंगित समझा जाए। उसमें मातंग, मछुवा, बंसोड़, दर्जी, रंगरेज आदि अस्पृश्य जातियाँ जुंगित हैं। स्पृश्य होकर भी जो लोग स्त्री, मोर, मुर्गी, तोता आदि पालने, बाँस और रस्सी पर कलाबाजियाँ करने, नाखून साफ करने, सूअर पालने, पारधी का काम करने आदि का निंद्य कर्म करते हैं, वे कर्म जुंगित हैं। लोगों में टीका-टिप्पणी होने की सम्भावना रहने से ये भी दीक्षा देने योग्य नहीं हैं।)[13]

उपर्युक्त उद्धरण यहाँ देने का उद्देश्य यह है कि उस काल में भी बंसोड, सूअर पालन आदि थे, जो भंगी जाति के साथ जुड़े हुए हैं। बंसोड भंगियों की एक उपजाति है। जो आज भी उत्तर प्रदेश, मध्य प्रदेश में विद्यमान है।

भारतीय संस्कृति के जिन शाश्वत मूल्यों को हम झंडे की तरह उठाए आज अपने विजय रथ हाँक रहे हैं—वे उतने निर्दोष और उदात्त नहीं हैं। वे दो बराबरी के व्यक्तियों की आपसी अंडरस्टैंडिंग और प्यार या समझदारी से अस्तित्व में आए मूल्य नहीं हैं। मुझे इनके पीछे हजारों, लाखों लोगों की बेबस चीखें, तड़पती कराहें, बलात्कार और नृशंस हत्याओं से टपकते खून की झालरें दिखाई देती हैं। सेवा, त्याग और बलिदान के नाम पर हजारों सालों से करोड़ों लोगों को सिर्फ सेवा में लगाए रखा है; उनकी गर्दनों पर पाँव रखकर अपने लिए त्याग और बलिदान कराए हैं, उन्हें अपने अहंकार की आग में झोंका है और उन्हें अपने प्रति समर्पित रखने और गुलाम बनाए रखने के शास्त्र और शस्त्र गढ़े हैं।

'करोड़ों औरतों और दलितों को सिर्फ इसलिए मारा, जलाया या पशु का जीवन जीने को मजबूर किया कि अपने होने में उनका अपना चुनाव नहीं था। वे ऐसी देह लेकर जन्मे थे, जो खुद उन्होंने अपनी इच्छा से नहीं चुनी थी। यही उनकी रग-रग में ठूँस-ठूँस कर भरा था कि यही उनके कर्मों का फल है, और यही प्रारब्ध भी है कि उनकी जिन्दगी की सारी सार्थकता, सफलता और मुक्ति, वफादारी, या नमक अदायगी में है। स्वर्ग का लोभ और भय दिखाकर उनसे उनके वर्तमान का बलिदान कराया है। कितना खूँखार, बर्बर और नृशंस है कि कुछ लोगों का जीवन सिर्फ दूसरों की इच्छा-अनिच्छा पर हो और वे जीने और मरने की चरम सार्थकता, दूसरों की सेवा और खुशी में स्वीकार करने के संस्कार बना लें। इसी परम सन्तोष और कर्तव्य पालन की उदात्त तृप्ति प्राप्त करें...'।[14]

'वाल्मीकि-समाज' की उत्पत्ति इन दार्शनिक विवेचनाओं की दलदल में हुई। यह एक ऐसा दलदल था, जहाँ कमल नहीं खिलते, पीढ़ी-दर-पीढ़ी भीषण दुःख,

वेदनाएँ, तड़प, दासता पैदा होती है। इस दासता का कोई ओर-छोर नहीं है। दुर्गम, अँधेरे की पगडंडियों पर न जाने कितनी जिन्दगियाँ खत्म हो गईं। फिर भी कहीं कोई हलचल नहीं, कोई अहसास नहीं। महानता के मद में चूर हाथी लाखों-करोड़ों भंगियों को रौंदता चला जा रहा है।

यदि भारतीय साहित्य, संस्कृत ग्रन्थों या अन्य सामग्री पर एक दृष्टि डालें तो स्थिति स्पष्ट होगी। डॉ. गोविन्द सदाशिव घुर्ये लिखते हैं—'छान्दोग्य उपनिषद में यह बताया गया है कि यदि कोई व्यक्ति जिसने ब्रह्म के वास्तविक रूप की अनुभूति प्राप्त कर ली हो यज्ञ या अग्निहोत्र के उपयोग से बचे हुए भोजन को चंडाल को भी दे दें तो वह यज्ञ की अग्नि में दी गई आहुति के समान ही होगा। इसके विपरीत चंडाल को भोजन भेंट करना घृणित कार्य है, यह स्मरण रखना इतना आवश्यक है कि चंडाल का वंश पतित है और इसकी समानता कुत्ते तथा सूअर से की गई है।'[15]

चंडाल के विवेचन को जैसा हम जानते हैं, वैदिक साहित्य में उल्लिखित एक नृवंश समूह है, तथा ऐसे एक या दो समूहों के विवेचन को हमें और भी अधिक गहराई से देखना चाहिए, ताकि सामान्यतः अनुसूचित जातियों, विशेष रूप से 'भंगी जाति' के उद्‌गम तथा उसकी समस्याओं पर उचित प्रकाश डाला जा सके। यह एक ऐसा समूह है जिसे **वशिष्ठ** ने पृथक् मान्यता दी है और जो 'अन्त्या वसायिन' कहलाता था इसे **वशिष्ठ** ने वैश्य स्त्री और शूद्र पुरुष की सन्तान घोषित किया था। मनु के अनुसार 'अन्त्या वसायिन' का उद्‌गम पतित यानी वह चंडाल पुरुष और निषाद स्त्री की सन्तान थी। उसका कार्य श्मशान भूमि तक सीमित था। एक और व्याख्याकार के अनुसार वह चंडाल के रूप में पहचाना जाता है। बोधायन और वशिष्ठ दोनों श्वपाक नामक जाति का उल्लेख करते हैं।'[16]

व्याकरणशास्त्री पातंजलि ने जो लगभग 150 ई. पूर्व में हुए थे और जो सामान्यतः समकालीन परम्पराओं के अत्यन्त सावधान पर्यवेक्षक माने जाते हैं, श्वपच समूह की स्त्री को श्वापाचीन कहकर श्वपच कहने के सम्बन्ध में अपनी व्याकरण व्याख्या प्रस्तुत की है। पातंजलि के समय श्वपच का यथार्थ में क्या धन्धा था और कैसी परिस्थिति थी, यह जानकारी नहीं मिलती है। किन्तु एक महत्त्वपूर्ण जानकारी अवश्य प्राप्त होती है कि पातंजलि व्याकरण के किन्हीं रूपों की व्याख्या श्वपच लोगों की सामाजिक असमर्थताओं के आधार पर नहीं करते। इस उदाहरण में वह चंडालों के साथ 'मृतपा' लोगों का वर्णन करते हैं। हम यह भी जानते हैं कि कौटिल्य ने चंडालों को सभी प्रकार के सामाजिक सम्पर्क से कठोरता पूर्वक पृथक् करते हुए भी श्वपच लोगों के लिए ऐसा व्यवहार निर्धारित

नहीं किया है। किन्तु मनु इस विषय में बिल्कुल स्पष्ट हैं और इस बात का आग्रह करते हैं कि श्वपच लोगों को चंडालों के साथ एक ही समूह में सम्मिलित करके दोनों को बिल्कुल समान माना जाना चाहिए। वह उनके लिए गाँव के बाहर निवास स्थान निश्चित करते हैं और उनके लिए वस्त्र के रूप में शव का आच्छादन, भोजन करने के लिए टूटे-फूटे बर्तन, आभूषण के लिए लोहे और धन के लिए कुत्ते और गदहों का उपयोग निश्चित करते हैं। वे फाँसी लगानेवाले वधिक होते थे, जिनका गाँव तथा कस्बों में, दिन में, प्रवेश निषिद्ध था, और जिनके शरीर पर कुछ विशिष्ट चिह्न लगे होते थे तथा ऐसे शवों की दाह क्रिया वही करते थे जिनके कोई दावेदार नहीं होते थे।[17]

मनु ने उन्हें केवल गाँव, शहर, कस्बों से ही बाहर नहीं निकाला बल्कि उनके लिए ऐसे कार्यों, कर्तव्यों और अनुपलब्धियों को भी निर्धारित कर दिया था। जिसके कारण वे मानवता के 'अधम' रूप को प्राप्त हुए।

विवेकानन्द झा की मान्यता है कि 'चंडाल को शायद निम्नकोटि का शूद्र माना जाता था, जिसे तिरस्कार की दृष्टि से देखा जाता था, जो श्रेणीबद्ध समाज के पराधीन समुदायों में सबसे निम्न स्थिति में था।'[18]

'आपतस्तंब धर्मसूत्र' चंडाल के जन्म को उसके पूर्वजन्म के कर्मफल बताता है और कहता है कि सोने की चोरी करनेवाला तथा दूसरे ब्राह्मण की हत्या करनेवाले ब्राह्मण चंडाल योनि में जन्म लेता है।[19]

दूसरी ओर बोधायन, गौतम और वशिष्ठ धर्मसूत्रों में चंडाल को वर्णसंकर माना गया है, और शूद्र पुरुष तथा ब्राह्मण नारी के प्रतिलोम विवाह से उत्पन्न निम्नकोटि की सन्तान बताया है। वर्णसंकर सिद्धान्त आरम्भ में किसी समूह के वर्ण-व्यवस्था में शामिल किए जाने और धर्मसूत्रों द्वारा उसके सामाजिक दर्जे के निर्धारण में सहायक रहा है, किन्तु इस सिद्धान्त में अनेक अन्तर्विरोध थे। यह एक बौद्धिक व्यायाम था। इतना निश्चित है कि चंडाल एक वास्तविक समाज समूह के रूप में कभी भी शूद्र पुरुषों और ब्राह्मण स्त्रियों की सन्तान नहीं थे।[20]

इन सिद्धान्तों और निष्कर्षों के पीछे एक ही उद्‌देश्य था, चंडालों को आर्यों से दूर रखना। अंत, अंत्य, अंत्ययोनि, अंत्यवासिन तथा ब्राह्य जैसे शब्दों का प्रयोग जिस सुनिश्चित अर्थ में हुआ है और उन्हें जिस प्रकार चंडालों तथा संबद्ध वर्गों पर लागू किया गया है; उससे चंडालों के कारगर प्रथक्करण का प्रमाण मिलता है, जो वस्तुतः अशौच की अवधारणा के प्रबल प्रचार, लोगों द्वारा उसकी व्यापक स्वीकृति तथा चंडालों के सन्दर्भ में उसके वास्तविक प्रयोग का स्वाभाविक परिणाम था।[21]

मेन ने अपने ग्रन्थ 'ऐश्येण्ट लॉ' में वर्ण-व्यवस्था की क्षयकारी और विनाशकारी परम्परा की ओर संकेत करके इसकी भरपूर भर्त्सना की है।[22] इसी तरह शेरिंग ने 'हिन्दू ट्राइब्स एंड कास्ट्स' में भारतीय जाति-व्यवस्था की भर्त्सना करने में कोई कसर नहीं छोड़ी है।[23]

श्रुति ग्रन्थों के उपरान्त के ग्रन्थों में 'दास' का अर्थ 'गुलाम' (क्रीत भृत्य) है। ऋग्वेद में जिन दास जातियों का उल्लेख हुआ है, वे आर्यों की विरोधी थीं, वे कालान्तर में हरा दी गईं और अन्त में आर्यों की सेवा करने लगी। मनुस्मृति के मत में शूद्र की उत्पत्ति भगवान ने ब्राह्मणों के दास्य के लिए की। ब्राह्मण-ग्रन्थों में शूद्रों को वही स्थान प्राप्त है जो स्मृतियों में है। इससे स्पष्ट है कि आर्यों द्वारा विजित दास या दस्यु क्रमशः शूद्रों में परिणत हो गए।[24]

कौटिल्य के 'अर्थशास्त्र' में भी धर्मसूत्रों की व्यवस्थाओं को ही दोहराया गया है। कौटिल्य भी चंडाल का निवास श्मशान भूमि के इर्द-गिर्द ही निर्देशित करते हैं। साथ ही कहते हैं—'यथा चंडालोद पानश्च चंडालाना येवो प भोग्यो नान्येषाम्'—चंडाल के कुएँ का पानी चंडाल के लिए ही होता है, दूसरों के लिए नहीं। कौटिल्य ने चंडालों को बागुरिकों, शबरों और पुलिंदों जैसी आदिवासी जनजातियों के साथ सूचीबद्ध किया है।[25] और सम्पत्ति के महत्त्व की दृष्टि से उनको जनजातीय श्रेणी में रखा है।[26] यह इस बात का द्योतक है कि चंडाल आदिवासी (मूल निवासी) वंश के थे। प्रभाती मुखर्जी ने टॉलेमी द्वारा लिखित कंडलोई की पहचान चंडाल के रूप में की है। अतः वर्णसंकर का सिद्धान्त कोरी कल्पना है, साथ ही द्वेष भावना से प्रेरित भी।

आर.एन. दांडेकर ने भी कहा है कि मनु के विधान प्रतिक्रियावादी हैं और लगभग प्रतिशोध की भावना की उनमें बू आती है।[27] दरअसल मनु का उद्देश्य चंडाल को 'अप-पात्र' बनाना था। इसीलिए वे उसका निवास गाँव से बाहर कर देते हैं। यह उनका पूर्ण पृथक्करण था। ताकि उनका व्यवहार सम्बन्ध सिर्फ चंडालों तक ही रहे। ये दस्यु वर्ग के या ऐसे लोग थे जो 'मूख बाहू रूपज्जानां या लोके जातयो वहिः' पुरुष के मुख, भुजाओं, जंघाओं, पैरों से उत्पन्न, या चार वर्णों से बने समाज से बाहर के लोग थे। जिनकी सम्पत्ति कोई भी ब्राह्मण, क्षत्रिय कभी भी छीन सकता था या नष्ट कर सकता था। वे पूरी तरह असुरक्षित थे, असहाय थे।

वाल्मीकि-रामायण के 'बालकांड' में कहा गया है कि वहाँ कोई भी 'वर्णसंकर' नहीं है। वाल्मीकि चंडाल को 'वर्णसंकर' नहीं मानते हैं। विष्णु पुराण, भगवत पुराण आदि ग्रन्थों के द्वारा अस्पृश्यों को 'पंचम वर्ण' में डालने की पृष्ठभूमि तैयार

की गई थी।

बौद्ध-धर्म की जातक कथाओं में भी चंडाल का वर्णन निम्न जाति के रूप में ही किया गया है। वैदिक साहित्य ने उन्हें घृणित और हीनतम् समूह के रूप में ही चित्रित किया गया है। वे कस्बों, गाँव के बाहर विशेष रूप से पश्चिम छोर पर ही रहते थे। आज भी नगरों की बढ़ती आबादी में इनकी बस्तियाँ शहर से बाहर, गन्दे नालों के आसपास या शहर के पश्चिम छोर पर देखी जा सकती हैं। चंडालों का वंश परम्परागत पेशा झाड़ना, बुहारना था।[22]

'जातक-कथा' में 'चंडालवंसधोपनम' आता है। डब्ल्यू.एस.जी. रोज ने जिसका अर्थ 'चंडाल वंश में झाड़ू लगाने की कला' बताया है। चीनी यात्री फाहियान (सन् 405-411 ई.) ने भी चंडालों के विषय में लिखा है कि जब वे नगर या बाज़ार में घुसते थे तो लकड़ी के किसी टुकड़े (डंडे) से ध्वनि उत्पन्न करते हुए चलते थे, जिससे कि लोगों को उनके प्रवेश की सूचना मिल जाए, और स्पर्श न हो सके।[29]

मनु के अनुसार श्वपच या श्वपाक और चंडाल का एक ही व्यवसाय है। ये नगरों की सफाई करते हैं।[30]

बारहवीं शताब्दी में हेमचन्द्र लिखते हैं कि 'चंडाल अपने हाथों में एक दंड लोगों को यह चेतावनी देने के लिए रखते थे कि वे उनके स्पर्श से दूर रहें। इस दंड का नाम झंझरी था।'[31]

यहाँ यह बताना आवश्यक है कि फाहियान जो पाँचवीं शताब्दी के प्रारम्भ में भारत में रहा, उस समय और हेमचन्द्र बारहवीं शताब्दी में, दोनों चंडाल की सामाजिक स्थिति का एक ही जैसा चित्र प्रस्तुत करते हैं। जो इस तथ्य को सिद्ध करते हैं कि भारत में चंडाल की सामाजिक स्थिति निकृष्टतम बना दी गई थी।

कश्मीरी ब्राह्मण इतिहासकार कल्हण ने वर्णन किया है कि राजा चक्रवर्मन किसी डोम्बा संगीतज्ञ की 'हंसी' तथा 'नागलता' दो पुत्रियों के प्रेम जाल में फँस कर विपत्ति में पड़ गया था। ये दोनों कन्याएँ संगीत में निपुण तथा नर्तक थी। दूसरे शब्दों में वह इन दोनों के डोम्बा और श्वपच कहकर पुकारते थे। राजा उनके प्रेम जाल में इतना पागल हो गया था कि उसने 'हंसी' को पटरानी के रूप में विभूषित कर दिया। कल्हण अपने विदीर्ण हृदय की पीड़ा व्यक्त करते हुए लिखते हैं कि किसी प्रकार मन्त्रियों तथा अन्य लोगों ने न केवल स्वयं को श्वपाकी रानी और उसके प्रिय श्वपच पुत्रों के साथ काम करने के लिए तैयार कर लिया और इस सीमा तक आगे बढ़ गए कि उन्होंने उसका उचिष्ट (जूठन) भोजन भी ग्रहण

कर लिया। कल्हण अपनी व्यथा को नीति का रूप देते हुए अपनी भावना को लाक्षणिक रूप में प्रस्तुत करते हैं–"राज्य में उस समय निश्चय ही शक्तिशाली देवता निवास नहीं करते थे; नहीं तो किस प्रकार एक श्वपच स्त्री मन्दिरों में प्रवेश पा जाती।"[32]

कल्हण की यह प्रतिक्रिया उनकी अपनी निजी नहीं कही जा सकती बल्कि यह वैदिक धर्म और संस्कृति में अन्तर्निहित दर्शन है जिसने दलित समाज विशेष रूप से भंगी-समाज के स्वाभिमान को पैरों तले रौंदा है।

कल्हण श्वपाक सैनिकों तथा धनुर्विधा में उनकी वीरताओं का भी उल्लेख करते हैं, लेकिन निराशा के स्वर में। कल्हण एक ग्रामीण चंडाल के कार्यकलापों का वर्णन करते हुए कहता है–'जिसने शुष्क क्षेत्र के ग्रामीणों के साथ जयपीड़ तथा बलात् अधिकार अपहरणकर्ता जज्जा के मध्य लगभग 750 ई. में होनेवाले युद्ध में साथ जाकर गोंकण से जज्जा को मार डाला था।'[33]

कल्हण ने अवन्ति वर्मन के शासनकाल (857-884 ई.) में एक महान इंजीनियर के जीवन तथा कार्य-कलापों का वर्णन किया है। अवन्ति वर्मन के शासनकाल में अकाल पड़ा। इस कठिनाई से उबरने के लिए उनकी सेवा में नियुक्त महान इंजीनियर सूय्या ने नदी के मार्ग को बाँध द्वारा परिवर्तित कर दिया। जिससे देश के बहुत बड़े भाग में सिंचाई का प्रबन्ध हो सका। जिससे न सिर्फ अकाल से बचाव हुआ, बल्कि कश्मीर समृद्ध भी हुआ।[34]

सूय्या के माता-पिता का जो वर्णन कल्हण ने किया है, वह कहानी का अत्यन्त महत्त्वपूर्ण एवं विचारणीय पक्ष है। सूय्या को इस नाम से इसलिए पुकारा जाता था, क्योंकि वह सूय्या नामक चंडाल स्त्री का दत्तक पुत्र था। रास्ते की झाड़-बुहार करते हुए एक दिन सूय्या को ढक्कन से ढँका हुआ मिट्टी का एक घड़ा मिला। ढक्कन खोलते ही उसे यह देखकर आश्चर्य हुआ कि उसमें एक सुन्दर बालक अपना अँगूठा आराम से चूस रहा है। सूय्या की मातृ भावना जाग उठी। सूय्या ने उसका पालन-पोषण किया। जो आगे चलकर एक महान इंजीनियर बना और नदी पर बने पुल और बाँध का नाम उसने सूय्या रखा। अपनी समृद्धि के दिनों में उसने एक गाँव ब्राह्मणों को दान में दिया, जिसका नाम उसने सुय्य कुंडल रखा।[35]

अलब्रूनी के अनुसार 'डोम और चंडाल' ही गाँव की सफाई करते थे, तथा अन्य सेवाओं जैसे गन्दे कार्यों में लगे हुए थे। डोमों का एक व्यवसाय वीणा बजाना तथा गाना गाना भी था।[36]

पंजाब, शिमला की पहाड़ियों में 'चनल' नाम की एक जाति है। यह नाम

'चंडाल' से मिलता है। किन्तु इसका सम्बन्ध मृत पशुओं की खाल उतारना है तथा चमड़े का कार्य करना है।

पंजाब में डोम जिनका व्यवसाय वाद्ययन्त्र बजाना है। गाना, नाचना रहा है, गाँव में भंगी के रूप में तथा बेंत बनाने का कार्य करते थे। कुमाऊँ तथा गढ़वाल (नया नाम दोनों को मिलाकर उत्तरांचल) के उप हिमालय जिलों में डोम कृषि कार्यों तथा ग्रामीण शिल्पकार्य से अपना जीवन-निर्वाह करते हैं। इन्हें नए नाम 'शिल्पकार' से पहचाना जाने लगा है।

बंगाल में आव्रजक जाति के रूप में विशिष्ट रूप से सबसे गन्दा कार्य करने के अभिप्राय से इसका आरम्भ हुआ था। डोम सभी प्रकार के कार्य करते थे। उनके धार्मिक कार्यों के लिए कोई भी ब्राह्मण नहीं आता था। न कोई नाई उनके बाल काटता था, न धोबी कपड़े धोता था। सन् 1959 में पश्चिम बंगाल में इनकी संख्या एक लाख दस हजार थी। डोम जाति उन जातियों में से एक थी, जो परम्परागत रूप से मलमूत्र उठाने से सम्बन्ध रखती थी। दूसरी ऐसी ही जातियाँ पंजाब में चूहड़ा, राजस्थान तथा बम्बई में भंगी, मेहतर, बंगाल में भुई माली तथा हरी, उड़ीसा में हाड़ी थी। दक्षिण में अंशतः आन्ध्र प्रदेश में माला, तमिलनाडु में परैय्यान मलमूत्र उठाने का काम करते थे। (अब माला चमड़े का तथा परैय्यान कृषि कार्य करते हैं।)[37]

अलब्रूनी भी डोम, हाड़ी और चंडाल का सन्दर्भ देते हुए कहते हैं–'वे गन्दे कार्यों से जुड़े थे, जैसे कि गाँव की सफाई और अन्य इसी प्रकार की सेवाएँ।' उनके अनुसार वे अपने पेशे के कारण एक अलग श्रेणी में रखे जाते थे।[38] अलब्रूनी की से अन्य मुस्लिम लेखक मरवाज़ी और ग़ारदीजी की भी यही मान्यता है कि डोम और चंडाल एक जैसे हैं। चीनी यात्री हुएन च्यांग भी अलब्रूनी की बात से सहमत हैं, कि उस काल में अस्पृश्यों को गाँव से बाहर रहने को बाध्य किया जाता था। और जब गाँव में आते थे तो जोर-जोर से आवाज करते थे, ताकि उनका स्पर्श और परछाई भी किसी को छू न जाए।

धर्मसूत्रों के अनुसार चंडाल जन्मना अस्पृश्य थे, जिन्हें सामाजिक स्तर पर हीन समझा जाता था, और गाँव से बाहर रहने को बाध्य किए जाते थे। यह प्रवृत्ति आज भी मौजूद है, लेकिन थोड़ा रूप बदलकर। अनेक शिक्षण संस्थाओं, मेडिकल कॉलेज, इंजीनियरिंग कॉलेज आदि के हॉस्टल में आज भी दलित छात्रों को अलग हॉस्टल में रहने के लिए बाध्य किया जाता है।

हुएन च्यांग, गार्दीज़ी की एक ही जैसी मान्यताएँ हैं। अस्पृश्यता की कठोरतम भावनाएँ सामाजिक नैतिकता का हिस्सा थीं। बाणभट्ट की प्रसिद्ध पुस्तक

'कादम्बरी' में भी ऐसी ही एक वर्ण आता है, जब शूद्रक के दरबार में एक मातंग कन्या लड़की के टुकड़ों को दरवाजे पर मार-मारकर आवाज करती है।

अलब्रूनी एक और महत्त्वपूर्ण सूचना देते हैं, 'डोम, चंडाल संगीत, नृत्य, वाद्य यन्त्र आदि में कुशल होते थे। हाड़ी के विषय में विशेष जानकारी देते हैं कि हाड़ी अच्छा बोलते थे और स्वच्छता की दृष्टि में अन्यों से बेहतर थे।[39] कल्हण भी इनके संगीतज्ञ होने की बात स्वीकार करते हैं।[40] जैसाकि विष्णु धर्मसूत्र में उल्लेख है कि चंडाल का पेशा अपराधियों को फाँसी देना था।[41] पाराशर कहते हैं कि इस जाति के सभी लोग यह कार्य नहीं करते थे। उनका मुख्य कार्य गाँव की साफ-सफाई करना था।[42]

मनु ने तो चंडाल और अन्य सभी अस्पृश्यों को अधम स्थिति में पहुँचाने के जो निमय, कायदे-कानून निर्धारित किए थे, वे किसी भी तरह मानवीय नहीं कहे जा सकते हैं। उसके अनुसार चंडाल की सम्पदा गदहे, कुत्ते और शवों से उतरे क़फन हैं। दिन में गाँव, बस्तियों में उनका प्रवेश प्रतिबन्धित कर दिया गया था। वे सिफ रात में ही गाँव में आ सकते थे।

चंडाल और श्वपाक गाँव से बाहर रहने को बाध्य किए गए थे। मनु ने शासनादेश से चंडालों ओर श्वपाकों को खास चिह्न धारण करने के आदेश जारी कराए थे। मनु चंडालों के लिए 'अंत्यज' शब्द भी प्रयोग करते हैं। चंडालों का पेशा सड़कों, गलियों की सफाई करना, श्मशान का काम करना, अपराधियों को फाँसी पर लटकाना और रात में चोरों का अनुसंधान करना।[43]

इन तथ्यों के आधार पर यह कह सकते हैं कि सफाई कार्य करनेवाली ये प्राचीन जातियाँ लगातार रूपान्तरण के दौर से गुजरती रहीं। इनके नाम बदलते गए। लेकिन इनकी अपनी पहचान बनी रही।

सफाई कार्य से जुड़े अनेक समूह एक स्थान से दूसरे स्थान तक भटकते हुए जब नगरों, महानगरों में बसने लगे, इनकी बस्तियाँ बनने लगीं, ऐसे दौर में अपनी नए नामों, नए समूह में जुड़कर भी उनकी पहचान बरकरार रही। प्राचीन नाम डोम, चंडाल, श्वपाक आज के भंगी, चूहड़ा, लालबेगी, मेहतर आदि नामों में रूपान्तरित होकर एक क्षेत्र से दूसरे क्षेत्र में जाते रहे हैं। एक समय पंजाब, उत्तर प्रदेश में लालबेगी कहे जानेवाला समूह 'वाल्मीकि' में समाविष्ट हो गया है।

जयप्रकाश वाल्मीकि, जयपुर, जो एक सुप्रसिद्ध लेखक हैं, का मानना है कि 'राजस्थान, मध्य प्रदेश, उत्तरांचल, हरियाणा, पंजाब, महाराष्ट्र सहित कई जगह सफाई कामगार भले ही मेहतर, चूहड़ा, वाल्मीकि बने हुए हों, लेकिन वे जाति और समाज के तौर पर अपने को एक मानते हैं। चूँकि इनके आपस में एक-दूसरे से

गोत्र मिलते हैं। (इनके गोत्रों की चर्चा अगले अध्याय में होगी)। इनके रीति-रिवाज एक से हैं, तथा उनमें रोटी-बेटी का व्यवहार होता है। ये लोग झाड़ू लगाने से लेकर सिर पर मैला ढोने तक का काम करते हैं। गाँव में ये लोग खेतिहर मजदूर हैं। बाँस की टोकरियाँ बनाते हैं। सूअर पालते हैं। सफाई कामगारों में यह समुदाय बहुसंख्यक वर्ग के रूप में है।'[44]

जयप्रकाश वाल्मीकि यह भी कहते हैं कि राजस्थान में 'डिया' नामक जाति है, सम्भव है, यह 'डोम' का अपभ्रंश हो। यह जाति वाल्मीकि कि, मेहतरों की भाँति सफाई करती है। गाँव में अनाज साफ करने का 'छाजला' (सूप, सूपड़ा) बनाती हैं। अब उनका वाल्मीकियों, मेहतरों में समावेश हो रहा है।[45]

चंडाल जाति के लोगों की संख्या बहुत बड़ी होती थी। किन्तु इन तमाम सदियों में इस जाति के लोगों के देशभर में विभिन्न राज्यों की अलग-अलग जातियों में पच-खप जाने से इनकी पहचान समाप्त हो गई। तथापि कुतुबमिनार, दिल्ली की पहली मंजिल के ऊपर एक श्वेत ग्रेनाइट पट्टिका लगी है, जिस पर अंकित 1647 के एक अभिलेख में चंडाल वंश के आधे दर्जन संगतराशों के नाम मिलते हैं, जो मरम्मत के काम में लगाए गए थे।[46]

हटन के एक बाहूय जाति के रूप में 1931 की जनगणना में मद्रास में 2113 चंडाल को सूचीबद्ध किया गया था। भारत सरकार की 1935 की सूची में उसे मद्रास तथा उड़ीसा में इन लोगों को अनुसूचित जाति में शामिल कर लिया गया था। हाल ही में एक अध्ययन में राजस्थान में उसकी पहचान एक अनुसूचित जाति के रूप में की गई।[47]

रमेश नैथानी, ऊँचा मोहल्ला, कसेर खेड़ा, मेरठ अपने पत्र में लिखते हैं कि 'मैं पूर्वांचल के प्रदेशों त्रिपुरा, असम, मेघालय, मिजोरम, बंगाल के इलाकों में सीमा सुरक्षा बल की नौकरी के दौरान दुर्गम स्थानों में रहा। मिजोरम देश का ऐसा प्रदेश है जहाँ वर्णविहीन समाज है। सब अपना-अपना काम करते हैं। बाद में सब एक समान हैं। अफसर और चपरासी एक साथ खाना खाते हैं। वहाँ न कोई मेहतर है, न नाई, न धोबी। अधिकतर स्त्रियाँ अपने बच्चों के बाल स्वयं काटती हैं। मैं ये अनुभव 1983 के आधार पर कह रहा हूँ। वहाँ जो मेहतर हैं वे स्थानीय जनजातियों से अलग हैं। उनका पहनावा पंजाब के सिक्खों जैसा है। निश्चित तौर पर कुछ कहा नहीं जा सकता है।'[49]

इसका अर्थ यह हुआ कि अस्पृश्यता का उद्‌भव इसी क्षेत्र में हुआ।[48] उपर्युक्त तथ्यों और निष्कर्ष के आधार पर यह कहा जा सकता है कि गत तीन हजार वर्षों के दमन, शोषण से दबी, कुचली यह जाति विपरीत परिस्थितियों में

रहते हुए भी अभी तक अपना अस्तित्व बनाए रखने में सफल रही है। इतिहास के काले अध्यायों ने इसे अमानुषिक यातनाएँ दी हैं। गलीच जीवन जीने के वे तमाम हथकंडे अपनाकर इसे दासता की जंजीरों में जकड़कर रखा गया। लेकिन यह 'जाति' फिर भी उठकर खड़ी होती रही है। समाज को स्वच्छ रखने की इसकी भावना को हमेशा तिरस्कार ही मिला है। लेकिन इस नारकीय जीवन से बाहर आने की छटपटाहट उसके भीतर हमेशा रही है।

सन्दर्भ

1. भगवान दास—'वाल्मीकि जयन्ती और भंगी जाति', 1973, दलित वर्ल्ड लाइब्रेरी, नई दिल्ली, पृ. 10
2. वही, पृ. 2
3. वही, पृ. 6-7
4. अरुण ठाकुर और महम्मद खडस—नरक सफाई, राधाकृष्ण प्रकाशन, नई दिल्ली, 1996, पृ. 23-24
5. Enthovin—R.E. Tribes and caste of Bombay, 3 vols, Bombay Government, 1920, Vol- I
5. श्रीधर व्यंकटेश केतकर—सम्पादन, महाराष्ट्रीय ज्ञानकोश (भ) खंड-4
7. बांबे गजेटियर, आठवाँ खंड, पृ. 157
8. Enthovin—R.E. Tribes and caste of Bombay. 3 vols, Bombay Government, 1920, vol. I
9. अरुण ठाकुर और महम्मद खडस—नरक सफाई
10. बिट्ठल राम शिंदे—भारतीय अस्पृश्याचे चा प्रश्न, मुम्बई, महाराष्ट्र शासन, समाज कल्याण परिषद, सांस्कृतिक, क्रीड़ा, पर्यटन विभाग, 1976
11. धर्मानन्द कौसाम्बी—बौद्ध संघाचा परिचय, मुम्बई, मंगेश नारायण कुलकर्णी, 1926 पृ. 254-286
12. डॉ. भीमराव अम्बेडकर—भगवान बुद्ध और उनका धर्म, पृ. 146
13. धर्मानन्द कौसाम्बी—भगवान बुद्ध और उनका दर्शन, पृ. 227
14. राजेन्द्र यादव—कहाँ हो रहा होगा सूर्योदय, इन्द्रप्रस्थ भारती, अंक-3, जुलाई-सितम्बर, 1991
15. डॉ. गोविन्द सदाशिव घूर्ये—जाति, वर्ग और व्यवसाय, पृ. 194, राजपाल एंड संस, कश्मीरी गेट, दिल्ली
16. वही
17. वही, पृ. 195
18. विवेकानन्द झा—चंडाल और अस्पृश्यता का उद्गम-इतिहास, अंक-जनवरी, 1992, पृ. 24
19. आपतस्तंब धर्मसूत्र—II 1.26
20. विवेकानन्द झा—चंडाल और अस्पृश्यता का उद्गम-इतिहास, अंक—जनवरी, 1992 पृ. 25
21. वही
22. मेन—ऐश्यंट लॉ (नवीन संस्करण, 1930, पृ. 17)

23. शेरिंग–हिन्दू ट्राइब्स एंड कास्ट्स, पृ. 293
24. डॉ. पांडुरंग वामन काले–धर्मशास्त्र का इतिहास, तृतीय संस्करण, 1980, पृ. 112 (शूद्रं तु कारयेद हास्यं क्रीत म क्रीतमेव। दास्यामेव हि सृष्टोऽसौ ब्राह्मस्य स्वयंभुवा। मनु–8.413)।
25. कौटिल्य–अर्थशास्त्र, II . 1.5-6
26. वही, IV 10.2
27. आर.एन. दांडेकर–द एज ऑफ द गुप्ताज एंड अदर एसेज
28. डॉ. गोविन्द सदाशिव घूर्ये–जाति, वर्ग और व्यवसाय, पृ. 197
29. रिकाड्र्स ऑफ बुद्धिस्ट किंग्डम्स–अनुवाद–लैग, पृष्ठ-43
30. मनु–10.5-56
31. हेमचन्द्र–देशी नाम माला
32. कल्हण–राजतरंगिणी, VI, 192
33. वही, VI 475-477
34. वही, V 71-120
35. वही, IV 55-56
36. अलब्रूनी–इंडिया
37. डॉ. गोविन्द सदाशिव घूर्ये–जाति, वर्ग और व्यवसाय, पृ.
38. अलब्रूनी–इंडिया
39. वही
40. कल्हण–राजतरंगिणी
41. विष्णु धर्मसूत्र
42. पाराशर
43. रामशरण शर्मा–शूद्रों का प्राचीन इतिहास, पृ. 243
44. जयप्रकाश वाल्मीकि–समयान्तर, अक्टूबर 2005
45. वही
46. पुष्पा प्रसाद–'हिन्दू क्राफ्ट्स मैन इन डेल्ही सल्तनत (एन एपिग्राफी स्टडी), इंडिका, अंक-1, बम्बई, 1984, पृ. 112
47. विमल पी. शाह, द एजुकेशन प्रॉब्लम्स ऑफ शैडयूल्ड कास्ट एंड शैडुल्ड ट्राइब्स स्कूल एंड कॉलेज स्टूडैंट्स, नई दिल्ली, 1982, पृ. 42-43
48. विवेकानन्द झा–स्टेजज इन द हिस्टरी ऑफ अनटचेबल्स, आई.एच.आर. भाग-II अंक-1, पृ. 15
49. रमेश नैथानी–पत्र दिनांक 11 मार्च, 1992, मेरठ से।

ऐतिहासिक पृष्ठभूमि

यह समाज हजारों साल के इतिहास में अनेक यातनाओं, तकलीफों से गुजरा है। अमानवीय स्थितियों का निर्माण करने में संस्कृत साहित्य का बहुत बड़ा योगदान है। स्मृतियों, पुराणों, धर्मसूत्रों, महाकाव्यों में उसे अधम स्थितियों में पहुँचाने की भूमि तैयार की है। इसमें मनु, बोधायन, गौतम, बशिष्ट, कौटिल्य आदि की भूमिका घोर वैमनस्य पैदा करने में प्रमुख रही है। मनुस्मृति शुंगकाल की रचना है। पुष्पमित्र शुंग मौर्यवंश के अन्तिम शासक वृहद्रथ का सेनापति था, जिसका जन्म एक ब्राह्मण परिवार में हुआ था। वृहद्रथ की हत्या करके वह स्वयं गद्‌दी पर बैठ गया था। शुंगकाल में ब्राह्मणवादी विचार चरम पर था। सभी बौद्ध-विहार खंडहरों में तब्दील कर दिए गए थे—बौद्ध भिक्षुओं का कत्लेआम, सामूहिक हत्याएँ शुंगकाल की सबसे बड़ी उपलब्धियाँ हैं। कहते हैं कि 'उसने यह घोषणा की थी कि जो कोई एक भिक्षु का सिर काट कर लाएगा उसे सौ स्वर्ण मुद्राएँ दी जाएँगी।'[1]

बौद्ध धर्म के लिए यह एक भयानक दौर था। इसी काल में अनेक भिक्षु बौद्ध धर्म से विमुख होकर आज भी दलित जातियों में समाहित हो गए। सम्भव है 'भंगी-समाज' उन बौद्ध भिक्षुओं का ही रूपांतरित रूप हो। जिनसे बदले की भावना के तहत उनके लिए हिन्दू-समाज ने इतने कड़े नियम-कानून बनाए। उनका बहिष्कार किया। शिक्षा से दूर रखने के षड्‌यन्त्र रचे। संस्कार (उपनयन) से वंचित रखा। सबसे घृणित, अस्वच्छ कार्य करने को बाध्य किया।

सिद्ध और नाथ सम्प्रदाय में इस समाज की गहरी आस्था रही है। कहा जाता है कि चौरासी सिद्धों में एक 'जोगीपा' भी थे। जो उदन्तपुर (बिहार शरीफ) के एक भंगी परिवार में जन्मे थे। उदन्तपुर को बारहवीं शताब्दी में आग के हवाले कर दिया गया था। 'जोगीपा' का दूसरा नाम 'अजोगीपा' भी है। यह शबरिपा के शिष्य माने जाते हैं। इनका आसन 'ललितासन' था। इनकी मुद्रा 'वरद' थी इनकी लिखी पुस्तक 'चित्त सम्प्रदाय व्यवस्थान' तंजूर में उपलब्ध है।[2]

डॉ. विमल कीर्ति की भी इसी तरह की मान्यता है कि सुपच सुदर्शन ऋषि और कोई नहीं सुदर्शन नाम के बौद्ध-श्रमण थे। नागपुर के आसपास अनेक लोग (भंगी समाज) सुदर्शन को अपना गुरु मानते हैं। पालि भाषा के अनेक ग्रन्थों में सुदर्शन नामक एक बौद्ध भिक्षु का जिक्र आता है।

'मनुस्मृति' ने इन बौद्ध-भिक्षुओं को समाज के दायरे से बाहर करके चंडाल, श्वपच, डोम आदि नाम दिए। साथ ही ऐसे कठोर और अमानवीय नियम बनाए ताकि वे नगरों, गाँव की सीमा से बाहर अलग-थलग रहें। यह 'पृथक्करण' की प्रक्रिया के तहत किया गया था। जिससे वे समाज में बौद्ध धर्म का प्रचार-प्रसार न कर पाएँ। एक लम्बे कालखंड में ये लोग बौद्ध धर्म से भी कटते चले गए।

अस्पृश्यों के प्रति भारतीय साहित्य कभी भी संवेदनशील नहीं रहा है। इसीलिए दुर्भावना की भीषण स्थिति निर्मित हुई। धर्मसूत्रों, ब्राह्मण ग्रन्थों, स्मृतियों में चंडाल को एक मनुष्य की तरह नहीं देखा गया है। उस पर तरह-तरह के प्रतिबन्ध लगाए गए। 'वर्ण-व्यवस्था' की संकल्पना ही एक साजिश थी, जिसमें शूद्र और अंत्यज, अस्पृश्य के लिए कहीं भी सम्मान भाव दिखाई नहीं पड़ता है।

'भारत में वर्ण ने जातियों के विकास और उनके व्यवस्थित किए जाने के लिए एक ढाँचा प्रस्तुत किया, और उसके माध्यम से, कर्मकांडी दृष्टि से, प्रधान भौतिक संबंधों का निरूपण किया। शौच-अशौच की विचारधारा का उपयोग समाज के एक बड़े हिस्से को दिए गए निम्न स्थान, उसके पृथक्करण और वंशानुगत शोषण का औचित्य सिद्ध करने के लिए किया गया।'[3]

'धर्मसूत्रों' में चंडाल को पशुवत माना गया है और प्रायः कुत्तों और कौओं के साथ जोड़ा गया है। उदाहरण के लिए, 'आपतस्तम्ब' के अनुसार वैश्व देव कर्मकांड के बाद गृहस्थ चंडालों को, कुत्तों के साथ भोजन दे सकता है, और 'वशिष्ट' के अनुसार कुत्तों और कौओं के साथ, किन्तु 'आपतस्तम्ब' में एक ऐसी विचारधारा का उल्लेख किया है। जिसके अनुसार चंडाल आदि अपात्र लोगों को भोजन नहीं देना चाहिए।[4]

अशौच की कल्पना धर्मसूत्रों का एक प्रबल यथार्थ है, और चंडाल के सन्दर्भ में वह पूरे जोर से लागू दिखाई देती है। उसके स्पर्श को अपवित्र करनेवाला माना गया है और उसका प्रायश्चित्त वस्त्र धारण किए हुए ही स्नान करना बताया गया है।[5] धर्मसूत्रों में अस्पृश्य अस्पृश्यों के लिए गहरी वितृष्णा का सन्देश समाज को दिया गया, उसका प्रचार-प्रसार उस समय की तमाम पद्धतियों से किया गया, और उसका परिणाम समाज के एक अंग को आत्महीनता की गहरी खाई में धकेल दिया गया। ये धर्मसूत्र सिर्फ इतने पर ही नहीं रुकते, बल्कि प्रतिबन्धों की ऐसी साजिश

भी रचते हैं कि वे हमेशा-हमेशा के लिए समाज की उस धारा से कटते चले जाएँ जिसे आज 'मुख्यधारा' कहा जा रहा है। ये धर्मसूत्र कहते हैं–'ऐसे स्थान पर वेद का अध्ययन रोक देना चाहिए, जहाँ कोई चंडाल ठहरा हुआ हो, या देख रहा हो, या जहाँ से वह वेद का पढ़ा जाना सुन सकता हो।'

'आपतस्तम्ब' और आगे बढ़कर लोगों को चंडाल को देखने से मना करता है, और चंडाल से बात करना भी पाप बताता है। यानी संवादहीनता की स्थिति पैदा करता है। जो लम्बे समय काल में गहरी खाई बन जाती है। जो आज भी बरकरार है। यह संवादहीनता हमें एक-दूसरे से अजनबी बना देती है। जहाँ हम परस्पर घृणा तो कर सकते हैं, प्रेम नहीं।

इन विधानों के पीछे धर्मसूत्रों का स्पष्ट उद्देश्य चंडालों, अन्त्यजों को समाज के विकास से दूर रखना था। अन्त, अन्त्यज, अन्त्ययोनि, अन्त्यावसायिन तथा बाह्य जैसे शब्दों का प्रयोग जिस सुनिश्चित अर्थों में जगह-जगह मिलता है और इन शब्दों को चंडाल के लिए लागू किया है, वह इस बात का प्रमाण है कि जान-बूझकर किसी साजिश के तहत ब्राह्मणों ने चंडाल को समाज से अलग कर दिया। अस्पृश्यता का जिस प्रबलता से, योजनाबद्ध तरीके से, प्रचार-प्रसार किया गया, लोगों में उसे स्वीकृत कराया गया, उसकी ही परिणति है कि समाज में चंडालों के साथ अनेक ऐसी जातियाँ उत्पन्न हो गई जो अछूत थे और नारकीय जीवन जीने के लिए बाध्य थे। विशिष्ट कर्मकांडों, धार्मिक अनुष्ठानों के द्वारा यह सब किया गया। कहने को तो यह स्वच्छता के लिए किया गया, लेकिन इसके सन्दर्भ अस्पृश्यों (दलितों) के सामाजिक बहिष्कार से जुड़ते हैं। जिनकी विवेचना या विश्लेषण किए बगैर भारतीय समाज में फैली अमानवीय व्यवस्था को समझ पाना कठिन है।

इसी तरह से 'कौटिल्य' ने चंडाल के लिए श्मशान की परिधि निश्चित की है–'पाषण्ड चण्डालानां श्मशानन्ते वासः', अर्थशास्त्र में विधान है कि यदि कोई चंडाल किसी आर्य स्त्री का स्पर्श कर ले तो वह एक सौ पण दंड का भागी होगा–'चंडाल स्त्रार्यां स्पृश्तः...शत्यो दंड।'[6]

उस काल में अस्पृश्यों को बहुत ही कम मजदूरी मिलती थी। जिसके कारण उनकी आर्थिक अवस्था लगातार दयनीय होती गई। कौटिल्य ने जो भारी जुर्माने का विधान रचा उसके पीछे भी यही मंशा रही है।[7]

मनु का जो आग्रह था वह साफ तौर से 'चंडाल' को 'अपपात्र' बनाना था, जो इस बात को सिद्ध करता है कि सम्यक् कहे जानेवाले संसार से उसका पूर्ण अलगाव, और उसकी अस्पृश्यता को रेखांकित करते रहना।

डॉ. भीमराव अम्बेडकर का मानना है कि ये लोग दस्यु वर्ग के या ऐसे लोग थे जो ब्रह्मा के मुख, भुजाओं, जंघाओं और पैरों से उत्पन्न नहीं थे–यानी वर्ण-व्यवस्था के अधीन चार वर्णों से बने समाज से बाहर थे–मुख बाहूरूप ज्जानां या लोकेः जातयो बहिः।[8] जिनकी सम्पत्ति कोई भी छीन सकता था। इस तरह उनकी थोड़ी बहुत सम्पत्ति भी असुरक्षित थी।

बुद्ध दृढ़ता से कहते हैं कि कोई जन्म से नहीं, बल्कि कर्म से 'वर्षल' या 'ब्राह्मण' होता है।[9]

पतित (वसल या संस्कृत शब्द वृषल) तथा ब्राह्मण की जो परिभाषाएँ दी गई हैं, वे भी क्रान्तिकारी हैं। उदाहरण के लिए चाहे एकज हो द्विज हो, जो मनुष्य क्रोधी है, दुष्ट है, पाखंडी और कपटी है, अहंकारी है और द्वेषी है, निर्दयी है तथा जीवों की हानि या हत्या करता है, लोभी है, दूसरों की सम्पत्ति हड़प लेता है, असत्य और परुष वचन बोलता है, परस्त्रियों के साथ सहवास करता है, माता-पिता का ध्यान नहीं रखता, गलत सलाह देता है, मन में घृणा पालता है, भिक्षुओं को अन्न नहीं देता है, अच्छे लोगों की निन्दा करता है, और निःसंकोच, निर्मम पाप करता है। वह 'वृषल' माना जाता है। 'सुत्त-निपात्त' के 'वासेट्ठ सुत्त' में बुद्ध इस बात को दोहराते हैं कि कोई ब्राह्मण है तो जन्मना नहीं बल्कि कर्मणा (कमण्णा) तथा ब्राह्मण वह है जो किसी की सम्पदा छीनता नहीं है, अपने सारे बन्धन तोड़ डालता है। तपश्चर्या में निरत रहता है। सहिष्णुता की दृष्टि से सबल होता है, क्रोध, इच्छा, आसक्ति, राग, द्वेष, हिंसा, घृणा, उद्दंडता और पाखंड से मुक्त होता है, गुणी, सत्य-प्रिय, निष्कलुष, शान्त, गम्भीर, चिन्तनशील, बुद्धिमान प्रबुद्ध होता है। 'सुत्त-निपात्त' के 'आमगन्ध सुत्त' में बुद्ध कहते हैं कि व्यक्ति अशुद्ध यह या वह भोजन ग्रहण करने तथा इसका या उसका दिया खाने से नहीं होता है, वह अशुद्ध होता है बुरे विचारों से, बुरे शब्दों से तथा बुरे कर्मों से, और बाहरी उपचारों जैसे अग्निपूजा, स्नान चयन, यज्ञ, मुंडन, उपवास और प्रार्थना से वह शुद्ध नहीं होता है।

न जच्चा वसलो होति, न जच्चा होति ब्राह्मणों।
कम्मुना वसलो होति, कम्मुना होति ब्राह्मणों।[10]

× × ×

न जटाहि न गोत्तेन, न जच्चा होति ब्राह्मणों।
यं हि सच्च च धम्मो च, सो सुची सोच ब्राह्मणों।[11]

'खुद्दक निकाम' के एक महत्त्वपूर्ण पाठ 'धम्मपद' में बुद्ध स्पष्ट कहते हैं कि कोई मनुष्य अपनी जटा या परिवार अथवा जन्म के कारण ब्राह्मण नहीं होता

है, जिसमें सत्य और धर्म है, वही पवित्र और ब्राह्मण है।[12]

बुद्ध ने वर्ण-व्यवस्था के अन्यायों को चुपचाप सहन नहीं किया, ज्ञान तथा नैतिक आचरण को सबसे अधिक महत्त्व दिया। निम्नतम वर्ग को, उसके निकृष्टतम नमूने चंडाल के साथ ऊपर उठने का यत्न किया—'या जाति पुच्छी, चरणं च पुच्छ।[13]

बुद्ध बार-बार भिक्षुओं को समझाते हैं कि वे वंश के बारे में नहीं, बल्कि आचरण के बारे में पूछें, ताकि आपस में समानता का व्यवहार कर सकें, तथा जाति, कर्मवाले मापदंड भुला सकें।[14]

लुई डी गोमेज मानते हैं कि 'श्रमणों' ने खास तौर से जाति-प्रथा के उस स्वरूप को चुनौती दी, जिसे ब्राह्मणों ने स्थापित कर लिया था। इस प्रकार जो चीज धार्मिक अनुभूति में सहायक एक जीवन-शैली के रूप में सामने आई, वह साथ ही सामाजिक विरोध की या कम-से-कम एक सामाजिक दोष की अभिव्यक्ति भी रही होगी।[15]

'विनय पिटिक' में कहा गया है कि बौद्ध संघ एक महासमुद्र है, जहाँ पहुँचकर भिक्षु अपनी पहली पहचान उसी तरह खो देते हैं, जैसे समुद्र में पहुँचने पर नदियाँ।[16]

राइस डेविस का कहना है कि 'जाति अभी (बौद्ध काल) तक भ्रूण अवस्था में थी और यदि संघ के बाहर जाति की स्थिति के बारे में बुद्ध के तर्कसंगत विचारों का वर्चस्व स्थापित हो गया होता तो समाज का विकास कुछ और ही होता, और जाति-प्रथा की रचना कभी नहीं हो पाती।'[17]

रामशरण शर्मा भी इसी बात पर जोर देते हैं कि दक्षिण में द्रविड़ों के ब्राह्मण संस्कृति अपनाने के पूर्व उनके बीच अस्पृश्यता का चलन नहीं था।[18]

संगम काल में पुलैयों को निम्न जाति और अधम माना जाता था। (दक्षिण की अस्पृश्य जातियाँ स्वयं को आदि द्रविड़ मानती हैं) आर्यकरण तथा ब्राह्मणीकरण ने समाज के कोर-किनारे को ही प्रभावित नहीं किया था, वह नगरों तक सीमित था, सामाजिक विभाजन पेशों पर आधारित था। विभिन्न समुदाय आपस में मिलते थे, शादी-विवाह, भोजन करते थे। न तो कोई विभाजन था, न अस्पृश्यता थी। श्रेणी विन्यास संगम काल में आगे बढ़ा, 300-600 ई. के दौरान कालान्तर में शौच-अशौच की धारणा कुछ पेशों से जुड़ने लगी और पुलैयों को अस्पृश्यता के सबसे प्रारम्भिक उल्लेख 'अ चार कौवें (चौथी-पाँचवीं सदी) में देखे जा सकते हैं। जो धर्म शास्त्रों के प्रभाव को प्रकट करते हैं।[19]

डॉ. भीमराव अम्बेडकर ने अस्पृश्यता के विरुद्ध एक लम्बा संघर्ष किया।

स्वतन्त्र भारत के उस संविधान की रचना में महत्त्वपूर्ण भूमिका निभाई, जिसने अस्पृश्यता को गैर-कानूनी करार दिया,[20] तथा अनुसूचित जातियों को कानूनी समानता और विशेष सुविधाओं की गारंटी दी। अनुसूचित जातियाँ शब्द संविधान के भाग-III, अनुच्छेद 15, भाग-IV, अनुच्छेन-46, और भाग-XVI, अनुच्छेद-330, 332, 334, 335, 338, 339, 341 में आए हैं, और इनकी परिभाषाएँ भाग-XIX, अनुच्छेद-336 में इस प्रकार की गई है–'जातियाँ, प्रजातियाँ या जनजातियाँ या ऐसी जातियाँ, प्रजातियाँ या जनजातियों के हिस्से या उनके अन्दर के समूह जो इस संविधान के प्रयोजन के लिए अनुच्छेद-341 के अन्तर्गत अनुसूचित जातियाँ मानी जानेवाली हैं।'

अस्पृश्यता अधिनियम, 1955 के द्वारा अस्पृश्यों के विरुद्ध सामाजिक तथा धार्मिक निर्योग्यताओं पर अमल करने को अपराध घोषित किया गया, 1976 में एक और संशोधन के द्वारा इसकी धाराओं को और भी कठोर बना दिया गया, और इसका नाम बदलकर नागरिक अधिकार संरक्षण अधिनियम कर दिया गया।

यहाँ यह कहना भी जरूरी है कि तमाम संवैधानिक अधिकार प्रदत्त किए जाने के बाद भी सामाजिक जीवन में जातीय भेदभाव, अस्पृश्यता भाव विशेष रूप से भंगी-समाज के साथ आज भी विद्यमान है। जिसकी जड़ें अतीत में बहुत गहरे तक विद्यमान हैं, जो निरन्तर वर्तमान को प्रभावित और संचालित करती हैं। इसीलिए भंगी-समाज में शिक्षा, सम्पत्ति, पद तथा पारम्परिक रूप से अस्वच्छ धन्धे न करना भी आम सामाजिक जीवन के पारस्परिक सम्बन्धों में समान व्यवहार की कोई गारंटी नहीं है।

इतिहास में जहाँ इस समाज के साथ गहरी उपेक्षा, प्रताड़ना परिलक्षित होती है, वर्तमान में भी कुछ कम नहीं है। समय और विपरीत परिस्थितियों में इस समाज को एक जगह से दूसरी जगह स्थानांतरित होते रहना पड़ा–अछूत जातियों में सबसे ज्यादा प्रताड़ना, भेदभाव भी इसी समाज को सहना पड़ा है। सबसे ज्यादा स्थानांतरण भी इसी समाज के हिस्से में आया है। उत्तर भारत के भंगी, चूहड़े, वाल्मीकि, लालबेगी–महाराष्ट्र, बंगाल, असम, सैनिक छावनियोंवाले शहरों, वर्मा (म्यांमार), मॉरीशस, आन्ध्र प्रदेश में स्थानांतरित हुए हैं। देश के विभिन्न प्रदेशों के अलावा विदेशों में भी पहुँचे हैं।

एम.आर. मलकानी लिखते हैं–'यही बड़ी विचित्र बात है कि महाराष्ट्र में स्थानीय भंगी मिलते ही नहीं हैं। गुजरात, आन्ध प्रदेश से यहाँ भंगी आते हैं। पंजाबी, राजस्थानी भंगी अपने मुसलमान या अंग्रेज मालिकों के साथ ही शायद दक्षिण भारत पहुँच गए।'[21]

बांबे गजेटियर में भी लिखा है कि 'भंगी दो हजार वर्षों से हैं।[21] यह उन कट्टरवादी, वर्चस्ववादी हिन्दू विचारकों के उस प्रचार का उत्तर है, जिसे वे भंगी के काम की शुरुआत भारत में इस्लाम के आगमन से जोड़कर, ठीकरा मुसलमानों के सिर फोड़ने की कोशिश करते हैं। बौद्ध कालीन 'सुणीत' भंगी की उपस्थिति का प्रमाण थेर गाथाओं के बारहवें निपात में मौजूद है।' धर्मानन्द कौसाम्बी अपनी पुस्तक 'बौद्ध संघ की विजय' और डॉ. अम्बेडकर अपने ग्रन्थ 'भगवान बुद्ध और उनका धम्म' में विस्तार से इसकी चर्चा करते हैं।

रोजगार की तलाश में गुजरात से बम्बई जानेवाले लोगों के आँकड़े अगर देखें तो स्थिति की भयावहता का एहसास स्पष्ट होता है। कठियावाड़ से बम्बई जानेवाले लोगों की संख्या में क्रमिक वृद्धि दिखाई देती हैं–[23]

वर्ष	व्यक्तियों की संख्या
1881	32568
1891	39055
1901	45531
1911	58775
1921	72435
1931	53288

इस स्थानांतरण की मानसिकता का हृदय विदारक चित्र सोहनी ने अपनी पुस्तक में प्रस्तुत किया–'...इस कटू निर्णय के बाद भी बम्बई जाना इतना आसान नहीं था। जाति-व्यवस्था यानी कँटीले बाड़ में घिरी एक दर्दनाक कैद है। यहाँ निचली जाति की समस्त गतिविधियों को बेड़ियों से जकड़ कर रखा गया था। अंग्रेजों की बदौलत रेल तो आ गई थी, पर अस्पृश्यों को रेल के टिकट कहाँ मिलते थे ? मैं टिकट लेने गया तो बाबू टिकट नहीं देता था। हाथ-पाँव पड़ने पर वह राजी हुआ। प्रत्येक टिकट के लिए तीन आने रिश्वत देना तय हुआ। तब मेरे दिए तीस रुपयों पर भी गंगाजल छिड़कने के बाद ही उसने तीस रुपए भीतर रखे और गाड़ी चल पड़ने के वक्त ही टिकटें मेरी ओर उछाल दीं, जो सत्ताईस रुपयों की थी। निर्धारित शर्त के अनुसार उसे सिर्फ नौ आने लेने चाहिए थे। किन्तु वह पूरे तीन रुपए हज़म कर गया था। बाद में कठियावाड़ में 'धेड़' नामपट्ट लगाकर अलग से एक खिड़की ही शुरू की गई थी।'[24]

'छुआछात', अस्पृश्यता का घिनौना खेल हिन्दू-समाज को सिर्फ हास्यास्पद ही नहीं बनाता बल्कि उनके अमानवीय व्यवहार को भी दर्शाता है। अछूतों के साये

से भी छूत लग जाने की बात हास्यास्पद बात नहीं तो और क्या है ? छूत लगने पर गंगाजल छिड़क कर पवित्र कर लेना, तर्कहीन, अवैज्ञानिक विचार का प्रतीक है। यह शुचिता की भावना आध्यात्मिकता से जोड़ दी गई है। इसीलिए 'नमक' भी धोकर प्रयोग करनेवाले समाज में शौचालयों को साफ रखने का प्रावधान ही नहीं था। एक घर में भंगी या भंगन न आए तो सब लोग बेचैन हो जाते थे। गन्दगी फैलाने में अगुआ और गन्दगी साफ करनेवालों को अछूत, भंगी कहकर तिरस्कृत करके उन्हें दुत्कारना, यह सिर्फ हिन्दू-समाज ही करता है, जो ब्राह्मणवादी सोच, मान्यताओं, संस्कारों और सामन्ती ढाँचे से चिपका है। यह समाज जितना दिमाग भंगियों से नफरत करने में लगाता है, उतना दिमाग स्वच्छता कैसे स्थापित की जाए में नहीं लगाता। अस्पृश्यता और जातिवाद को बनाए रखने की साजिश को उसने अपने संस्कारों का हिस्सा बना लिया है।

भारतीय समाज में अस्पृश्यता की इन धारणाओं के चलते भंगियों को तकलीफदेह, अपमानजनक स्थितियों से गुजरना पड़ता है। नासिक (महाराष्ट्र) नगरपालिका की वार्षिक रिपोर्ट 1884-85 में बताया गया है–'शौचालय रात को ही साफ किए जाते हैं और रातों-रात मैला डिपों में पहुँचा दिया जाता है। भंगियों के मनहूस हुलिए को देखना भी लोगों को गवारा नहीं है। अतएव मैला-सफाई का काम रात के अँधेरे में ही करवाना पड़ता था। रात के समय लालटेन की रोशनी में यह काम करना उनकी मजबूरी थी। हम तो यह सोचकर ही दंग रह जाते हैं कि सँकरी, तंग, ऊबड़-खाबड़ गलियों से गुजरते हुए रात के अँधेरे में मैला ढोनेवाले उन लोगों पर क्या गुजरती होगी ?'

इतना तो तय है कि भारतीय समाज-व्यवस्था में जो भी अस्पृश्य मान लिया गया, उसके सूत्र कहीं-न-कहीं उन हारे हुए लोगों से जुड़ते हैं, जिन्हें पुराणों, वेदों, धर्मसूत्रों, स्मृतियों आदि संस्कृत और वैदिक साहित्य के अनार्य, दस्यु, नाग, दास, राक्षस के नाम से पुकारा गया। दस्यु का आज जो रूढ़ अर्थ है–चोर, डाकू, लुटेरा, बटमार आदि, वह एक अलग पहचान वाला समूह था, जिसने आर्यों की अधीनता स्वीकार नहीं की। उनके धर्म को स्वीकार नहीं किया। वेदों को नहीं माना। जिसके कारण उन्हें सामाजिक बहिष्कार का शिकार होना पड़ा और एक लम्बे दौर में ये निष्कासित लोग जीविका के लिए इनके करीब आने की चेष्टा में, इनके प्रतिबन्धों को झेलते रहे। लेकिन विपरीत परिस्थितियों के बाद भी ये अपनी पहचान बनाए रखने में सफल रहे। चंडाल, डोम, श्वपाक और फिर भंगी, मेहतर, लालबेगी आदि-आदि। एक लम्बे काल में आर्यों, ब्राह्मणों की वर्चस्ववादी नीतियों, प्रतिबन्धों ने इन्हें दीन-हीन, शिक्षाविहीन बना देने की तमाम कोशिशें जारी रहीं। बदले की

भावना के तहत हिन्दू-समाज ने इन्हें विकास से दूर रखकर अपनी घृणा का प्रदर्शन किया। आज भी राजस्थान, महाराष्ट्र, मध्य प्रदेश के अनके मंदिरों में इनका प्रवेश निषेद्ध है।

1910 की जनगणना में भंगी-समाज की गणना हिन्दुओं में नहीं थी। लेकिन बाद में हिन्दुओं ने अपने हितों और राजनीतिक कारणों के तहत, एक सोची-समझी रणनीति के कारण उन्हें हिन्दू लिखने लगे। 1910 की जनगणना के कमिश्नर की रिपोर्ट में अछूतों के लक्षण बताए गए हैं—[25]

1. जो ब्राह्मणों की प्रधानता नहीं मानते
2. जो किसी ब्राह्मण अथवा अन्य किसी माने हुए गुरु से मन्त्र नहीं लेते
3. जो वेदों को प्रमाण नहीं मानते
4. जो हिन्दू देवी-देवताओं को नहीं पूजते
5. जो हिन्दू मन्दिरों में नहीं जा सकते हैं

भगवानदास का भी यही मानना है कि—'आर्यों के आक्रमण में जो यहाँ के मूल निवासी थे, वे हारे, लेकिन घुटने नहीं टेके, उन्हें बहिष्कृत किया गया, दबाया गया, वे ही भंगी कहे गए।'[26]

स्थितियाँ चाहे जो भी रही हों, लेकिन अतीत के नारकीय जीवन से निकले ऐसे लोगों की भी कभी कमी नहीं रही जिन्होंने इतिहास में अपनी महत्त्वपूर्ण भूमिका दर्ज की। जिनके कारण इसे एक बहादुर, जीवट, संगीत-प्रेमी कौम कहा गया, जो हजारों साल की गुलामी, दासता में दबकर, कुचली जाकर भी जिन्दा है। और अनेकों वीर, संगीतकार, लेखक, कलाकार, इंजीनियर, विद्वान पैदा किए, भले ही समाज ने उन्हें भूला दिया हो, किन्तु उनकी वीरता, योग्यता, उपलब्धियाँ आज भी मौजूद हैं।

कल्हण ने 'राजतरंगणी' में 'सूय्या' की चर्चा की थी जिसका सन्दर्भ इस पुस्तक के 'उत्पत्ति' अध्याय में कर चुके हैं। बुद्धकालीन सुणीत भंगी की चर्चा अपना एक विशेष महत्त्व रखती है। 'द्वादस निपातो' (थेर गाथा) में सुणीत थेरो का जिक्र आता है, जिसमें कहा गया है कि राजगृह में सुणीत नाम का भंगी रहता था। गृहस्थों द्वारा सड़कों पर फेंका गया कूड़ा-कचरा साफ करना ही उसकी जीविका का साधन था। यह उसका परम्परागत पेशा था। एक दिन प्रातःकाल तथागत उठे, चीवर धारण किया और बहुत से भिक्षुओं को साथ लेकर भिक्षाटन के लिए निकले। उस समय सुणीत कूड़ा-कचरा इकट्ठा करके ढेर लगा रहा था,

जिसे वह बाद में टोकरा गाड़ी में डालनेवाला था, और गाड़ी को खींचकर ले जाने ही वाला था।

उसने तथागत को अपने अनुयायियों के साथ आते देखा, उसका हृदय प्रसन्नता से भर गया; किन्तु साथ ही वह डर भी गया। सड़क पर छिपने की कोई जगह न देखकर उसने गाड़ी को दीवार से सटा दिया, और खुद भी दीवार से सट कर, हाथ जोड़ कर खड़ा हो गया।

तथागत जब समीप आए तो उन्होंने अमृत-भरी वाणी में उसे सम्बोधित किया, "सुणीत ! यह तुम्हारा दरिद्र जीविका का साधन क्या है ? क्या तुम घर छोड़कर संघ में प्रविष्ट हो सकते हो ?" सुणीत को ऐसा लगा जैसे किसी ने उस पर अमृत वर्षा की हो। बोला, "जिस संघ में भगवान बुद्ध हैं, उसमें मैं कैसे नहीं आ सकता ? कृपया मुझे संघ में प्रविष्ट कर लें।"

तथागत के श्रीमुख से निकला, "भिक्षु आ" इस वचन से ही सुणीत को प्रव्रज्या और उपसम्पदा मिली तथा वह पात्र, चीवर युक्त हो गया। भगवान बुद्ध उसे विहार ले गए तथा धर्म और विनय की शिक्षा दी, "शील, संयम और दमन से प्राणी शुद्ध हो जाते हैं।"

जब पूछा गया कि सुणीत इतना महान कैसे हो गया, तो तथागत ने कहा, "जिस प्रकार रास्ते में पड़े किसी कूड़े-कचरे पर एक सुगन्धित कँवल भी उग सकता है, उसी प्रकार इस अन्धे जगत में, इस कूड़ा-कचरा संसार में बुद्ध-पुत्र भी प्रकाशित हो सकता है।"[27]

इतिहासकारों का मानना है कि अलाउद्दीन खिलजी की मृत्यु के बाद उनका पुत्र मुबारक खाँ सुल्तान बना, जिसकी हत्या करके खुसर्व ने सत्ता हासिल की। कहा जाता है कि खुसर्व गुजरात के एक छोटे से गाँव से निकल कर अलाउद्दीन की सेना में भर्ती हुआ। उसका जन्म एक भंगी परिवार में हुआ था। लेकिन अपने शौर्य, पराक्रम के बल पर उसने सेना में तरक्की की और किले की सुरक्षा की विशिष्ट टोली में शामिल हो गया। मुबारक खाँ के विरुद्ध भड़के असन्तोष का नेतृत्व खुसर्व ने किया और सिंहासन पर कब्जा कर लिया। 13 अप्रैल, 1320 को उसने गद्दी सँभाली। खुसर्व की पहचान एक मुस्लिम सैनिक की ही पहचान थी। लेकिन गद्दी पर बैठते ही उसने अपने आपको भंगी की सन्तान कहलाना ज्यादा जरूरी समझा, जिसके परिणामस्वरूप उसके ही सेनापति गयासुद्दीन ने उसकी हत्या कर दी। 5 सितम्बर, 1320 को गयासुद्दीन ने सुल्तान की गद्दी सँभाली और तुगलक वंश की नींव डाली।[28]

प्रसिद्ध इतिहासकार रोमिला थापर का मानना है कि '1316 ई. में

अलाउद्दीन एक निराश व्यक्ति की मौत मरा। आगामी चार वर्षों में एक के बाद एक कई सुल्तान गद्दी पर बैठे। इनमें से अन्तिम शासक इस्लाम धर्म स्वीकार करनेवाला नीच जाति का हिन्दू था, जो सुल्तान का प्रिय भाजन बन गया था, और जिसने सिंहासन प्राप्त करने के लिए सुल्तान की हत्या कर दी थी। इतिहासकारों ने उसके नीच जाति में उत्पन्न होने पर विशेष बल दिया है, जबकि इस बात पर बल देना कोई मायने नहीं रखता है। क्योंकि इस्लाम में ऊँच-नीच का भेद नहीं माना जाता था। उसकी भारतीयता और नीच जाति के होने का लाभ एक तुर्क परिवार ने उसके विरुद्ध सफल विद्रोह करके उठाया। उत्तर में सेना के एक नायक गयासुद्दीन तुगलक ने इस विद्रोह का नेतृत्व किया और सन् 1320 ई. में उसने स्वयं को दिल्ली का सुल्तान घोषित करके तुगलक वंश की स्थापना की।'[29]

भाई जीवन सिंह (1649-1705)

भाई जेता सिंह-भंगी समाज से थे। जिन्हे सन् 1699 में गुरु गोविन्द सिंह ने भाई जीवन सिंह के नाम से पुकारा था—'रंगरेटा गुरु का बेटा' कहकर उनके प्रति सम्मान जताया था। मुगल बादशाह के आदेश पर गुरु तेग बहादुर का सिर मुगल सैनिकों ने धड़ से अलग कर दिया था, दिल्ली के चाँदनी चौक पर, जिसे सैनिकों के बीच से वीरतापूर्वक भाई जीवन सिंह ने सिर उठा लिया था, और आनन्दपुर साहिब में ले जाकर सिक्ख पंथ के लोगों के हवाले कर दिया था। यह एक साहस भरा कार्य था।

भाई जेता का जन्म 30 नवम्बर, 1649 को हुआ था। उनकी माता जी का नाम कन्नो था, और पिताजी का नाम सदाचन्द। बचपन में उनका नाम जगचन्द रखा गया था, जो बाद में जगु या जोता हो गया था, उनका परिवार गुरु हर राय ना क VII, किरत पुर के अनुयायी थे। उनका परिवार झंडा रामदास आ गया था, जहाँ वे भाई गुरदित्ता (1625-1675) के साथ रहने लगे थे।

गुरु तेग बहादुर की गिरफ्तारी के कारण भाई गुरदित्ता को भी दिल्ली में रोक लिया गया था। जिसकी खैर-खबर लेने के लिए भाई जेता को दिल्ली भेजा गया था। जिस समय (11 नवम्बर, 1675) को गुरु तेग बहादुर का सरेआम सिर अलग किया गया, भाई जेता उस समय दिल्ली में ही थे, और जैसा कि गुरु के शरीर को लेने के लिए कोई भी, मुगल सैनिकों के डर से, आगे नहीं आया था, भाई जेता सिंह ने सैनिकों के बीच घुसकर गुरु का सिर उठा लिया था, और मुगल

सैनिकों द्वारा पीछा करने के बाद भी, वे गुरु का शीश आनन्दपुर तक ले जाने में सफल रहे थे, गुरु गोविन्द सिंह ने पूरे सम्मान के साथ उनका स्वागत किया था। उसके बाद वे आनन्दपुर साहिब में ही रहने लगे थे। अमृतसर के पास के गाँव रियाड़ के सुजान सिंह की बेटी राजकौर से उनका विवाह हुआ था। उनके चार बेटे हुए। जब गुरु गोविन्द सिंह ने 1699 में 'खालसा पंथ' की नींव रखी, तब जेता सिंह का नाम जीवन सिंह रखा गया।

उन्होंने गुरु गोविन्द सिंह के दो बड़े बेटों को युद्ध कला सिखाई थी, और स्वयं भी गुरु गोविन्द सिंह के मुगलों के साथ युद्ध में हिस्सा लिया था। भाई जीवन सिंह 7 दिसम्बर, 1705 में चमकौर के साथ युद्ध में शहीद हुए थे। उनके शहीदी स्थल पर उनकी स्मृति में एक बुर्ज (स्तम्भ) बनाया गया था।[30]

1778 में बैसाखी के दिन नवाब कपूर सिंह के सुझाव पर सभी सिक्ख जत्थों का एक संगठन बनाया गया था। जिसके प्रधान सेनापति थे सरदार जस्सासिंह अहलुवालिया। खालसा दल के फिर ग्यारह दल बनाए गए थे। जिनका अपना नायक था, अपना झंडा था। ये ग्यारह दल ग्यारह मिसलों के नाम से मशहूर हुई—इनमें एक भंगी मिसल थी, जिसका नेता था हरिसिंह भंगी।[31] गुजर सिंह भंगी, लहना सिंह भंगी (1759) सिक्ख इतिहास में अपनी महत्ता रखते हैं। 1762 में हरमिन्दर साहब के पुनर्निर्माण में हरिसिंह भंगी का भी हाथ था।[32] हरिसिंह भंगी ने 1764 में मुलतान पर हमला किया था[33] और विजय पाई थी। शुंग, खुशाब, चिनोट पर भंगी मिसल का कब्जा हो गया था।[34]

1857 के स्वतंत्रता आन्दोलन, जिसे अंग्रेजों ने ग़दर कहा था, में अनेक वाल्मीकि समाज (भंगी-समाज) के लोगों ने हिस्सा लिया था। कहा जाता है कि मंगल पांडे को भड़कानेवाला मातादीन भंगी था, जिसने गाय और सूअर की चर्बी से बनी कारतूस के बारे में मंगल पांडे को बताया था। 70, बंगाली पल्टन के कैप्टन राइट ने मेजर बोन्टीन को एक पत्र में लिखा था कि 'दो नं. पल्टन के एक ब्राह्मण सिपाही मंगल पांडे से मातादीन भंगी ने पानी माँगा। मंगल पांडे ने पानी देने के बजाए उसे दूर हटने के लिए फटकारा। इसे मातादीन ने अपना अपमान समझा और मंगल पांडे को कटु वचनों से कहा, 'पंडत, बहुत जल्दी ही तुम्हारा ब्राह्मणत्व मिटनेवाला है। जो कारतूस तुम इस्तेमाल करोगे और उस पर लगी सील को दाँत से काटकर अलग करोगे, उस पर गाय और सूअर की चर्बी लगी है। तब मैं तुमसे पूछूँगा तुम्हारी इस ब्राह्मणी ऐंठ...' मातादीन दमदम आयुध कारखाने में काम करता था। जहाँ ये कारतूस बनाए जा रहे थे। जब मंगल पांडे ने मातादीन की यह बात सुनी तो वह बौखला गया, और स्वतंत्रता आन्दोलन का एक विशिष्ट

अध्याय बना। लेकिन इतिहासकारों ने मातादीन की भूमिका को अनदेखा कर उसकी अवहेलना की।[35]

महाबीरी देवी ग्राम मुडझर, तहसील कैराना, मुजफ्फनगर, उत्तर प्रदेश की रहनेवाली थी। उसके पिता सूप बनाने का काम करते थे। महाबीरी ने स्त्रियों में स्वाभिमान जगाने के लिए एक महिला संगठन बनाया था। अंग्रेज सैनिकों से एक झड़प में महाबीरी के महिला संगठन की स्त्रियों ने बांका, कांता, बल्लम, गंडासा, दरांती जैसे साधारण हथियारों से उनका सामना किया। जिसमें महाबीरी देवी के नेतृत्व में 22 महिलाएँ वीरता से लड़ते हुए शहीद हुईं। ये सभी महिलाएँ भंगी-समाज से थीं।

कन्हैयालाल, पिता का नाम चेता, सरायधारी, बुलन्दशहर, 1942-43 में फरार रहे तथा 1943-45 तक राजनैतिक बन्दी रहे।

कमला मोहब्बती, पिता का नाम सूरजप्रसाद, भरोसा, लखनऊ, 1942 में 9 माह की सजा।

लखनऊ के वाजिद अली शाह ने दो भंगी स्त्रियों से शादी की थी, उन्हें नवाब मुसफा बेगम और नवाब आवदस्त बेगम का खिताब दिया गया।

पाकिस्तान के जस्टिस कौरे निलियस को पाकिस्तान का संविधान बनाने का काम सौंपा गया था। वे याहया खाँ के कानूनी सलाहकार भी रहे हैं। वे कश्मीर के एक भंगी परिवार में जन्मे थे।

डॉ. श्यामलाल जोधपुर विश्वविद्यालय के उपकुलपति पद पर रहे, उन्होंने अपनी आत्मकथा भी लिखी।

सन्दर्भ

1. सत्य नारायण दूबे–प्राचीन भारत का इतिहास, पृ.–184
2. एम.आर. विद्रोही–दलित दस्तावेज, 1989, दलित साहित्य प्रकाशन संस्थान, नई दिल्ली
3. रामशरण शर्मा–पर्सपैक्टिव, पृ.–24-25
4. विवेकानन्द झा–चंडाल और अस्पृश्यता का उद्भव, इतिहास, अंक-एक, जनवरी-1992, नई दिल्ली
5. आपतस्तम्ब–II 1.2.8-9, बोधायन धर्मसूत्र–1.5.9.5, I.5.11.36, गौतम धर्मसूत्र XIV, 30, वशिष्ठ धर्मसूत्र XXIII, 30
6. कौटिल्य–अर्थशास्त्र
7. डी.आर. चानना–स्लेवरी इन एंशियंट इंडिया, दिल्ली, 1960; पृ.–177
8. डॉ. भीमराव अम्बेडकर–हू वेयर शूद्राज, पृ.–233
9. सुत्तनिपात

10. वही
11. खुद्दक निकाय–धम्मपद
12. वही
13. सुत्तनिपात, III, 4,60
14. विनय पिटिक, पृ.–4-11
15. लुई डी गोमेज, बुद्धिज्म इन इंडिया, (द एनसाइक्लोपीडिया ऑफ रिलिजन, भाग-II, पृ.–352, सम्पादक–मर्सिया एलियड्)
16. विनय पिटिक, भाग-IV, पृ.–239
17. राइस डेविस–डायलॉग ऑफ द बुद्ध दीर्घ निकाय का अनुवाद, पुनर्मुद्रण, लन्दन, 1973, पृ. –114, 107
18. रामशरण शर्मा–शुद्राज, पृ.–145
19. ??
20. संविधान–भाग-III, अनुच्छेद-17
21. एम.आर. मलकानी–क्लीन पिपल एंड अनक्लीन कन्ट्री, नई दिल्ली, 1965, पृ.–134
22. बाम्बे गजेटियर, खंड-8, पृ.–157
23. अरुण ठाकर और महम्मद खडस–नरक सफाई, पृ.–41
24. वी.एस. सोहनी–एक धेड-ना-दुखनी-कहानी, बम्बई, भारत सेवक समाज, 1921
25. 1910, जनगणना कमिश्नर की रिपोर्ट–कमिश्नर का वक्तव्य, भाग-1, पृ.–116
26. भगवानदास–मैं भंगी हूँ
27. डॉ. भीमराव अम्बेडकर–भगवान बुद्ध और उनका धर्म
28. डी.सी. किंकर–स्वतंत्रता संग्राम में अछूतों का योगदान, तुला चन्दानी प्रकाशन, लखनऊ, 1986
29. रोमिला थापर–भारत का इतिहास, पृ.–248।
30. हरबंस सिंह–एनसाइक्लोपीडिया ऑफ सिक्खिज्म
31. हंसराज रहबर–बोले सो निहाल, पृ.–61
32. वही, पृष्ठ–163
33. वही, पृष्ठ–169
34. वही, पृष्ठ–170
35. राजेन्द्र प्रसाद जैन–सन् 1857 का विप्लव और शाह ज़फर

चूहड़ा-भंगी और अन्य उपजातियाँ

पंजाब, हरियाणा, पश्चिमी उत्तर प्रदेश में चूहड़ा जाति को ही भंगी कहा जाता है। पंजाब में चूहड़ा, मजहबी और मुसल्ली तीन प्रकार के भेद हैं। चूहड़ा-हिन्दू, मजहबी-सिक्ख और मुसल्ली-मुसलमान मुसलमान चूहड़ों के रीति-रिवाज हिन्दू चूहड़ों से मिलते-जुलते थे। वे भी अपने आपको वाल्मीकि की सन्तान समझते हैं। साथ ही घुंघरबेग, लालबेग, मलूक, पीर छोटा आदि इस जाति के विशिष्ट और महत्त्वपूर्ण पीर हैं।

1921 की जनगणना में पंजाब और पश्चिमोत्तर प्रान्तों में भंगियों की जनसंख्या 11 लाख 47 हजार थी। जिसमें 6 लाख 25 हजार पुरुष और 5 लाख 22 हजार स्त्री थे। 7 लाख 44 हजार सिर्फ पंजाब में रहते थे। जिनमें मजहबी—4% , चूहड़ा—62% और मुसल्ली—34% थे। इस जाति में विधवाओं की संख्या कम थी। 1921 की जनगणना में पंजाब में 1296 पुरुष, 73 स्त्रियाँ साक्षर थे। अंग्रेजी जाननेवाले मात्र 163 पुरुष और 2 स्त्रियाँ थीं।[1]

जे.एच. हट्टन के अनुसार भंगी जाति दक्षिण भारत को छोड़कर समूचे भारत में पाई जाती थी। इसी तरह वे चूहड़ा के बारे में भी लिखते हैं कि यह जाति पंजाब और पश्चिमोत्तर प्रान्तों में पाई जाती है। ये दोनों ही सफाई कार्य से जुड़ी हैं।[2]

बम्बई प्रेसीडेन्सी में भंगी, धेड़ या भंगिमा नाम से पुकारे जाते थे। ये लोग बम्बई, अहमदाबाद, भडोंच, पंचमहाल, सूरत, कैम्बे, काठियावाड, माहीकांठ, पालनपुर, पूना इत्यादि स्थानों में विशेष संख्या में रहते थे।

गुजरात में इन्हें हलालखोर, भरवाशिया, मेला आदि नामों से भी पुकारा जाता था। इस क्षेत्र में भंगी छः जातियों में विभक्त थे—मसोद, छजगही, हेला, लालबेगी, भखियार और शेख। इनमें शेख मुसलमान हैं; तथा लालबेगी अर्द्ध मुसलमान, लालबेगी और शेख में खान-पान का सम्बन्ध है। लेकिन विवाह-सम्बन्ध नहीं है। पूना के लालबेगी और शेखों में विवाह-सम्बन्ध भी है।[3]

गुजरात के भंगी गुजराती बोलते थे और हिन्दी समझते थे। अहमदनगर,

शोलापुर, कोल्हापुर, बेलगाँव और कनारा में ये लोग घर-बाहर सभी जगह हिन्दी बोलते हैं। सतारा में ये लोग हिन्दी और मराठी दोनों भाषाएँ बोलते हैं। पूना में इनकी भाषा गुजराती, मराठी और हिन्दी थी। इन लोगों में विवाह-सम्बन्ध उस वंश में सात पीढ़ियों तक नहीं होता है, जिससे माता या पिता के रक्त-सम्बन्ध हैं। विधवा विवाह को मान्यता थी।[4]

1921 की जनगणना में बम्बई प्रान्त में इनकी संख्या 39,090 थी, जिसमें 562 पुरुष एवं 51 स्त्रियाँ साक्षर थीं। 6 पुरुष अंग्रेजी पढ़ना जानते थे। इसी तरह संयुक्त प्रान्त में 3,67,456 भंगी थे। जिनमें 1,92,632 पुरुष एवं 1,74,824 स्त्रियाँ थीं। जिसमें 972 पुरुष और 56 स्त्रियाँ साक्षर थे। 52 पुरुष और 3 स्त्रियाँ अंग्रेजी जानते थे।[5]

1891 की जनगणना में भंगियों की कुल आबादी 4,14,532 थी। जिसमें 17,335 मुसल्ली, शेख आदि थे। लालबेगी सबसे ज्यादा 1,63,751 थे। धानुक 2,288, हेला 7,977, पत्थर फोड 6,284 तथा अन्य 2,10,792, वाल्मीकि 6,105 थे।[6]

जैसा कि विद्वानों का मत है कि भारत में बहुत से भागों में भंगी का काम करनेवाली कोई विशेष जाति नहीं थी, और न आज है। ब्रिटिश काल में अंग्रेज अफसर जब दौरे पर जाते थे तो अपने साथ कमोड़ और भंगी ले जाते थे। क्योंकि सभी जगह सफाई का काम करनेवाले नहीं मिलते थे।

हिमाचल प्रदेश में वैसे तो चमार, कोली, डगी, जुलाहा, चनाल आदि अनेक दलित जातियाँ हैं, परन्तु भंगी का काम करनेवाली कोई जाति नहीं है। भंगी का काम बाहर से आए लोग करते हैं। कहीं-कहीं कोली और डग्गी भी करते हैं।

यही स्थिति महाराष्ट्र की है, वहाँ भंगी का काम करनेवाली कोई भी जाति नहीं है। महार, मांग वहाँ बहुसंख्यक दलित जातियाँ हैं, परन्तु वे मैला उठाने का काम नहीं करते हैं। वे सड़कों, गलियों, होटलों, दफ्तरों आदि की सफाई का काम करते मिल जाएँगे या फिर मुर्दा जानवर उठाने का काम भी करेंगे, परन्तु भंगी का काम करनेवाली वहाँ की कोई मूल जाति नहीं है।

यही स्थिति बंगाल की है। बंगाल में ब्राह्मणों, कायस्थों की तरह से हाड़ी और मुसलिम जाति बिहार से लाई गई है। आन्ध्र प्रदेश और कर्नाटक में, मैसूर में, केरल में, भंगी का काम करनेवाली जातियाँ तमिलभाषी मादिगा है, जो आदि द्रविड़ नाम से भी जानी जाती है।

देहरादून (उत्तरांचल) में 1891 में 3,467 भंगी थे, जो सभी हिन्दू थे। लेकिन

1911 में 2,069 रह गए थे।[7]

गढ़वाल, कुमाऊँ में भी खेती से जुड़े 'डोम' थे, जिन्हें आज शिल्पकार कहा जाता है, जो अस्पृश्य गिने जाते हैं, सफाई का कार्य नहीं करते, यहाँ जो भी वाल्मीकि, भंगी हैं, वे सब उत्तर प्रदेश के मैदानी जिलों से हैं—मुरादाबाद, बिजनौर, मुजफ़्फरनगर, सहारनपुर से। जो ब्रिटिश काल में यहाँ आए थे। देहरादून में जो उनके मोहल्ले बने हैं, वे भी इसी आधार पर बने हैं। इन्द्रेशनगर, छबीलबाग में सहारनपुर, पथरिया पीर में मुरादाबाद, इन्द्रा कॉलोनी में बिजनौर, क्लेमेंट टाउन के कश्मीरी हाउस कॉलोनी में पंजाब से।

म्यंमार (वर्मा) देश में जो भंगी हैं वे पंजाब, उ.प्र., तमिलनाडु से गए हैं। नेपाल में पोरे और चानिया जाति के लोग सफाई कार्य करते हैं। हैदराबाद में भंगियों की दो बड़ी बस्तियाँ हैं। ये सभी लोग हरियाणा, पंजाब, उत्तर प्रदेश के रहनेवाले हैं।

भगवानदास लिखते हैं कि –'शुरू में ईस्ट इंडिया कम्पनी में भंगियों को भर्ती की जाती थी। 1857 से पहले भंगी अन्य दलित जातियों के लोग फौज में रखे जाते थे। कर्नल ब्राउन ने मेहतरों की एक फौज कानपुर में तैयार की थी। गदर के बाद बागियों को सजा देने का काम मेहतरों की फौज को ही सौंपा गया था। मद्रास में परैय्या, मादिगा, बंगाल में कैर्वता, चंडाल, नमोशूद्र, घुसिया, धानुक, लालबेगी, मेहतर आदि को फौज में भर्ती किया जाता था।'[8]

महाराष्ट्र में भी 'महार' रेजीमेंट थी। 1981 की जनगणना में महाराष्ट्र में इस व्यवसाय से जुड़ी जातियों के बारे में कोई खास जानकारी उपलब्ध नहीं है। लेकिन एक खास विवरणी महाराष्ट्र की अनुसूचित जातियों की सूची प्रकाशित हुई थी। इनमें केवल भंगी, मेहतर, ओलगाना, रूखी, मलकाना, हलालखोर, लालबेगी, वाल्मीकि, कोरार, झाड़मल्ली का उल्लेख था। महावंशी, धेड़, वणकर का अलग से उल्लेख था। जबकि ये तीनों भी सफाई कार्य से जुड़ी हैं। ऐसी दो जातियाँ और हैं—मेघवाल और मेंगवार। 1981 की जनगणना मे इनकी संख्या 1,76,251 बताई गई है। इनमें 1,59,605 लोग शहरों में रहते हैं। केवल 16,445 ग्रामीण इलाकों में रहते हैं। जबकि गुजरात में अधिकांश लोग गाँव में रहते हैं। उपरोक्त तीनों समूह में से बम्बई में 77,365 लोग रहते हैं। उनमें से 97,263 स्त्री-पुरुष निरक्षर हैं। इसका अर्थ यह है कि वृहत्तर मुम्बई जैसे औद्योगिक नगर, अत्यंत समृद्ध, प्रगतिशील, स्कूल कॉलेज, यूनिवर्सिटी जैसी हर तरह की शैक्षणिक सुविधाओं से युक्त महानगर में भी नरक-सफाई को जीवनयापन का माध्यम माननेवाले लोगों में से 1981 में कम-से-कम 48% निरक्षर हैं।[9]

वृहत्तर मुम्बई में सफाई कार्य करनेवालों में से केवल 4,894 मैट्रिक पास हैं, और 344 स्नातक हैं। भंगी, मलकाना, मेहतर आदि जाति समूहों की तुलना में महावंशी तथा मेघवाल समाज में शिक्षा का स्तर ज्यादा अच्छा है।[10]

'भंगी' और 'सफाई कामगार' भले ही ये दोनों एक ही अर्थ देते हों, लेकिन ये दोनों विभिन्न कार्यों की ओर संकेत देते हैं। नासिक नगरपालिका की वर्ष 1876 की रिपोर्ट से यह स्पष्ट होता है—'शहर सफाई का काम स्वास्थ्य अधिकारी की देख-रेख में किया जाता है। उनके अधीन सड़क-सफाई के लिए 'बुहारे' (स्वीपर्स) तथा निजी या सार्वजनिक सफाई के लिए भंगी नियुक्त किए जाते हैं।'[11]

इससे यह स्पष्ट होता है कि मल-मूत्र सफाई का कार्य भंगियों के जिम्मे था। महाराष्ट्र में भंगी का काम करनेवाला कोई भी व्यक्ति मराठीभाषी नहीं था। गुजराती और हिन्दीभाषी ही यह काम करते थे। महाराष्ट्र में स्थानीय भंगी मिलते ही नहीं हैं। गुजरात, आन्ध्र प्रदेश से यहाँ भंगी आते हैं। पंजाबी, राजस्थानी भंगी अपने मुस्लिम और अंग्रेज मालिकों के साथ ही यहाँ पहुँचे।[12]

उपजातियाँ

वाल्मीकि

पंजाब, हरियाणा, राजस्थान, पश्चिमी उत्तर प्रदेश की कई उपजातियों ने अपने पुराने नाम चूहड़ा, लालबेगी, बल्हार, मुसल्ली आदि छोड़कर स्वयं को वाल्मीकि कहने लगे। सफाई कार्यों के साथ-साथ सूअर-पालन उनके जीवन का हिस्सा था। यह उनकी आर्थिक अवस्था का आधार रहा है। साथ ही उनकी धार्मिक आस्थाओं, अनुष्ठानों में सूअर उनके लिए सदैव महत्त्वपूर्ण रहा है। तीज-त्यौहार हों, या जन्म-मृत्यु, शादी-विवाह सभी में भोज और दावत में सूअर का मांस जरूरी था। यह जीवन की जरूरत था। इसीलिए सूअर-पालन पर ये लोग विशेष जोर देते हैं, साथ ही विशेष ध्यान और कुशलता से इनका प्रजनन ही नहीं किया जाता था, बल्कि इनके पालन और विकास भी विशिष्ट तौर-तरीकों से किया जाता था। प्रत्येक परिवार में घरों के पास इन्हें बन्द करने के लिए एक 'सुराड़ा' बनाया जाता था, जिसकी जमीन मिट्टी की होती थी, जिसे सूअर अपनी थूँथनी से खोदकर अपनी सोने की जगह बनाता था।

अधिकतर लोग सूअर को गन्दगी का प्रतीक मानते हैं जबकि वास्तविकता ठीक इसके विपरीत है। नगरों में सभी नगरपालिकाएँ आवारा घूमते सूअरों से

परेशान रहती है। कहा जाता है कि सूअर गलियों, सड़कों पर गन्दगी फैलाते हैं। जबकि सूअर सड़कों, गलियों, नालियों में मनुष्य द्वारा फेंकी गई गन्दगी को खाता है और गलियों, सड़कों को गन्दगी से मुक्त करता है। पर्यावरण को सन्तुलित करने में महत्त्वपूर्ण योगदान देता है। शहर को स्वच्छ रखने में मदद करता है। लेकिन फिर भी लोगों की धारणाओं में यह बैठा दिया गया है कि यह गन्दगी फैलानेवाला जानवर है। यही या कहें इसी तरह की धारणाएँ 'भंगी-समाज' के प्रति भी समाज में प्रचलित हैं कि ये गन्दे होते हैं, इनके स्पर्श से पाप लगता है।

ऐसा ही प्रतिबन्ध महाराष्ट्र के पनवेल में लगाया गया था। तर्क था कि सूअर की वजह से गन्दगी फैलती है। इसीलिए लोग इन्हें हिकारत की दृष्टि से देखते हैं। सूअर के कारण नगरपालिका प्रशासन उनसे खफा रहता है। मनमाड़ (महाराष्ट्र) में नगरपालिका प्रशासन ने आदेश जारी करके हिदायत दी थी कि सूअर को शहर से तीन किलोमीटर दूर रखा जाए। इस आदेश से काफी हंगामा हुआ था।[13]

हरिद्वार (उत्तरांचल) में भी प्रशासन ने इसी तरह के आदेश जारी किए थे। जबकि इसी शहर में गाय झुंड का झुंड सड़कों पर खड़ा रहता है या हर की पौड़ी के आसपास गाय घूमती रहती हैं। जगह-जगह उनका गोबर, मूत्र पड़ा रहता है। इस ओर प्रशासन का ध्यान नहीं जाता है। क्या जानवरों पर भी भारतीय-समाज-व्यवस्था लागू होती है। गाय—ब्राह्मण, सूअर—वाल्मीकि—भंगी।

जगदीश खैरालिया ने अपनी आत्मकथा में वाल्मीकियों के पेशे को लेकर काफी कुछ लिखा है, 'हमारी औरतें गाँव में सफाई का काम करती थीं, तथा मर्द मवेशियों के लिए चारा-घास लाते थे। जमींदार तथा हमसे वरिष्ठ जाति के लोगों के घर हम सफाई के लिए बाँट लेते थे।'[14]

इसी प्रकार फुलाबाई रिढ़लान (औरंगाबाद) ने भी अपने अनुभव बयान किए हैं, "हम गोबर उठाने का काम करते थे, पैसा नहीं मिलता था, रोटी देते थे, पर टोकरी में ऊपर से छोड़कर..." शायद इसी वजह से ठाणे के एक युवक मुरारी बापू ने कहा, "मैं तो यू.पी. जाता ही नहीं हूँ।" सभी लोगों ने बताया कि उ.प्र. में अभी भी जाट, त्यागी, ब्राह्मण, ठाकुर आदि का व्यवहार अत्यन्त दकियानूसी हैं। इसी वजह से वाल्मीकि वहाँ सहमे-सहमे से ही रहते हैं।[15]

ऐसा ही चित्रण इन पंक्तियों में अभिव्यक्त किया गया है—"मेरी माँ इन सब मेहनत-मजदूरियों के साथ-साथ आठ-दस तगाओं (त्यागियों) हिन्दू, मुसलमान के घरों तथा घेर (मर्दों का बैठकखाना तथा मवेशियों को बाँधने की जगह) में

साफ-सफाई का काम करती थी। इस काम में मेरी बहन, बड़ी भाभी, जसबीर और जनेसर (दोनों भाई) माँ का हाथ बँटाते थे। बड़ा भाई सुखबीर तगाओं (त्यागी) के यहाँ वार्षिक नौकर की तरह काम करता था।"

'प्रत्येक तगा के घेर में दस से पन्द्रह मवेशी (गाय, भैंस और बैल) सामान्य बात थी। उनका गोबर उठाकर गाँव के बाहर कुरडियों पर या उपले बनाने के लिए डालना पड़ता था। प्रत्येक घेर से रोज पाँच-छः टोकरे गोबर निकलता था। सर्दी के महीनों में यह काम बहुत कष्टदायक होता था। गाय-भैंस और बैलों को सर्दी से बचाने के लिए बड़े-बड़े दालानों में बाँधा जाता था, जिसमें गन्ने की सूखी पाती या फूस बिछा होता था। रातभर मवेशियों का गोबर और मूत्र पूरे दालान में फैल जाता था। दस-पन्द्रह दिनों में एक बार पाती बदली जाती थी, या उसके ऊपर ही सूखी पाती बिछा दी जाती थी। इतने दिनों में दालान में भरी दुर्गन्ध से गोबर ढूँढ़ के निकालना बहुत तकलीफदेह होता था, दुर्गन्ध से सिर भिन्ना जाता था। इन सबके बदले मिलता था, दो जानवर पीछे फसल के समय पाँच सेर अनाज, दस मवेशी वाले घर से साल भर में 25 सेर अनाज। दोपहर को प्रत्येक घर से एक बची-खुची रोटी, जो खास तौर से चूहड़ों (वाल्मीकियों) को देने के लिए आटे में भूसी मिलाकर बनाई जाती थी। कभी-कभी 'जूठन' भी भंगन की टोकरी में डाल दी जाती थी।'[16]

लालबेगी

एक समय था जब पंजाब में वाल्मीकियों से ज्यादा लालबेगियों की संख्या थी। लालबेगी पंजाब और उत्तर प्रदेश से अन्य क्षेत्रों, प्रान्तों में जीविका, रोजी-रोटी कमाने की दृष्टि से गए थे। आज यह जाति समूचे भारत में फैली है। लालबेगी पर इस्लाम का गहरा प्रभाव है। वे दोनों धर्मों के रीति-रिवाजों को मानते हैं। शादी-विवाह मुस्लिम रीति-रिवाज से करते हैं।

अरुण, खड़स अपनी पुस्तक 'नरक-सफाई' में इस्माइल चह्वाण, अहमद नगर के महाराष्ट्र के हवाले से बताते हैं—केवल त्यौहार ही क्यों, उनके रीति-रिवाजों पर भी हिन्दू-मुस्लिम दोनों का प्रभाव है। पहले वे शादी में काज़ी को बुलाते थे, पर अब हिन्दू पद्धति से विवाह करते हैं। किन्तु पुरोहित उनके घर भोजन नहीं करते हैं। केवल आटा-दाल आदि लेते हैं। किसी की मैयत हो जाने से पूर्व में गवारा लाते थे और भजन भी गाते थे। किन्तु इस पद्धति की खिल्ली उडाए जाने पर अब अर्थी बनाकर ही शव को ले जाते हैं। किन्तु उन्हें जलाते नहीं, दफन करते

हैं। मेहतरों का मरघट अलग है।'[17]

श्री गौस अन्सारी लालबेगी के सन्दर्भ में प्रचलित आठ लोककथाओं का जिक्र करते हैं। ऐसी ही एक कथा है—"पहले-पहल धरती पर अराजकता की स्थिति थी। अल्लाह ने जन्नत की ओर ले जानेवाली सीढ़ियाँ साफ करने के लिए एक वाल्मीकि नियुक्त किया। वाल्मीकि ने बड़ी निष्ठा से ता-जिन्दगी यह काम किया। एक दिन अल्लाह ने उनसे कहा, 'तुम अब बूढ़े होने लगे हो, तुमने जो सेवा की है, उसकी बख्शीश के रूप में, मैं तुम्हें कुछ उपहार दूँगा।' दूसरे दिन उस बूढ़े वाल्मीकि को जीने के पास एक कंचुकी पड़ी मिली। वे उसे घर ले आए और हिफाजत से रख दिया। अल्लाह की मेहरबानी से उस कंचुकी ने एक बच्चे को जन्म दिया। बूढ़े वाल्मीकि को पता चला तो वे जन्नत की सीढ़ियों पर गए और हकीकत अल्लाह के सामने बयान की। अल्लाह ने जवाब दिया, 'यह बालक तुम्हारा गुरु है। इसकी परवरिश करो। सड़क पर जो भी प्राणी सबसे पहले मिले, वह इस बालक के लिए दूध का इन्तजाम करेगा।' लालबेग 'ला इल्लि लाह' से बना है। उसका नाम 'नूरी शाह बाला' रखने की हिदायत भी अल्लाह ने उन्हें दी। वहाँ से लौटते हुए बूढ़े वाल्मीकि को मादा खरगोश दिखाई दी। उसे लेकर घर आए। उसी के दूध से लालबेग का पोषण हुआ। अल्लाह ने उनके गुरु होने की घोषणा की, और फतवा दिया, कि हर व्यक्ति को अपने घरों में ढाई ईंटों का लालबेग की इबादतगाह बनानी चाहिए।"[18]

इस प्रकार की प्रचलित लोककथाओं का कोई तर्क और अर्थ नहीं है। न ही इनमें विश्वसनीयता दिखाई देती है। लोग इन्हें स्वयं गढ़कर प्रचारित करते हैं।

भगवानदास मेजर टैंपल के हवाले से एक अलग मान्यता को प्रस्थापित करते हैं। उनका कहना है कि मेजर टैंपल प्रसिद्ध विद्वान थे, जिन्होंने पंजाब में प्रचलित किस्से-कहानियों को एकत्र किया था। उनका विश्वास था कि लालबेग कोई बौद्ध भिक्षु था जो भंगियों के बीच रहता था, और लालभिक्षु के नाम से जाना जाता था। अनपढ़ गरीब लोगों ने लालभिक्षु को लालभिक्खु, फिर लालबेख और अन्त में लालबेग बना दिया। टुकड़े-टुकड़े जोड़कर चीवर बनाने की प्रथा बौद्ध भिक्षुओं में थी। घर-घर जाकर भिक्षा माँगना, उनके जीवन का अंग था। भंगियों में ये आदतें, स्वभाव आज भी मौजूद है। खाने के मामले में भी उनकी आदतें मिलती हैं। बौद्ध भिक्षुओं की तरह भंगी भी बिना भेदभाव के भोजन स्वीकार कर लेते हैं। इन बातों से यही लगता है कि लालरंग का चीवर पहननेवाला कोई भिक्षु रहा होगा, जिसे लालबेग कहा जाने लगा होगा। मुस्लिम प्रभाव ने उन्हें मुस्लिम आचार-विचार अपनाने को बाध्य किया होगा, इसलिए उन पर इस्लाम का प्रभाव

दिखाई देता हैं।[19]

भंगी अपना एक पैगम्बर या जाति के संत को अपना धर्मगुरु मानते आए हैं, उसे वे लालबेग, बालाशाह, बालाशाह नूरी, बालमीक, बाल बाम्बरीक, बालनीक आदि शब्दों से पुकारते हैं।

कहते हैं कि लालबेग नाम का मुसलमान फकीर उत्तर प्रदेश में रहता था। उसके शिष्यों ने लालबेग का प्रचार 'चूहड़ा' जाति के बीच किया, जिसके फलस्वरूप लालबेगी संगठन बना, जिसने बालाशाह की पूजा करने का काम आरम्भ किया। इस पूजा के अनुसार सोने, चाँदी या ताँबे का चाकू, बकरी की सिरी में डालकर सवा मीटर लाल रंग के कपड़े में बाँधकर उसे जमीन में गाड़ देते थे। उसके ऊपर बालाशाह का थान बनाकर, बकरे, सूअर, मुर्गे आदि की बलि दी जाती थी। आटे का दीया जलाकर 'जोत' जगाते थे। खांड, घी मिलाकर रोटी का चूरमा बाँटा जाता था।[20]

जी.एस. बल का भी यही मत है कि 19वीं सदी के अन्त तक 'चूहड़ों' का गुरु लालबेग ही था, और उसकी पूजा करते थे। वारस शाह भी 'हीर' में ऐसा ही कहते हैं–'लालबेग गुरु है, चूहडियाँ खासियाँ दा।'[21]

पंजाब के 'चूहड़ा' जाति के लोग लालबेग के साथ-साथ एक और मुसलमान फकीर को अपना पीर मानते थे। इस पीर का नाम था–मिर्ज़ा इनामदीन। गुरदास पुर जिले के कस्बे कादिया का रहनेवाला। कहते हैं कि उसके चेले उसे हाथी-घोड़े आदि पर बैठा कर अपने घरों, मुहल्लों में लाते थे। वह एक छोटे-मोटे गुरु की पदवी ग्रहण कर चुका था। इस फकीर ने 19वीं सदी के आधे के बाद भंगी जाति में वाल्मीकि का खूब जोर-शोर से प्रचार किया था। उसने अपनी पुस्तक 'दीद-हक' में बालाशाह को ही वाल्मीक कहा था।[22]

इस पुस्तक में एक नज़्म इस प्रकार है–

लिखूँ तारीफ क्या साहिबे सदफ की,
कहूँ क्या बस्व उस सदफ की।

वो मुरशद पेसव आरफां था,
वो हादी रहनमाई सादफां था।

किसी जा बालाशाह उसने कहाईया,
किसी जा बालमीक उसने सदाईया।

कहीं कहते हैं कि वो था लालन का लाल,
मुनव्वन सब जगह है सूरते हाल।

वो जाहिद रया बा सफा था,
वो आमल था, अस्ल बासफा था।
करामात उसकी थी मारूफे मशहूर,
हक़ीकत में वो था नूर अली नूर।

तहरीके मार्फत का और था ख़जाना,
हक़ीकत में वो था आरफ ज़माना।

तुशंब की ना थी उसमें ज़रा बू,
वो साहिबे हलम था खुश्क खमकू।

बू हादी राहे हक़ था मर्दमाफी,
कलाम उसकी थी, पुरतासीर काफी।

ज़माने हाल का जब दौर आईया,
तो ऐसे पीर मुर्शिद को बुलाईया।

वली मर्द हक़ छिपते नहीं,
खुदा के काम बस रूकते नहीं।

(साभार—जूठन (पंजाबी संस्करण) की भूमिका,
जी.एस. बल., पृ. 16)

उपर्युक्त नज़्म से जाहिर है कि पीर इमामदीन ने वाल्मीकि (बालाशाह) को सर्वव्यापी गुणों से भरपूर मुर्शद के रंग में प्रस्तुत किया है। वह बेदाग पवित्र आत्मा है। कथनी और करनी का सूरा है। वास्तव में पूर्ण है। वह ज्ञान का भंडार है, जो सोए हुओं को जगाता है। बेपनाह सिफ्तों का मालिक होने के बावजूद भी उसके मन में जरा भी घमंड नहीं है। वह मीठी बोली बोलता है। जो काफी तासीर वाली और प्रभावशाली है। उसकी करामातें दुनिया में मशहूर है। वह मर्द-ए-मुजाहद को राह दिखाता है। ऐसा जमाना आया है कि लोगों ने ऐसे गुरु को भुला दिया है। पर वलियों के हक कभी छिपते नहीं हैं, जो खुद-ब-खुद समय

आने पर जगजाहिर हो जाते हैं।

बक्शी राम यह स्पष्ट करते हैं कि पीर इमामदीन ने हज़ारों साल से भूले हुए वाल्मीकि को लोगों के सामने खड़ा किया। उसने चूहड़ों से कहा कि जिस बालेशाह की तुम पूजा करते हो, दरअसल वह वाल्मीकि है। तुम लोग उसके 'थान' (पूजास्थल) बनाओ। उस पर हरे रंग के झंडे लगाओ। थान पर नगाड़े बजाकर हर एक वीरवार को इकट्ठे होकर, थान पर 'चिराग जलाओ', और खड़े होकर नमाज़ पढ़ो–

बालमीक साफी, बालमीक काफी, बालमीक माफी।
जाहरा हुजूर, हाजरा हुजूर।
चारों तरफ दहिंदा, ढोल बजिन्दा
बोलो मेमने उही एक।

इमामदीन चूहड़ों के बीच अपना प्रभाव बनाकर उनका इस्लामीकरण करना चाहता था। वह कामयाब भी हुआ। उसने वाल्मीकि का नाम घर-घर पहुँचा दिया। साथ में मुस्लिम तौर-तरीके भी जोड़ दिए। 'थान' पर बकरे की बलि देना, हरे झंडे फहराना, नमाज़ पढ़ना, नगाड़े बजाना आदि।

सन् 1901 ई. में पंजाब के कुछ भंगी नेताओं ने जालन्धर में इस जाति की उपजातियों को इकट्ठा करके एक सम्मेलन किया। इस सम्मेलन में पंजाब बालमीक सभा की स्थापना की। इस सभा ने प्रस्ताव पारित करके 'चूहड़ा' शब्द की जगह 'वाल्मीकि' शब्द का प्रयोग करने का फैसला किया, और अपने आपको 'वाल्मीकि' कहना शुरू किया। इसी सभा में 'वाल्मीकि' की पूजा करने के लिए लोगों ने गाँव, कस्बों और शहरों में 'वाल्मीकि मन्दिर' बनाने के लिए आर्थिक मदद भी की। सभा ने 'भगवान वाल्मीकि' को रामायण का रचनाकार मानकर अपना धर्मग्रन्थ मान लिया और उसका प्रचार शुरू कर दिया। मिर्ज़ा इमामदीन के प्रभाव से जो इस्लामीकरण हुआ था, उसे छोड़ने के लिए प्रेरित किया जाने लगा। वाल्मीकि मन्दिरों में हरे झंडों की जगह लाल झंडे लगने लगे। वाल्मीकि की मूर्तियाँ स्थापित होने लगीं। रामायण का पाठ करना (प्रकाश करना), नगाड़ों की जगह घंटे बजने लगे। नमाज़ की जगह हवन होने लगे, आरती करने को प्रेरित किया जाने लगा। 'वालमीक सभा' ने इस बात के लिए जोर दिया कि वाल्मीकि एक क्रौंच पक्षी की पीड़ा बर्दास्त नहीं कर सके, वह अपने यज्ञों में जानवरों की बलि कैसे ले सकता है। इसलिए यज्ञ में बलि की जगह खीर, हलवा प्रसाद करने का फैसला लिया गया।

बक्शी राम लिखते हैं कि जब भंगी नौजवानों ने यह सवाल उठाया कि

'वाल्मीकि' से हमारा क्या सम्बन्ध है, तो अमीचन्द शर्मा ने 'वाल्मीकि-प्रकाश' पुस्तक में उनकी शंकाओं का समाधान करने की कोशिशें कीं। कहा कि 'वाल्मीकि' आप लोगों के पिता नहीं गुरु हैं। पंडित बक्शी राम का यह भी मानना है कि अमीचन्द ने यह पुस्तक साधुराम मौद्धा के कहने पर लिखी थी।[23]

लालबेगी उत्तरी भारत के हिन्दीभाषी प्रान्तों उ.प्र., बिहार, राजस्थान, सी.पी. एंड बरार (ब्रिटिश कालीन भारत का एक राज्य) जिसे अब म.प्र. कहते हैं, एवं पंजाब की जनगणनाओं में कुछ भंगी जातियों ने अपना धर्म लालबेगी या वाल्मीकि लिखा था। उसमें अधिक संख्या पंजाब और दिल्ली के क्षेत्रों की थी। ग्रीवेंस अपनी पुस्तक 'नाइट ब्रूमस' (Knight Brooms), 1880 में बनारस के भंगियों का धर्म लालबेगी लिखते हैं। मौलाना अलताफ़ हुसैन ने अपनी पुस्तक 'लालवेग' में इन्हीं प्रान्तों के लोगों का वर्णन किया है।

मलकाना

मलकाना मुस्लिम भंगी हैं। कोल्हापुर, सतारा इलाकों में मलकाना समाज के लोग भंगी व्यवसाय में हैं, उन्हें स्थायी मेहतर कहा जाता है। कोल्हापुर के इस्माइल धारवाड़कर ने बताया, "हम लोगों को हमारे इस व्यवसाय के कारण, हमें कोई अपनाता नहीं था। न हमें रहने की जगह मिलती थी, न ही पीने का पानी मिलता था। ऐसी स्थिति में मुसलमानों ने हमें पनाह दी। हमने धर्मान्तरण नहीं किया। किन्तु उनकी देखा-देखी उन्हीं के तीज-त्यौहार हम करने लगे। बच्चों के नाम भी वैसे ही रखने लगे।"[24]

कोल्हापुर के ही गफूर नबी लाड़ ने भी ऐसी ही जानकारी दी–"हम हिन्दू मूल के ही हैं। आज भी हम हिन्दू भंगी हैं। लेकिन हिन्दुओं की कट्टर जाति वादी प्रवृत्ति के कारण बड़ी तकलीफें उठानी पड़ीं। ऐसी स्थिति में मुसलमानों ने हमारा साथ दिया, हमारी मदद की। उनके साथ हमारा सम्पर्क बढ़ गया। इस वजह से उनका रहन-सहन अपनाने का प्रयास हमने किया, तथापि हम दोनों धर्मों के त्यौहार मनाते हैं।"[25]

शाहू महाराज ने इनकी दशा सुधारने के लिए कई कदम उठाए थे, जिनका उल्लेख 'मेहतर समाज स्मारिका' में कुछ इस तरह किया गया है–इस समाज की ओर लोगों का ध्यान नहीं था। अतएव बापू (स्व. धोंडीराम श. लाड़) ने इस सम्बन्ध में प्रधान जी से शिकायत की। तिस पर महाराज ने बापू को मैला-सफाई के काम से अलग कर सोनतकी में घोड़ों के तबेलों की सफाई का काम सौंपा।

बापू को भंगी कहने के बजाए 'पंडत' कहने के बारे में एक आदेश जारी किया। वहीं से इस समाज को 'पंडत' कहा जाने लगा।[26]

मलकाना समाज के दो प्रमुख नेता थे—स्व. धोंडीराम शरमत लाड़ तथा मौलाबक्श हुसैन लाड़। धोंडीराम जी इस समाज को रूढ़ियों, तथा परम्पराओं के प्रभाव से मुक्त कराने के लिए संघर्ष करते रहे। वे एक सामाजिक दृष्टि-सम्पन्न व्यक्ति थे, तथा साने गुरु जी के साथ काम कर चुके थे। उन्होंने मेहतरों के लिए 'छत्रपति राजर्षि लाड़' को-आपरेटिव हाउसिंग सोसायटी की स्थापना की थी। इसी प्रकार मौलाबक्श हुसैन लाड़ ने नगरपालिका सेवकों की सहकारी क्रेडिट सोसायटी की स्थापना की थी। महाजनों के चंगुल से सेवकों को छुड़ाने की दृष्टि से इस संस्था का एक महत्त्वपूर्ण एवं उल्लेखनीय स्थान था।

उपर्युक्त स्मारिका में ऐसे अनेक कलाकारों के परिचय दिए हैं, जो प्रतिभावान थे या जिन्होंने नाम कमाया। छोटू महम्मद लाड़ के बारे मे लिखा है—"छोटू को संगीत में गहरी रुचि थी किन्तु वे अछूत थे। उनकी संगीत-शिक्षा के मार्ग में कई तरह की बाधाएँ आती रहीं। देवल क्लब में एक कोने में बैठना पड़ता था। वयोवृद्ध फिल्मकर्मी भाल पेंढारकार ने भी उनकी प्रतिभा को सराहा था। फिर भी, किसी भी संगीत मंडली में उन्हें शामिल नहीं किया गया। बल्कि उनकी जाति का उल्लेख करते हुए लोग उन पर बार-बार फिकरे कसते थे। तंग आकर उन्होंने संगीत का क्षेत्र ही छोड़ दिया था।"[27]

यह कहना अप्रासंगिक नहीं होगा कि जाति-व्यवस्था ने इस समाज की अनेक प्रतिभाओं को पनपने का अवसर नहीं दिया। यदि इन विपरीत परिस्थितियों में किसी ने अपना रास्ता स्वयं बनाने की कोशिश भी की तो उसे मान्यता नहीं मिली। यह सिलसिला हजारों साल से चल रहा है।

मेघवाल

मेघवालों की बस्ती साफ-सुथरी और ठीक-ठाक होती है। उनके घरों के पहले कमरे में लकड़ी के तख्ते पर बर्तन करीने से रखे रहते हैं। इसके अलावा पुरानी पद्धति की एक चारपाई अवश्य ही होती है। इस चारपाई के बारे में बी.एच. मेहता ने अपने शोध में मजेदार जानकारी दी है, 'मेघवालों के घर में चारपाई का बड़ा ही महत्त्व होता है। नई चारपाई बनाने पर बाकायदा उसकी प्रतिष्ठापना की जाती है। उनमें यह धारणा है कि चारपाई पर सोए हुए आदमी से मृत्युदूत आकर मिलता है। अतएव पहले-पहल वे लोग एक कुत्ते को चारपाई पर बैठाकर उसे

खिलाते-पिलाते हैं। उसके बाद चारपाई उपयोग में लाई जाती है।'[28]

इस धारणा के कारण एक खास किस्म की बनावट की मजबूत चारपाई उनके घरों में होती है। लड़की की शादी में बर्तन आदि भेंट स्वरूप देने का रिवाज भी है।

मेघवाल अस्पृश्य हैं, लेकिन बुनकर होने के नाते उनकी आय का जरिया उनके पास है। इसीलिए वे आर्थिक रूप से अन्य उपजातियों से कुछ ठीक हैं। जो उनके रहन-सहन में भी दिखाई पड़ता है। वे यह भी बताने की कोशिश करते हैं कि वे 'भंगी' नहीं वणकर हैं।

बम्बई के अलावा राजस्थान, गुजरात में मेघवालों की संख्या ज्यादा है।

हलालखोर

'भंगी' की यह भी एक उपजाति है। कुछ लोगों का कहना है कि यह नाम अकबर ने उन्हें दिया था। यह ठीक उसी प्रकार की सोच का परिणाम है जैसा गांधी ने दलितों को हरिजन नाम दिया या भंगी से सफाई कर्मचारी या स्वच्छकार कहना। यानी समस्या का निधान सिर्फ नाम भर बदल देने से हो जाना है।

बाम्बे गजेटियर में शोलापुरी हलालखोरों के विषय में जानकारी मिलती है–'हिन्दू हलालखोर धर्मान्तरण के कारण मुसलमान बने। वे भंगी का काम करते हैं। इस हकीकत के अलावा पहनावा, रीति-रिवाज आदि की दृष्टि से वे हू-ब-हू मुसलमान ही प्रतीत होते हैं। उनकी औरतें भी मर्दों के बराबर काम करती हैं। यह वर्ग गलीज और व्यसनाधीन अवश्य है, किन्तु मेहनती है। वे सुन्नी (हनफ़ी) हैं। वे शादी-ब्याहों के लिए काजी को आमंत्रित करते हैं। केवल रमजान और बकरीद के मौके पर ही मस्जिद में जाते हैं। अन्य मुसलमान उन्हें अपने से कनिष्ठ मानते हैं। इसीलिए वे उनसे एक विशिष्ट दूरी पर ही रहते हैं। उन्हें नापाक समझा जाता है। कुरान शरीफ पढ़ना तो दूर, उसे छूने की भी उन्हें अनुमति नहीं होती है। वे हिन्दू देवी-देवताओं की उपासना भी करते हैं। हिन्दुओं के लगन-उपवास भी करते हैं।'[29]

बाम्बे गजेटियर में कोल्हापुर, पुणे और सतारा में हुसैनी ब्राह्मणों का भी जिक्र आता है। जो धार्मिक दृष्टि से आधे हिन्दू, आधे मुसलमान हैं। ये हुसैनी ब्राह्मण कुरान की आयतें भी पढ़ते हैं और मन्दिरों में जाकर प्रार्थना भी करते हैं। उनके धर्मगुरु भी दोनों धर्मों को मानते हैं।[30]

डोम-डूमार

जे.एच. हटन के अनुसार भारत के कोने-कोने में फैली सफाई कार्य से जुड़ी जाति, जो संगीतकार है, कभी बुनकर का काम भी करती है, पैसों के लेन-देन का भी कारोबार करती है, भारत की मूल जनजाति जिन्हें डोम, डूमरा, डोमरा, डोम्बो, डोम्बू आदि भी कहा जाता है।[31]

विशेष रूप से उत्तर प्रदेश से अन्य राज्यों में फैले कानपुर, बांदा, जबलपुर, मध्य प्रदेश, महाराष्ट्र, नागपुर आदि नगरों में रहते हैं। जहाँ उन्हें बांदा, हमीरपुर, छतरपुर, कानपुर में 'डूमार' के नाम से जाना जाता है। वहीं फतेहपुर में 'हेला', पन्ना, झाँसी, आगरा में 'बंसोड', लखनऊ में 'धानुक' नाम से जाना जाता है।

जबलपुर में 1998 में डोम-डूमर समाज की स्थापना की गई थी, जिसके विशिष्ट आयोजन में मुख्यमन्त्री दिग्विजय सिंह को आमंत्रित किया गया था। ये लोग सुपच (श्वपच) ऋषि को अपना गुरु मानते हैं।

शादी-विवाह या अन्य शुभ कार्यों में सूअर की बलि दी जाती है। कहा जाता है कि बांदा जिले में ठाकुर, ब्राह्मण अच्छी फसल के लिए खेत में सूअर की बलि देते हैं।

संजीव खुदशाह अपनी पुस्तक में श्री शिवचरण इटकरे के सन्दर्भ से लिखते हैं कि उनके पूर्वज बैरक थाना मरकुआ, जिला बांदा (उत्तर प्रदेश) के रहनेवाले थे, और वे सन् 1800 ई. के आसपास उत्तर प्रदेश से महाराष्ट्र में आ गए थे। पलायन का कारण था, जातीय आधार पर शोषण, प्रताड़ना और किसी रोजगार का न होना। वे उत्तर प्रदेश में गाय, बकरी, सूअर आदि पालते थे। सूअर-पालन समाज में ज्यादा था। वे बाँस की टोकरी, सूपा, सुरई का सूपा, खिलौने आदि बनाते थे। वे बताते हैं कि जब ठाकुर, ब्राह्मणों में कोई मौत हो जाती थी तो डूमारों को बुलाया जाता था। वे ही दाग देते थे। श्मशान में शव के साथ जानेवाले बर्तन, नए कपड़े, क़फन आदि डूमारों को मिलते थे। दस कर्म (दसवीं) में 'कट' (पत्तल पर पकवान सजाकर दस कर्म के दिन रखा जाता था) निकाल कर डूमारों को दिया जाता था। डूमारों से छूआछूत का व्यवहार होता था। दुकानदार सामान दूर से देता था। पैसे जमीन पर रखकर उन पर पानी छिड़कता था।[32]

नागपुर में महापौर रह चुके श्री रामरतन जानोकर जी मूल रूप से गाँव राजापुर, जिला बांदा, उत्तर प्रदेश के रहनेवाले हैं। 1856-57 ई. में इनके पुरखे रोटी-रोजी की तलाश में यहाँ आए थे। बांदा में उनका पेशा महिलाओं की जचकी कराना था। ढोल बजाना, बाँस की टोकरी बनाना, सूअर पालना था। नागपुर

आकर झाड़ू का काम करना पड़ा।[33]

मसवानपुर, तहसील कानपुर में पूरी बस्ती सामूहिक पूजा करती है। बाहर गाँव देवी पर सूअर का बच्चा चढ़ाया जाता है। स्त्रियाँ बिना प्रसाद लिए घर आ जाती हैं। पुरुष लोग पूजा का खाना खाते हैं—गंगाजल भर कर लाते हैं। स्नान करने के बाद ही पूजा करते है। जेठ माह में यह पूजा होती है।

शादी-विवाह 'छिटकी-बुंदकी' के आधार पर तय होते है। इससे मूल गाँव और देवी-देवताओं का पता चलता है। यह एक पहचान है, जिसमें मूल निवास और देवी-देवताओं का मिलान होता है। शादी-विवाह के वक्त यह जरूरी है। समान 'छिटकी-बुंदकी' छोड़कर रिश्ते तय होते हैं। एक ही छिटकी-बुंदकी का अर्थ है एक ही वंश-गोत्र। यह एक निजी कोड है।[34]

छिटकी-बुंदकी के कुछ उदाहरण—[35]

	छिटकी-बुंदकी	**उपनाम / गोत्र**
1.	देवरी-मुन्दरिया (रीवा)	खुदीशा
2.	अतररा (बांदा)	सक्तेल
3.	मनकी सरमाधव गढ़ (रीवा)	मांगरिया
4.	फतेहपुर (बड़े मानिकपुर)	भारती
5.	कलिंजर (बांदा)	बिरहा
6.	हस्तिनापुर	हथगेन
7.	अतररा (बांदा)	हाथीबेड़
8.	तुरसुम्मा (बांदा)	ग्रांकर
9.	जशपरा कालभैरव (बांदा)	समुन्द्रे
10.	भतेदु (फतेहपुर)	गुप्ता
11.	बारीघाट (महोबा)	छड़ीले
12.	बसारी मनमाड़ (महोबा)	खरे
13.	छबी तालाब (बांदा)	पसेर कर

नागपुर में पाँच पावली, बिलासपुर में बापूनगर, जबलपुर में बजरंग कॉलोनी, कटनी में झर्रा, उक्ररियाँ, गोंदियाँ में सावरा-टोली में इस समाज के लोगों की संख्या ज्यादा है।

बेड़ा

कर्नाटक राज्य में 'बेड़ा' एक जनजातीय समूह है, जिन्हें 'वाल्मीकि-समाज' कहा

जाता है। वे स्वयं को रामायण रचयिता आदिकवि वाल्मीकि के वंशज कहते हैं। इसी से वे अपने-आपको 'वाल्मीकि-समाज' कहते हैं। 'बेड़ा' का अर्थ है 'शिकारी'। 'बेड़ा' के और भी कई अर्थ हैं, जो समाज में प्रचलित हैं–जिसे कुछ नहीं चाहिए, जो किसी से भी नहीं डरता यानी निर्भय।[36]

केन्नेड़ी के अनुसार बम्बई प्रेसीडेंसी के दक्षिण डिवीजन, विशेष रूप से धारवाड़, बेलगाम, बीजापुर जिलों में, मद्रास प्रेसीडेंसी के कुछ भागों में इस जनजाति के लोग रहते हैं। सुरपुर (कर्नाटक) में इनकी संख्या 50% है।[37]

कहा जाता है कि उनकी सांस्कृतिक परम्पराएँ 1336 में शुरू होती हैं। प्रो. अंजानेयलू के अनुसार उन्हें दरारू, पालेयर के नाम से भी जाना जाता है। वे अपने कबीलों के रूप में पाए जाते हैं। वहाँ से वे हास्पेट से कुर्नूल तक फैल गए। उस समय वे 'नाथ' सम्प्रदाय को मानते थे।

बम्बई प्रेसीडेंसी की जनगणना 1901 में इनकी संख्या 1,75,000 थी। जिसमें से 1,00,000 धारवाड़ और बेलगाम में रहते थे।

डॉ. पी.बी. देसाई अपनी पुस्तक 'मद गाजा मल्ला' में 'बेड़ा' को बारहवीं सदी से पहले का मानते हैं, उनका कहना है कि वे 'राजपूत' थे। क्योंकि वे बहादुर योद्धा के रूप में जाने जाते रहे हैं। शायद यही कारण है कि हैदर अली, टीपू सुलतान, विजयनगर क़ी सेनाओं में बेडाओं की महत्त्वपूर्ण भूमिकाएँ थीं।

प्रारम्भ में 'नायक' और 'बेड़ा' एक ही जनजाति में गिने जाते थे। लेकिन 1991 की जनगणना में दोनों को अलग-अलग जाति के रूप में रखा गया। डॉ. कट्टिमणि के अनुसार 'बेड़ाओं' में लगभग 225 गोत्र हैं। अपने ही गोत्र में शादी-विवाह नहीं होते हैं।[38]

लारेंस डिसुजा के अनुसार प्रत्येक 'बेड़ा' गाँव में एक 'वाल्मीकि संघ' होता है, जिससे प्रत्येक सदस्य जुड़ा होता है। बेड़ाओं के प्रमुख देवता 'हनुमप्पा' हैं। वैसे तो वे अनेक देवी-देवताओं की पूजा करते हैं, लेकिन हिन्दू देवी-देवता उसमें शामिल नहीं हैं। उनके अपने जनजातीय देवी-देवता हैं।[39]

बी.आर. गुलाटी का कहना है कि 'ये जनजातियाँ हिन्दू नहीं हैं। उनके अपने विश्वास, मान्यताएँ हैं तथा धार्मिक प्रतीक हैं। स्वयं को 'वाल्मीकि' के वंशज कहते हैं, लेकिन राम की पूजा नहीं करते हैं। यही स्थिति उत्तरी भारत के वाल्मीकियों की है, वे भी 'राम' को नहीं पूजते हैं।'[40]

प्रो. अंजनेयलु के अनुसार 'वेद्राओं' के 'जोगी' होते हैं। जो अनेक आश्रमों में रहते हैं। ये आश्रम अलग-अलग स्थानों पर हैं। ऐसा ही एक आश्रम कादरी, मंगलूर (कर्नाटक) में मिला है। कहा जाता है कि प्राचीनकाल में ये सब आश्रम

बौद्ध विहार थे। लेकिन कालान्तर में बौद्ध भिक्षु धीरे-धीरे कम होते गए। बौद्ध धर्म का प्रभाव भी कम होता गया, तो उनकी जगह जोगियों ने ले ली। ये जोगी संगठित संस्था के रूप में काम करते हैं। आश्रम का प्रभारी जोगी 'राजा' कहलाता हैं, उनका मुख्यालय गोरखपुर (उत्तर प्रदेश) में है। उनके कार्यकारिणी बोर्ड को 'नवंथ' कहा जाता है। उसमें नौ सदस्य होते हैं। इस नवंथ के प्रत्येक सदस्य के समूह में 12 सदस्य और होते हैं, जिन्हें 'वरद' कहा जाता है। जोगी पुरोहित का कार्य करते हैं। ये जोगी हिन्दी बोलते हैं। उनकी बातचीत को कन्नड़ में अनुवाद करके आम लोगों को बताया जाता है।[41]

धार्मिक अनुष्ठानों में पशुओं की बलि देने का रिवाज था। साथ में मुर्गे, बकरे, भेड़, खरगोश, बकरियों की भी बलि दी जाती थी। फूल, पौधे, नारियल, अगरबत्ती, कपूर आदि से पूजा-विधि पूरी की जाती थी।

कर्नाटक में 'वाल्मीकि बन्धु' (सम्पादक—डॉ. पी.बी. कट्टिमणि, धारवाड़), 'वाल्मीकि वाणी, (सम्पादक—डॉ. एम.के. नायक, चित्रदुर्गा, कर्नाटक) पत्रिकाओं का प्रकाशन भी होता है।

धानुक

उत्तर प्रदेश में लखनऊ के आसपास इनकी संख्या अधिक है। ये हिन्दू देवी-देवताओं की पूजा करते हैं। रामनवमी में उपासना करते हैं। सप्तमी, अष्टमी, नवमी को सूअर के बच्चे की बलि चढ़ाते हैं। माई (देवी) पर काला या सफेद बच्चा चढ़ाते हैं। छिटकी-बुंदकी के आधार पर इनकी शादी-विवाह तय होते हैं। छिटकी-बुंदकी में इनके मूल निवास और देवी-देवताओं की जानकारी मिलती है। छिटकी-बुंदकी न मिलने से रिश्ते नहीं बनते। इनमें 'जसगीत' गाने की एक विशिष्ट शैली पाई जाती है।

धानुक, धानक, धिरकार, डोम, डूमार, धनक्कड़, हेला, बहेलिया, जुआठा, तुरईया, पिजड़हा, बाजगी सुदर्शन ऋषि को अपना गुरु मानते हैं। उत्तर प्रदेश, बिहार, बंगाल, मध्य प्रदेश, महाराष्ट्र, राजस्थान, हरियाणा, पंजाब में मिलते हैं।

सन्दर्भ

1. चाँद (पत्रिका)—अंक-मई, 1927, सम्पादक : पं. नन्दकिशोर जी तिवारी, अछूतांक, पृ. 18-19
2. जे.एच. हट्टन—कास्ट इन इंडिया, कैंब्रिज यूनिवर्सिटी प्रेस, 1946

3. चाँद (पत्रिका)—अछूतांक-मई, 1927, पृ. 146
4. वही
5. वही
6. जनगणना रिपोर्ट 1891, भाग-1, पृ. 293
7. गजेटियर ऑफ देहरादून—एच.जी. वाल्टन, 1911, पृ. 99
8. भगवानदास—वाल्मीकि जयन्ती और भंगी जाति, प्रथम संस्करण, पृ. 14
9. अरुण ठाकुर, महम्मद खडस—नरक सफाई, राधाकृष्ण प्रकाशन, नई दिल्ली, 1996, पृ. 17
10. वही
11. वही, पृ. 27
12. एन.आर.मलकानी—क्लीन पिपल एंड अनक्लीन कन्ट्री, नई दिल्ली, 1965, पृ. 134
13. अरुण ठाकुर, मुहम्मद खडस—नरक सफाई, पृ. 80
14. जगदीश खैरालिया—कथा झाडूच्या वंश परंपरेची, दीप सौजन्य, दीवाली अंक, 1985, पृ. 9
15. नरक सफाई—पृ. 81
16. ओमप्रकाश वाल्मीकि—जूठन (आत्मकथा), राधाकृष्ण प्रकाशन, नई दिल्ली, 1997, पृ. 18-19
17. नरक सफाई, पृ. 105
18. गौस अन्सारी—उत्तर प्रदेश में मुस्लिम जातियाँ
19. भगवानदास—वाल्मीकि जयन्ती और भंगी जाति, पृ. 32
20. पं. बक्शीराम—वाल्मीकि का इतिहास, पृ. 29
21. जी.एस. बल—जूठन (पंजाबी संस्करण), भूमिका, पृ. 16
22. पंडित बक्शीराम, वही, पृ. 30-31
23. वही, पृ. 32
24. नरक-सफाई, पृ. 99
25. वही, पृ. 4
26. मेहतर समाज स्मारिका—सम्पादक : वाला साहेब लाड़, कोल्हापुर (महाराष्ट्र), स्थानिक मेहतर समाज संस्था, 1986, पृ. 4
27. वही
28. बी.एच. मेहता—सोशल एंड इकॉनोमिक्स कंडीशन्स ऑफ मेघवाल, अनटेचेबुल्स ऑफ बांबे सिटी (शोध प्रबन्ध), पृ. 93
29. बांबे गजेटियर भाग—XX, 1984, पृ. 207
30. वही
31. जे.एच. हट्टन—कास्ट इन इंडिया, कैंब्रिज एट यूनिवर्सिटी प्रेस, 1946
32. संजीव खुदशाह—सफाई कामगार समुदाय, राधाकृष्ण प्रकाशन, नई दिल्ली, 2005, पृ. 93-94
33. वही, पृ. 95
34. वही, पृ. 98
35. वही, पृ. 111
36. लारेंस डिसुजा—बेडास (BEDAS) (वाल्मीकि-समाज), यूनेस्को लिटरेसी सेन्टर, बंगलौर, 2000, पृ. 9
37. एम. केन्नेडी (सम्पादक)—नोट्स ऑन क्रिमनल्स क्लासेज इन द बांबे प्रेसीडेन्सी, गवर्नमेन्ट सेन्ट्रल प्रेस, 1908
38. डॉ. पी.वी. कट्टिमणि—वाल्मीकि बन्धु (पत्रिका), धारवाड़

39. लारेंस डिसुजा—बेडास (BEDAS) (वाल्मीकि-समाज), यूनेस्को लिटरेसी सेन्टर, बंगलौर, 2000, पृ. 9

40 बी. आर. गुलाटी—एन्थपोलोजी जू ऑफ ट्राइब्स

41 लारेंस डिसुला—बेडास (BEDAS) (वाल्मीकि-समाज), यूनेस्को लिटरेसी सेंटर, बंगलौर, 2000, पृ. 78

पूजा-पद्धति और धार्मिक मान्यताएँ

वाल्मीकि, चूहड़ा, लालबेगी, हलालखोर आदि हिन्दू और मुसलमान दोनों ही मिल जाएँगे। मुसलमान भंगी को शेख, हलालखोर के नाम से जाना जाता है। पंजाब में चूहड़ा जाति धार्मिक तौर पर न हिन्दू थी, न मुसलमान। उनका ईष्ट देव लालबेगी था। वे एक ईश्वर की उपासना करते थे। दुआएँ माँगते थे। प्रार्थना करते थे। उनकी इस प्रार्थना को कुर्सीनामा कहा जाता है। कुछ लोग 'लालबेग' को बालाशाह नूरी लालबेग कहते हैं। कुछ लोग उन्हें 'बालमीक' भी कहते हैं। वे 'बालमीक' से फरियाद करते हैं–'साड्डी कूक तेरे आगे, तेरी कूक दूर दरगाहे।'

चूहड़ा जाति के लोग मन्दिर नहीं बनाते, बल्कि ढाई ईंट का एक ताक-सा बनाते हैं, जिसमें 'चिराग़' (दीया) जलाते हैं। कहीं-कहीं एक ऊँचे चबूतरे पर बौद्ध स्तूपों की तरह गोल गुम्मद जैसा मन्दिर भी बनाते थे, जिसे वे मन्दिर नहीं कहते थे। वहाँ मुर्गे की बलि देने का भी रिवाज था। बलि देते समय मुर्गे का सारा खून एक बर्तन में जमा किया जाता था। फिर 'सयाना' (भगत), तिनकों का एक छोटा-सा झाड़ बनाकर, उसे खून में डूबोकर सब घरों की दीवारों पर छिड़का जाता था। उनका विश्वास था कि जिन घरों पर यह खून छिड़का जाएगा, वहाँ बुरी आत्माएँ, बीमारियाँ नहीं आएँगी। वर्ष में एक या दो बार मूर्ग-मलीदा भी चढ़ाया जाता था। चूहड़ों की बस्तियों में 'बाबे का थान' ढाई ईंटों को जोड़कर बनाया जाता था।[1]

लालबेगी, चूहड़ा माई मसानी, नकटीनाइन, पौन, माई मदारन आदि की पूजा करते हैं। गूगापीर को भी मानते हैं। पश्चिमी उत्तर प्रदेश, हरियाणा आदि क्षेत्रों में इसी प्रकार की पूजाएँ प्रचलित हैं। 'पौन' में मुख्य देवताओं के नाम है–सबल सिंह, नत्थमल, केसलमल, जीतमल, हरिसिंह, ये सब एक ही परिवार से सम्बन्ध रखते हैं। इनकी एक बहन भी है–सेढ़ो। दो धर्म बहन हैं– नथिया और श्याम कौर। कलवा पौन आदि का बहुत ऊँचा स्थान है।

'पौन' (देवता) पर सूअर, बकरा, शराब आदि चढ़ाए जाते हैं। घर के अन्दर

एक स्थान निश्चित कर लिया जाता है। उसी स्थान पर दीवार में ढाई ईंटों को ताक की तरह खड़ा करके 'थान' का रूप दिया जाता है। इसी थान के सामने दीया जलाया जाता है। उस दीये के सामने अर्द्ध वृत्ताकार, उपलों को जलाकर तैयार किए गए पाँच या सात या जितने पौन पूजे जाते हैं, उसी संख्या में अंगारे रखे जाते हैं। इन अंगारों पर घी की आहूति देकर 'जोत' जगाई जाती है। घर का मुखिया या भगत 'पौनों' के प्रकट होने का आह्वान करते हैं। 'जोत' जगने का अर्थ है पौनों ने प्रकट होकर पूजा स्वीकार कर ली है। अंगारों के सामने उसी अर्द्धवृत्ताकार ढंग से रोटियाँ रखी जाती हैं। रोटियों की संख्या भी पाँच या सात, 'पौनों' की संख्या के हिसाब से रखी जाती हैं। उन पर सूअर या बकरे का पकाया हुआ मीट रखा जाता है। सींक-कवाब रखे जाते हैं। खून पकाकर तैयार किया जाता है। वह भी रोटियों पर रखा जाता है। बताशे, शराब की एक या दो बोतलें रखी जाती हैं। जोत जगने पर अंगारों पर भोग लगाया जाता है। रोटियों पर रखे मीट, बताशे और शराब को जोत पर अर्पित किया जाता है। फिर प्रसाद वितरण होता है। वहाँ रखी रोटियों पर मीट, बताशे, पकाए गए खून के टुकड़े, सबसे पहले घर की स्त्रियों को दिए जाते हैं, फिर अन्य सदस्यों को। शराब घर के बुजुर्गों, भगत को प्रसाद के रूप में वितरित की जाती है। कुछ प्रसाद बाकी बने खाने में मिला दिया जाता है, जो आस-पड़ोस के लोगों में वितरित किया जाता है।

रामप्रकाश गौतम, कानपुर, बताते हैं कि उनके परिवार में नगरसेन, बुलाकी, काली, दुर्गा, नथिया और मियाँ बादशाह की पूजा होती है। रामसिंह, चंडीगढ़ के परिवार में श्यामकौर अस्तबली की पूजा होती है। कई परिवारों में बावरी, जेवर की मसानी, कारसिया और इन्द्रभत को पूजा जाता है।

गुड़गाँव (हरियाणा) में देवी का एक मन्दिर है, जिसे वाल्मीकि समाज के लोग गुड़गाँवा की मसानी माई का मन्दिर कहते हैं, इस मन्दिर में सूअर का बच्चा चढ़ाया जाता है। कहते हैं कि इस मन्दिर में 'जाट' और 'ब्राह्मण' भी आते हैं और सूअर के बच्चे की बलि देते हैं।

कई भगत ऐसे हैं जिनके शरीर में जब कोई 'पौन' प्रकट होता है तो वह माँ हिडिम्बा की जय बोलता है। हिमाचल में 'हिडिम्बा' का मन्दिर है। हिडिम्बा महाभारत के भीम की पत्नी है, और घटोत्कच की माँ है। एक भगत ने बताया कि घटोत्कच मैदानी पौन है। जिन माईयों की पूजा होती है वे सब योगिनी हैं। और जिस भगत ने जैसा उन्हें सिद्ध किया वैसे ही स्थानवाचक उनके नाम पड़ गए। जैसे—न्यावली वाली माई, गुड़गाँव की माई मसानी, माई मदारन आदि।

पौनों में 'कलवा' पौन एक विशिष्ट स्थान है। कहा जाता है कि बावन कलवा

हैं। उनके नाम भी स्थानवाचक हैं। जैसे खतौली के कलवा खरदौनी (मेरठ के पास) के कलवा। जहाँ-जहाँ भगत ने उन्हें सिद्ध किया, उसी स्थान के साथ उनका नाम जुड़ गया।

चर्चित पुस्तक 'जूठन' में इसी विषय पर एक अंश है—'वाल्मीकि बस्ती में जब भी कोई बीमार पड़ जाता है, दवा-दारू करने के बजाए भूत-प्रेत की छाया से छुटकारा पाने के कार्य, झाड़-फूँक, टोने-टोटके, ताबीज, गंडे, भभूत आदि की आजमाइश शुरू हो जाती थी। ये तमाम काम रात में किए जाते थे। जब बीमारी लम्बी खिंच जाती या गम्भीर रूप ले लेती तो किसी भगत को बुलाकर 'पुच्छा' ली जाती थी। ऐसे समय में भगत के साथ एक ढोलक बजानेवाला, दो-तीन गानेवाले होते थे, जो ढोलक की खास ताल पर एक ही सुर में गाना गाते थे। गाने में देवता का आह्वान होता था, जिसे भगत के शरीर में प्रकट होकर झूमना है। लय-ताल-सुर से ऐसा माहौल बना दिया जाता था कि अच्छा-खासा व्यक्ति भी झूमने लगे। गानों में अशिष्ट शब्दों की लोकभाषा की भरमार होती थी, जो देवता के प्रति आत्मीयता दिखाने की अभिव्यक्ति थी।

भगत के झूमते ही ढोल बजना और गाना थम जाते थे। भगत के सिर, हाथ आदि हिलते ही मान लिया जाता था कि देवता प्रकट हो गए हैं। देवता अपना नाम बताता था, सबको राम-राम कहता था। और फिर कोई घर का बुजुर्ग देवता के सामने मरीज का दुःख-तकलीफ बयान करता था। देवता रोगी को छूकर या अन्य विधियों से मुआयना करके रोगी के ऊपर भूत छाया का विवरण और निदान करने की बात कहता था।[2]

वाल्मीकि-समाज में अनेक देवी-देवता हैं जिनकी पूजा होती है। सबलसिंह के साथ मोहम्मदा सय्यद की पूजा भी होती है। जिस पर सफेद मुर्गा चढ़ाया जाता है। टोंटापीर भी है, जिस पर मोहम्मदा सय्यद की तरह सफेद मुर्गा चढ़ाया जाता है।

इन देवताओं की दैनिक पूजा भी होती है। 'थान' पर दीया जलाकर ताजा किया हुआ हुक्का भरकर रखा जाता है। कुछ देर यह हुक्का थान पर रखा रहता है। बाद में घर का बड़ा या कोई बुजुर्ग इस हुक्के से एक-दो कश जरूर लेता है।

जैसा कि कहा है, इन पौनों के साथ देवियों की भी पूजा होती है। इनकी स्वतन्त्र पूजा होती है। पौनों से अलग। अलग-अलग स्थानों के नाम से इन देवियों को जाना जाता है। इन्हें 'माई' कहा जाता है। इनमें प्रमुख हैं—नियावले वाली माई (मुरादाबाद), भोजपुर वाली। कहा जाता है ये महाकाली के अलग-अलग रूप हैं। माई मदारन है, जो सहारनपुर, मुजफ्फनगर के क्षेत्रों में पूजी जाती है। माई धूतनी है। माई बसन्ती है, जिसका स्थान रायवाला (देहरादून) में है। इन्हें शान्त

प्रकृति की देवी माना जाता है। इस पर मादा सूअर बच्चा चढ़ाया जाता है। माई धूतनी का भंडारा होता है, जिसमें हलवा, खीर, पूरी, पूड़े आदि का भोग लगाया जाता है। इसमें पूरा परिवार शामिल होता है। माई बसन्ती की जात (यात्रा) पर पूरा परिवार मिलकर जाता है।

कई परिवारों में 'गंगाराम' जिन्हें खीर का भोग लगता है भी पूजे जाते हैं। मनसाराम, सकटाराम, मानंद धोबी, कुसुमिया भी देवी और देवताओं की तरह पूजे जाते हैं।

बागड़ से भी चूहड़ों का गहरा सम्बन्ध है। हर साल छड़ी लेकर लोग जाते हैं। लौटकर बड़ी दावत दी जाती है। अनेक परिवारों में बावरिये देवताओं की बहुत मान्यता है। कहा जाता है कि ये गोरखनाथ के शिष्य थे। चूहड़ों में गोरखनाथ, मछन्दरनाथ, जलन्धरनाथ, बालकनाथ आदि को अपने पुरखों में मानते हैं। इससे सिद्ध होता है कि नाथ-सम्प्रदाय से कहीं-न-कहीं इनका सम्बन्ध है। नांगा पूजा इस समाज में प्रचलित रही है। आटा और मीठा मिलाकर टिक्की बनाई जाती है। जिसे उपलों की आग में सेंक कर बनाया जाता है। इसी का 'नांगा' को भोग लगता है। देवताओं से पहले 'नांगा' पूजा होती है।

सबलसिंह, हरिसिंह, जीतमल, केसरमल, नथमल पाँचों सगे भाई हैं जिन्हें बावरिये कहा जाता है। कहते हैं कि इन्होंने गोगापीर से 56 कलवाओं की शक्ति हासिल की थी और काली देवी से 64 जोगिनी जिला गंगानगर (राजस्थान) में गूगा मेढ़ी में गोगा जहारपीर का स्थान है। यहीं पाँच बावरियों के थान हैं। उनकी समाधियाँ हैं। यहीं गोरख टीला भी है।

कुछ पूजा-पद्धतियों के आधार पर ऐसा प्रतीत होता है कि इस समाज का सीधा सम्बन्ध बौद्ध धर्म से है। जो तंत्रयान बौद्ध परम्परा से होते हुए नाथ और सिद्धों तक और फिर समय के बहाव में, हिन्दू समाज की घोर उपेक्षा के कारण इनका सम्बन्ध शिक्षा और पुस्तकों से दूर होते गए। अपनी सामाजिक, सांस्कृतिक, धार्मिक परम्पराओं को सहेज कर न रख पाने में असमर्थ होने के कारण, इनकी पहचान धुँधलके में खोने लगी। हिन्दू समाज ने इनकी सम्पदा, प्रतिभा, ऐतिहासिकता को कुचलकर गर्त में धकेल दिया। अपने लिए सम्मान और अस्मिता की तलाश में यह समाज कभी इस्लाम की ओर झुकता है, कभी ईसाइयत, तो कभी आर्य समाज, निरंकारी, सिक्ख धर्म के करीब जाता है, लेकिन जब ठौर-ठिकाना नहीं मिलता, तो भावाधस, आदि धर्म समाज जैसी धार्मिक संस्थाओं को निर्मित कर ब्राह्मणी-धर्म की तरह मन्दिरों का निर्माण कर घंटियाँ, उपासना आदि में लग जाता है। लेकिन 'भारतीय समाज व्यवस्था' द्वारा निर्धारित मानदंडों

के विरुद्ध एकजुट होकर संघर्ष करने की पहल की सम्भावनाएँ पैदा नहीं कर पाया है। हरिद्वार में हर की पौड़ी पर 'वाल्मीकि-मन्दिर' में बैठे पुजारी से जब पूछा गया कि आप समाज और हिन्दूधर्म के अपने सम्बन्धों पर कुछ कहिए तो वे सिर्फ खामोशी से मुझे घूर रहे थे। उनके पास बताने लायक कुछ नहीं था। बस उन्हें तो उस चढ़ावे से मतलब था, जो वहाँ आनेवाले समाज के लोगों से मिलता है।

एक समय लालबेगी संख्या की दृष्टि से ज्यादा थे, लालबेगी उत्तरी भारत के हिन्दी भाषी प्रान्तों उत्तर प्रदेश, बिहार, राजस्थान, मध्य प्रदेश, विदर्भ, पंजाब के कुछ भंगियों ने जनगणनाओं में अपना धर्म लालबेगी और जाति वाल्मीकि बताई थी। ग्रीवन ने अपनी प्रसिद्ध पुस्तक 'नाइट ब्रूम' में बनारस के भंगियों के धर्म का वर्णन किया है। उनके अनुसार भी लालबेगी संख्या में ज्यादा थे। उर्दू के प्रसिद्ध लेखक मौलाना अलताफ हुसैन होती ने अपनी पुस्तक 'लालबेग' में इसी प्रान्त या प्रदेश के लोगों का वर्णन किया है। जिसे उत्तर पश्चिम प्रान्त (North East Province) कहा जाता था। जो अब पंजाब, हरियाणा, दिल्ली और उत्तर प्रदेश में विभक्त कर दिया गया है।

लोककथाओं, किंवदंतियों के आधार पर भी यही निष्कर्ष निकलता है कि लालबेगियों का मुख्य स्थान अम्बाला और रावलपिंडी के बीच का क्षेत्र था। 'हीर' के रचनाकार वारिसशाह ने भी अपनी रचनाओं में 'चूहड़ा' जाति के धर्म तथा लालबेग का जिक्र किया है।

लेकिन वारिसशाह झंग क्षेत्र के रहनेवाले थे, जहाँ मुसल्ली और कुटाना जाति के लोग भंगी का काम करते थे। इन जातियों पर मुस्लिम प्रभाव था। ये लोग रोजा, नमाज़ करते थे।

लालबेग के 'कुर्सीनामा' में जो बोली या भाषा का प्रयोग है, वह झंग इलाके की नहीं बल्कि अम्बाला और दोआब की भाषा है–

उठ माता मैना वन्तिये
बाबा बाले लिया अवतार
धमक पड़ी पाताल में
छुटी गर्द गुबार
कहियाँ मच्छ चिढ़ोर
उड़-उड़ मंगे मांस तेन्दुई
छेड़ छिड़ी गणेश दी डेरागाजी खाना।[3]

भगवानदास के अनुसार इस बन्द में पंजाबी की झलक है। लेकिन निचले

बन्द में अम्बाला के इलाके का प्रभाव है। यह बोली जालन्धर के करीब की लगती है। लेकिन जिस प्रकार से लालबेग धर्म से एक मिली-जुली संस्कृति के प्रभाव दिखाई देते हैं, वैसे ही उनकी भाषा है–

सोने की टोकरी
सोने का झाड़
क्या कहती है टोकरी
क्या कहती है झाड़ू
झाड़ू कहती है ख़ाकदर ख़ाक
टोकरी कहती है पाक दर पाक
...
कास की कुंजी, कास का ताला
इश्क की कुंजी, प्रेम का ताला।[4]

इस बन्द में भी अम्बाला, करनाल की बोली का प्रभाव है, जो स्पष्ट दिखाई पड़ता है।

एक भजन जो बहुत ही लोकप्रिय रहा है जिसमें वंशावली दी गई है--

बालाशाह सन्तोख ऋखदा।
सन्तोख ऋख शराप दित्त ऋखदा
शराप दित्त ऋख ऐ नाक दा। एनाक ऋषिदा।
ऋषि विक्खिदा।
विक्खि महादेव का।
महादेव भगवान औत खंडे का।
औत खंडा अलख पुरख दा।
अलख पुरख शाकत दा।
शाकत आगम दा।

बालाशाह सन्तोष ऋषि का पुत्र है, सन्तोष ऋषि का शरापदत ऋषि ऐनाक ऋ का, ऋक्खि विक्खि का, विक्खि महादेव का, महादेव अर्थात शिव औत खंडे का, औत खंडा अलख पुरुष का, अलख पुरुष शक्ति का और शक्ति अगम पुरुष का पुत्र है।[5]

'वाल्मीकि' को भगवान मानकर उनकी पूजा-अर्चना करना, जयंती (प्रकट दिवस) मनाना, आदि में पंजाब की चूहड़ा जाति अग्रणी है। पंजाब में 'भावाधस' (भगवान वाल्मीकि धर्म समाज) की संस्थापना प्रभु ऋषि नाथ रत्नाकर ने 24 मई 1964 को थी। जिसमें देवसिंह असुर, वीरेश मोतीलाल विकल, दशरत्न रावण की

महत्त्वपूर्ण भूमिकाएँ रही हैं। लेकिन इससे पूर्व लुधियाना (पंजाब) में श्री वी.एस. दयाल के नेतृत्व में 1960 के आसपास प्रदेश वाल्मीकि धर्म समाज की स्थापना की गई थी।

बाद में 'भावाधस' को 'आदि धर्म समाज' में परिवर्तित कर दिया गया था। जिसमें दशरत्न रावण की विशिष्ट भूमिका थी। भावाधस ने वाल्मीकि समाज को संगठित करने के प्रयास किए। लेकिन वे सिर्फ धार्मिक स्तर पर ही सक्रिय रहे। सामाजिक आन्दोलन का रूप नहीं दे पाए। भजन, कीर्तन, पूजा-पाठ के उनके तौर-तरीके ब्राह्मणवादी ढंग के ही रहे। उन्होंने अपने आपको मूल-निवासी की अवधारणा से जोड़कर नाम असुर, दस्यु, राक्षस, रावण आदि उपनाम लिखने शुरू किए थे। वाल्मीकि रामायण के 'नायक' राम की वे पूजा नहीं करते हैं। लेकिन रामायण (वाल्मीकि कृत) और 'योगः वसिष्ठ' पुस्तक उनके लिए सम्माननीय ग्रन्थ हैं। सामाजिक स्तर पर इन संगठनों की भूमिका को नकारा नहीं जा सकता। वी. एस. दयाल के नेतृत्व में जो सहकारी संस्था कार्यरत है उसने सूदखोरों द्वारा समाज का शोषण किए जाने को रोका। समाज के जरूरतमन्दों को यह संस्था सदस्य बनाकर उन्हें ऋण उपलब्ध कराती है, जिसकी ब्याज दर नहीं के बराबर है।

ऐसी ही एक संस्था जालन्धर में कार्य कर रही है। जो शिक्षा के क्षेत्र में महत्त्वपूर्ण कार्य कर रही है। संस्था का नाम है 'कमलेश्वर वाल्मीकि एजुकेशनल ट्रस्ट, जालन्धर'। इस संस्था ने शहरों में ही नहीं ग्रामीण क्षेत्रों में शिक्षा का प्रचार-प्रसार करने का काम हाथ में लिया है। अनेक कार्यक्रमों के तहत शिक्षा अभियान जारी है। ऐसे ही एक अभियान में इसी संस्था के राजकुमार भट्टी ने 23 नवम्बर, 2003 को वाल्मीकि तीर्थ, अमृतसर से नई दिल्ली तक शिक्षा जागरूकता पदयात्रा निकाली थी। जिसने गाँव-गाँव शिक्षा की जरूरत का सन्देश पहुँचाया। इसी संस्था के तहत बी.एड., पी.सी.एस. जैसी प्रतियोगितात्मक परीक्षाओं के लिए कोचिंग केन्द्र खोले हैं। जिनमें ग्रामीण छात्र-छात्राओं को प्राथमिकता दी जाती है।

सन्दर्भ

1. भगवानदास–वाल्मीकि जयन्ती और भंगी जाति, पृ. 20
2. ओमप्रकाश वाल्मीकि–जूठन, पृ. 52-53
3. चाँद, अछूतांक, मई, 1927, पृ. 137
4. वही
5. वही, पृ. 138

गोत्र

गोत्र, गोत का अर्थ है 'गोष्ठ' यानी 'गाय का बाडा'। इसका अथ 'बहिर्विवाही कुल' भी है।[1] राहुल सांकृत्यायन के अनुसार 'गोत्र' शब्द का अर्थ है—गायों की रक्षा का साधन, स्थान या रक्षक-समुदाय। गौ, एक समय हिन्दी-आर्यों का प्रधान धन था, इसलिए एक वंशज जनसमुदाय या वंश को ही 'गोत्र' (गाय रखनेवाला) कहा गया। जन अवस्था में जहाँ यूरोपीय समाज पशुपालन आरम्भ करता है, हमारे यहाँ वह गोपालन की समृद्धि का समय (अर्थात एंगेल्स की परिभाषा में पितृसत्ता का जमाना) था। गोत्र-काल का ज्ञान हमारे पास बहुत ही अल्प है (वशिष्ठ, विश्वामित्र, भारद्वाज आदि जितने भी गोत्र (ब्राह्मणी व्यवस्था) प्रसिद्ध है, ये वस्तुतः गोत्र-काल और पितृसत्ता काल के भी नहीं हैं। ये सारे गोत्र ऋषि गंगा के आसपास वाले प्रदेश में 1500 ई. पूर्व के आसपास दासता और सामन्तवादी युग में हुए हैं। सम्भव है, कुआ (काबुल) और सुवास्तु (स्वात) की उपत्यका में रहते वक्त, अभी गोत्र सत्ता उनमें मौजूद रही हो, और पितृसत्ता की मध्यवर्ती अवस्था बतलाती हो।)[2]

प्रसिद्ध विद्वान डी.एन. झा की मान्यता है--'आर्य अर्ध यायावर के रूप में भारत आए। पशुपालन और कृषि उनकी अर्थव्यवस्था के आधार थे। उनके आर्थिक जीवन में पशुपालन का सबसे अधिक महत्त्व था, और पशु उनके स्वत्व और सम्पत्ति के सर्वाधिक मूल्यांकन साधन थे। वे पशुओं की वृद्धि के लिए प्रार्थना करते थे। यज्ञ अनुष्ठान करनेवाले पुरोहितों को उनकी सेवा के पुरस्कार के रूप में पशु दिए जाते थे। गाय विनिमय का मुख्य साधन था। पशुओं के लिए बहुधा विभिन्न कबीलों में युद्ध हुआ करते थे। युद्ध के लिए 'गविष्टि' शब्द प्रचलित था। जिसका अर्थ गायों की खोज है। आर्यों के सामाजिक जीवन पर पशुपालन का कितना प्रभाव था, इसका पता इस तथ्य से चलता है कि जो लोग अपनी गायों के साथ एक ही 'गोष्ठ' में रहते थे, उनका सम्बन्ध उसी गोत्र का हो जाता था। बाद में इस शब्द से खून का सम्बन्ध समझा जाने लगा। इस तरह यह शब्द

बहिर्विवाह का समर्थन करने वंश का द्योतक हो गया। पुत्री को 'दुहित्ती' कहा जाता था। क्योंकि वह दूध दूहने का काम करती थी...भोजन के लिए गाय और बैल दोनों मारे जाते थे। अतिथियों को स्वादिष्ट गोमांस खिलाया जाता था। इसीलिए वैदिक काल में अतिथि को 'गोध्न' (गाय का वध करनेवाला) शब्द प्रचलित हो गया था।'[3]

पशुवध के विषय में दामोदर धर्मानन्द कौसाम्बी से भी इसी प्रकार की जानकारी मिलती है। उनका मानना है—'धर्मग्रन्थों में यज्ञों में होने वाले प्राणिवध के बारे में प्रचुर जानकारी मिलती है। ऐसे सामूहिक यज्ञकर्म अग्नि के अलावा अन्य वैदिक देवताओं के लिए भी, यद्यपि पवित्र अग्नि के सामने ही आयोजित किए जाते थे। यज्ञ अनुष्ठान की अवधि तथा जटिलता निरन्तर बढ़ती गई। यज्ञों में इतनी संख्या में और इतने प्रकार के प्राणियों का वध होता था कि आज हमें यकीन करने में कठिनाई होती है। बलि योग्य श्रेष्ठतम 'पशु' थे—मनुष्य, बैल और अश्व; परन्तु प्रायः हर प्रकार के पशु और पक्षी का वध होता था।'[4]

इस अध्याय में गोत्र पर चर्चा करना ध्येय है, विशेष रूप से वाल्मीकि, भंगी या चूहड़ा और अन्य उपजातियों के गोत्रों पर। ये 'गोत्र' 'ब्राह्मणी-व्यवस्था' से भिन्न गोत्र हैं। कुछ गोत्र राजस्थान की क्षत्रिय जातियों से मिलते हैं, तो कुछ अन्य जातियों से। डॉ. अम्बेडकर ने लिखा है—'शूद्र आर्य हैं या भारत की मूल जातियाँ हैं, या दूसरी जातियों का मिश्रण हैं। यह प्रश्न आजकल खास व्यवहारिक नहीं है। प्राचीन काल में इनका स्वयं वर्ग था, और समाज में उनका स्थान चौथा या और अन्तिम श्रेणी में रखा गया था, फिर भी वे तीन श्रेष्ठ जातियों से दूर थे। यदि यह मान भी लिया जाए कि आरम्भ में ये आर्य नहीं थे, तो भी तीन आर्यजातियों के साथ व्यापक स्तर पर अन्तर्जातीय विवाहों के चलते वे आर्य समुदाय में घुल-मिल गए थे। कुछ मामलों में उन्हें हानि के बजाए लाभ अधिक हुआ, और शूद्र कही जानेवाली बहुत-सी जनजातियाँ वास्तव में और कुछ न होकर ब्राह्मण और क्षत्रिय के निकट हैं। संक्षेप में वे अन्य प्रजातियों में काफी घुल-मिल गई जैसे ही इंग्लैंड के कैल्टिक कबीले आंग्ल सेक्शन जाति में विलीन हो गए और उनकी जो भी अलग पहचान थी उसका पूर्णतया अस्तित्व मिट गया।'[5]

डॉ. अम्बेडकर अपने निष्कर्ष में कहते हैं कि 'शूद्रों का अलग कोई वर्ण नहीं था, वे भारतीय आर्य समुदाय के क्षत्रिय वर्ण में आते थे।'[6]

'पतित प्रभाकर' पुस्तक में जो सूची दी गई है वह 'वाल्मीकि-समाज' के गोत्रों को क्षत्रिय सिद्ध करने के लिए एक सूची दी गई है—बैस, खैरवार, वीर गूर्जर, बड़गूजर (बग्गूजर) भदौरिया, विसेन, सोवा, बुन्देलिया, चन्देल, चौहान, नादो,

यदुवंशी, कछवाह, किनवार ठाकुर, भोजपुरी राउत, गाजीपुरी राउत, गहलौत, टांक आदि।[7]

विवाह सम्बन्ध जोड़ते समय कुछ स्थानों पर छिटकी-बुन्दकी मिलाने का रिवाज है तो पंजाब, हरियाणा, उत्तर प्रदेश में गोत्र मिलाने का। लड़के के तीन गोत्र—माँ, पिता और दादी को छोड़कर विवाह सम्बन्ध बनाए जाते हैं। उदाहरण के लिए यदि माँ का गोत्र केसला, पिता का खैरवाल और दादी का टांक है तो लड़की पक्ष के गोत्र इन तीनों से भिन्न होने चाहिए। यदि तीन में से कोई भी एक गोत्र मिल जाने से रिश्ता नहीं बनता है। इस नियम में कोई छूट नहीं है।

गोत्र से स्थान विशेष का भी अनुभव लगता है। कुछ गोत्र स्थानवाचक रहे हैं, लेकिन लम्बी कालावधि और स्थान-परिवर्तन, अशिक्षा, निरक्षरता आदि के कारण एक ही गोत्र कई तरह से जाना जाने लगा। जैसे—पीवाल-पीहल-पाहीवाल। किसी-किसी गोत्र में संशोधित रूप भी देखने को मिलते हैं। जैसे सौदा-सौदाई-सुधा-सूद आदि, और चंडालिया-चिनालिये-चंचल-चन्द्रा-च्रन्द्रिल आदि। किसी-किसी गोत्र को जान-बूझकर परिवर्तित कर लेने की प्रवृत्ति भी दिखाई देती है। इसके पीछे शायद हीनताबोध से उबरने की मानसिकता हो। जैसे बिढ़लान को बिरला कर लेना, चुटेला या चोहटेल से चौटाला आदि।

यह समाज कई समूह से मिलकर बनने की प्रक्रिया से गुजर रहा है जैसे चूहड़ा, लालबेगी, हेला, बंसोड़, हलालखोर अब 'वाल्मीकि-समूह' के दायरे में एकत्र हो गए हैं या हो रहे हैं। इसलिए उनके गोत्र भी इस समूह से जुड़ रहे हैं। कुछ समयावधि ने उनकी अपनी मूल पहचान एक नए समूह से जुड़ जाएगी।

वाल्मीकि समाज के गोत्र

1. आदिवाल
2. अडालिया
3. अठवाल
4. आनोरिया
5. आजाद
6. आडिवान
7. आरज्या
8. इकलो सिया
9. इटकरे (बान्दा, बैरकथाना, भरकुआ, नागपुर)

10. उज्जैन वाल गोयर
11. उम्रवाल
12. ओटवाल, ऊँटवाल
13. कांकड़ा
14. कांगड़ा (हरियाणा, हिमाचल)
15. कल्याणी (पंजाब)
16. कन्डारा, कन्डेर
17. कसोटिया
18. करोतिया
19. करोशिया (दिल्ली)
20. केला
21. केसा
22. केसला, केसवाल (सहारनपुर, देहरादून)
23. कठेत (मुरादाबाद)
24. कछवाह (जबलपुर)
25. कुन्देला (दिल्ली)
26. कुन्दी
27. करवालिया (कानपुर)
28. कलोसिया, कल्ला (अजमेर, राजस्थान)
29. कामवाल
30. कनौजिया (उ.प्र.)
31. कठूमरा
32. कीर
33. कथाला
34. कथवाल
35. खराटा
36. खर्रा
37. खरेलिया, खेरालिया, खरेरिया (जयपुर, बुलन्दशहर)
38. खराडिया
39. खारिया
40. खैरवाल (मुज़फ्फरनगर, उत्तर प्रदेश)
41. खैर वार

42. खोड़ा, खोडे (इन्दौर, उज्जैन)
43. खोखर
44. कोडे
45. कुन्टिया
46. गंगाहेड़ी, गंगाहेरी (दिल्ली)
47. गंगोत्री
48. गोयर
49. गेच्छण, गोलेछा
50. गंगेरिया, गुगेरिया
51. गोगरिया, गोगलिये
52. गोहरा, गुहेरा (म.प्र.)
53. गठेरा
54. गठारिया
55. गहलोत (राजस्थान)
56. गूँद
57. गिर्ज
58. गोखले
59. गोडिवाल, गोडियाल, गोदियाल (देहरादून), रायपुर बेरिसाल (जिला बिजनौर, उ.प्र.)
60. गुजराती
61. घोघले (इन्दौर)
62. घारू
63. घामली (महाराष्ट्र)
64. घावरी (हरिद्वार, उ.प्र.)
65. घोर
66. घेंघट, घाघट (देहरादून, उ.प्र.)
67. घुसर
68. घोघलिया
69. चटवाल (पंजाब)
70. चुडियाना
71. चिरया वाडिया (चरा वडया)
72. चांगरा, चांगरिया (नागौर, राजस्थान)

73. चेडवाल
74. चोमन
75. चंडालिये, चन्देलिया, चन्देल (दिल्ली, राजस्थान, गुवाहाटी, इन्दौर)
76. चिनालिये, चन्द्रिल, चन्द्रा, चंचल (उ.प्र.)
77. चोरामन
78. चाँवरिया (बीकानेर)
79. चाँवला, चारण (देहरादून)
80. चौहान (पत्थरफोड़, हाडफोड़) (उ.प्र., हरियाणा, दिल्ली)
81. चुटेला, चोटाला
82. चोहटेल (जबलपुर)
83. चोमड़
84. छजलान
85. छपरी बन्द
86. जेदिया (जोधपुर, राजस्थान)
87. जावा (बीकानेर)
88. जादीपत
89. जाजोटर
90. जोन वाल, जीव वाल, जैनवाल
91. जाइ संगत
92. जादौन
93. झिझरिया
94. झुमलिया
95. झूँझ
96. झंझोटे (वर्धा, महाराष्ट्र)
97. झंघाला, जंघाला, जंघारा
98. जावले (जलगाँव, अमरावती, महाराष्ट्र)
99. टांक, टैग (राजस्थान, दिल्ली, मेरठ)
100. टोपिया (टोप्या)
101. टुंडलायत
102. टेपन
103. ढोर
104. डगले

105. डागर
106. डेंढूता
107. डेंडवाल
108. डानोडिया
109. डंगोरिया, ढिंडोरिया (जयपुर)
110. डुलगच, डुगलच
111. डागेरिया (इन्दौर)
112. ढेकिणा
113. ढिकिया, डिक्या
114. ढिंगिया (उ.प्र, बिजनौर, देहरादून)
115. ढकोलिया
116. ढलेत, ढिलोढ (हरियाणा)
117. ढन्झा
118. डूमडे (उ.प्र.)
119. तर्क
120. तुसाम्बड़
121. तिम्बोली
122. तेजी, तेजस्वी
123. तंवर
124. तिशावड, तेश्वर
125. थनवाल
126. थापर
127. थावरिया
128. धारीवाल
129. धाव
130. धलोड़
131. धिगान
132. धौल
133. दिशावर
134. दैव्य
135. निर्मल
136. नवलिया

137. नरवार
138. नरवले (इन्दौर)
139. नाहर (पंजाब, देहरादून)
140. नाहट (पंजाब)
141. नायक (उड़ीसा)
142. पचेरवाल
143. परिहार, पडियार
144. परमार
145. प्रेमी
146. पंवार (आगरा)
147. पटूणा
148. पथरोल
149. पारवाँ
150. पारचा, पारोचे (हरियाणा, दिल्ली, देहरादून)
151. पिवाल, पाहिवाल, (शामली, मुजफ्फरनगर), पीहल (राजस्थान, हैदराबाद), दिल्ली
152. पंडत, पंडित
153. पायोरिया
154. पछूला
155. बैनवाडिया
156. बाली
157. बड़गूर्जर (हरियाणा, कैथल), वग्गूजर
158. बाल गोहार, बालगोयर
159. बड़ गोहर, बड़ गोयर
160. बिढ़लाण (उ.प्र., गाजियाबाद, देहरादून)
161. बार वास्या, बारासा
162. बैन्डवाल, बेनीवाल
163. बोयत, बोहत (विदिशा), बहौत
164. वैद, वैद्य
165. बावरा (झाँसी)
166. बुरट
167. बागोर, बग्गन, बैगी, बागरे (मलकापुर)

168. बिवाल
169. बिसनार (कोटा), विषनारिया (मलकापुर, भरतपुर, राजस्थान)
170. बागड़ी (जबलपुर)
171. बसौड
172. बारवाल
173. बैराठी
174. बैरागी (इलाहाबाद)
175. बरबुरिया
176. बहनवाल, भैनवाल, बेनीवाल (दिल्ली, बुलन्दशहर)
177. भारती
178. भुरंडा
179. भंबक (सहारनपुर)
180. भुराडिया
181. भगवाना
182. मालिया
183. मोठा, मीठा (जयपुर)
184. मठोडिया (बुलन्दशहर)
185. मारोठ (इन्दौर)
186. मालिया
187. मटटू
188. मेहर
189. महरोलिया (दिल्ली)
190. मुनीम
191. मोचिका
192. मेवाती (हरियाणा, राजस्थान)
193. मौर्य
194. मोड़ोतिया
195. मैलायन्दा
196. मैंडवाल
197. मनोटिया
198. मकवाना
199. माचल, मचल (कोटा)

200. मल्होत्रा (पंजाब, हिमाचल)
201. रहटवाल
202. रील
203. राणवा, राणावत
204. लोट, लोहट
205. लोहरा, लोहारिया, लुहाडिया
206. लोधा
207. लक्खन, लखन (राजस्थान, गुजरात)
208. लिडिया
209. लोदिया
210. लदड़
211. विद्यार्थी
212. लिडलान
213. लठौरिया
214. राउत (समस्तीपुर)
215. राठौठ
216. रत्नाकर (बरेली)
217. रेडियान
218. राजौरी, राजोरिया, (मुरादाबाद, उ.प्र., देहरादून)
219. सोनवाल
220. सारवान (अंबरनाथ, ठाणे), दिल्ली
221. सागनान
222. सौदे, सौदा, सौदाई, सूद, सुधा, सौदया (उ.प्र.)
223. सुनोलिया (उ.प्र.)
224. सिलेलान
225. सिखानिया (कानपुर)
226. सनगन
227. सांगोलिया
228. सांगले (अमरावती)
229. सरसिया
230. सागर
231. सत्यार्थी

232. सरकारिया
233. सारसर, सारस्वत
234. सौलंकी (बूँदी)
235. सिंगोर (कोटा)
236. सलप्पा (कर्नाटक)
237. संबरिया
238. सिओत्रा, सिहोटे (जबलपुर), सुहोत्रा-नाहन (पंजाब, उ.प्र.)
239. सिनसिनवाल
240. सेरिया उजिनवाल
241. सोढ़िया
242. स्नेही
243. हंस (पंजाब)
244. हांस तौदिया
245. हटवाल
246. हथगेन (हमीरपुर, छतरपुर, बान्दा, उ.प्र.)
247. हितकर
248. हडौते (नागपुर)
249. हाड़ाला
250. रेरावा
251. बैस
252. बीर गूजर
253. भदोरिया
254. बिसेन
255. सोवा
256. बुन्देलिया
257. नादो
258. यदुवंशी
259. किनवार ठाकुर
260. भोजपुरी राउत
261. गाजीपुरी राउत
262. जंगाहरा

सन्दर्भ

1. दामोदर धर्मानन्द कौसम्बी–प्राचीन भारतीय संस्कृति और सभ्यता, पृ. 114
2. राहुल सांकृत्यायन–मानव समाज, 1986, पृ. 20
3. डी.एन. झा–प्राचीन भारत : एक रूपरेखा, पृ. 21
4. दामोदर धर्मानन्द कौसम्बी–प्राचीन भारतीय संस्कृति और सभ्यता, पृ. 115
5. बावा साहेब डॉ. अम्बेडकर–सम्पूर्ण वाङ्मय, खंड–1, भूमिका, पृ. XXI
6. बाबा साहेब डॉ. अम्बेडकर–शूद्र कौन थे ?, 1946
7. इथोवन–ट्राइब्स एंड कास्ट, 1872

आर्थिक और सामाजिक शोषण

भारतीय समाज में दो प्रथाएँ एक साथ चल रही हैं—'दान-प्रथा' और 'बेगार-प्रथा'। 'बेगार-प्रथा' दलितों के लिए है और 'दान-प्रथा' ब्राह्मणों, मन्दिरों, संस्थाओं के लिए है। बिना शारीरिक श्रम किए 'दान' में इतना मिल जाता है कि उन्हें शारीरिक श्रम करने की आवश्यकता नहीं थी। कहा जाता है कि भारत कृषि प्रधान देश हैं, लेकिन यदि किसी ब्राह्मण ने 'हल' छू दिया तो निकृष्ट मान लिया जाता है। उसका ब्राह्मणत्व कम हो जाता है। उत्तरांचल के कुमाऊँ क्षेत्र में 'छोटी धोती' और 'बड़ी धोती' की श्रेणी इसी आधार पर तय होती है। शायद यही कारण है कि श्रम को जीवन का आधार बनानेवालों को या उत्पादन से जुड़े लोगों को हीनता भाव से देखा जाता है। 'शारीरिक श्रम' करा लेने के बाद भी कोई श्रम-मूल्य, मजदूरी न देना ही बेगार थी। जिसका चलन हजारों साल से इस देश में मौजूद है। जो भंगियों की विपन्नता और अशिक्षा का एक कारण बना। इस बेगार-प्रथा के कारण ही उन्हें जीवन का निम्नतम रूप जीने के लिए बाध्य होना पड़ा। उनका आत्मविश्वास, आकांक्षाएँ, वीरता, शौर्य इतिहास के गर्भ में समा गए। वे अपने स्मरणीय पलों को सहेजकर भी नहीं रख पाए। उनकी चेतना को कुंठित करने में धर्मसूत्रों, स्मृतियों, महाकाव्यों का बहुत बड़ा हाथ है। दान पर सैकड़ों पुस्तकें मिल जाएँगी जिनमें 'दान की महिमा' का गान हुआ है। लेकिन बेगार पर न 'संस्कृत' में, न हिन्दी में कोई पुस्तक नजर आती है। हाँ, हिन्दी में शेखर पाठक की 'बेगार-कुली-प्रथा' जो उनका उत्तराखंड क्षेत्र पर शोध प्रबन्ध है, जरूर उपलब्ध है। बेगार-प्रथा ने उन्हें 'दास' बनाया और पल-पल उनका शोषण होता रहा है।

बेगार-प्रथा भारतीय ग्रामीण जीवन में दृढ़ता के साथ संस्थापित की गई थी। जिसका अन्त डॉ. अम्बेडकर के आन्दोलन के कारण हुआ। फिर भी इस प्रथा के घृणित रूप आज भी ग्रामीण क्षेत्रों में मौजूद हैं। प्रेमचन्द की 'सद्‌गति' कहानी में इस प्रथा का विकट रूप और षड्‌यन्त्रकारी अमानवीय रूप चित्रित है। इन

पंक्तियों के लेखक की आत्मकथा 'जूठन' में इस प्रथा का विस्तृत और भयावह रूप दिखाया गया है।

भंगी समाज जिस जर्जर अवस्था में अन्याय सहते हुए, कष्टपूर्ण जीवन जीते हैं, वह सभ्य कहे जानेवाले लोगों को दिखाई नहीं देता है। उनकी इस उपेक्षा के कारण ही, वे अपने को हीन मान बैठे हैं, क्योंकि कदम-कदम पर उनके जेहन में भरा गया कि तुम्हारे पूर्व जन्मों का फल है जो तुम भंगी के घर जन्मे हो। ये बात इतनी बार दोहराई गई कि इन लोगों ने इस झूठ को भी सच मान लिया, जबकि यह एक दार्शनिक साजिश है।

वर्ण-व्यवस्था, जाति-व्यवस्था के सबसे निचले पायदान पर खड़ा यह समाज भूल गया है कि इस गन्दे और अस्वास्थ्यकर काम के बदले उन्हें जूठन और उतरन दी जाती है, इसका विरोध करना चाहिए था, वे नहीं कर पाए। विरोध करने की तमाम कोशिशों पर बन्धन थे। एक सोची-समझी घेराबन्दी थी, जो आज भी मौजूद है। यह ऐतिहासिक वैमनस्यता है, जिसे भंगी-समाज को समझ लेना चाहिए, वरना हजारों साल आगे और अन्धेरा है, जो बहुत घना है। जिससे बाहर निकलना मुश्किल होगा। हीनता-भरी मानसिकता ने उन्हें कमजोर किया है। उनके आत्मविश्वास को तोड़ा है, बल्कि उनकी विचारशक्ति को भी छिन्न-भिन्न कर दिया है। इसका भयानक रूप पेशवा राज में देखा जा सकता है। जब भंगी बस्ती में आता था तो शोर करते हुए आता था, ताकि उच्चवर्णीय लोगों को पता चल जाए कि कोई भंगी आ रहा है। काम के बदले जो रोटी उन्हें दी जाती थी, उसे एक लम्बे बाँस में फँसाकर दूर से ही देते थे कहीं उनकी परछाई, देनेवाले तक न आ जाए, और वे अपवित्र न हो जाएँ।

इस समाज के शोषण का सिलसिला अनवरत है। गढ़वाल, कुमाऊँ में इस समाज के लोगों के साथ जो व्यवहार होता है, अस्पृश्यता की चरम सीमा है। ऐसी अनेक घटनाएँ होती रहती हैं, जिन पर कहीं कोई सवाल नहीं उठता है। सामान्यतः बदरीनाथ, केदारनाथ सहित ऊँचाई वाले स्थानों पर मजदूर सामान्य मजूदरी की दरों से दुगुनी पर काम करने के लिए तैयार होते हैं। वहाँ की विषम परिस्थितियों को देखते हुए यह तर्क-संगत भी है, ऐसा केवल निजी कार्यों के लिए ही नहीं है। लोकनिर्माण, जलप्रदाय या अन्य सरकारी विभागों के लिए भी काम करनेवाले मजदूरों को भी वहाँ सामान्य से दुगुनी मजदूरी दी जाती है।

लेकिन, स्वास्थ्य विभाग 'यात्रा काल' के दौरान यहाँ से मीलों दूर कई दर्जन सफाई मजदूरों को इन स्थानों की सफाई के लिए तैनात करता है। वहाँ इनसे दोगुने तो दूर आधे से भी कम पैसों पर काम लिया जाता है, और वह भी काम

करने के सालों बाद अदा किया जाता है। यह सिलसिला सालों से चल रहा है। इस प्रकार इन सफाई मजदूरों की मजबूरी का फायदा उठाकर इनसे बेगार ली जा रही है।

वर्ष 1994 के नवभारत टाइम्स में छपी एक रपट के आधार पर जो तथ्य उभरकर सामने आए वे कुछ इस प्रकार हैं—इस वर्ष (1994) की स्थिति यह है कि इन सफाईकर्मियों ने जब अपना श्रम-मूल्य बढ़ाने की बात की तो इन्हें कहा गया कि ऐसे में काम नहीं करना है, तो बिना बकाया पैसों के वापिस घर चले जाओ।

स्वास्थ्य विभाग को हर वर्ष बदरीनाथ-केदारनाथ यात्रा के दौरान एक सौ से ऊपर सफाई कर्मियों की आवश्यकता होती है। गत वर्षों से इसके लिए उत्तर प्रदेश के मैदानी जनपदों बिजनौर, नजीबाबाद आदि से इन सफाई कर्मियों को बुलाया जाता है। ये मई से अक्टूबर तक ऐसी विषम भौगोलिक परिस्थितियों में, जहाँ जून में भी ठंडे पानी में हाथ अकड़ जाते हैं, काम करते हैं। विभाग न उनके रहने की, न खाने की व्यवस्था करता है। काम के बदले इन सफाई कर्मियों को मात्र बीस रुपए व सफाई नायक को बाईस रुपए प्रतिदिन का वेतन दिया जाता है।

केदाननाथ जैसे स्थानों पर जहाँ एक समय का खाना भी बीस रुपए से कम में मिलना कठिन है, वहाँ बीस रुपये दिन के हिसाब से मैदानों से अपना घर-बार छोड़कर आजीविका के लिए ये लोग आते हैं। पिछले कई सालों से लगातार बदरीनाथ मार्ग पर सफाई के लिए आ रहे हैं। एक सफाईकर्मी को इस बात का डर था कि किसी कारणवश, यदि स्वास्थ्य विभाग, चमोली के बुलावे पर नहीं पहुँचा तो उसको न केवल इस साल के लिए काम नहीं मिलेगा, वरन् पिछले सालों के कम की बकाया राशि भी डूब जाएगी।

प्रदेश सरकार ने पर्वतीय क्षेत्रों के लिए न्यूनतम मजदूरी की दरों में वृद्धि की है। सफाई कर्मियों ने आदेश मिलने के बाद जब सी.एम.ओ. को लिखकर सूचना दी कि वे इतनी कम दरों पर काम नहीं कर सकते और कहा कि प्रदेश सरकार द्वारा घोषित बढ़ी हुई दरों पर काम करने के आदेश के बाद ही वे तैनाती स्थानों पर जाएँगे। स्वास्थ्य विभाग के सामने संकट था, क्योंकि इस मद में धन ही स्वीकृत नहीं था।

गढ़वाल के आयुक्त से जब यात्रा काल में सफाई व्यवस्था गड़बड़ा जाने का कारण पूछा गया तो उनका कहना था, इस वर्ष बीस लाख रुपये की माँग यात्रा मार्ग को ठीक-ठाक रखने के लिए की गई थी। अन्य सभी सम्बन्धित विभागों को

स्वयं व्यवस्था करनी है। इसका अर्थ यह हुआ कि सफाई कर्मियों से साल-दर-साल बेगार कराते रहें। उनकी हालत दिन पर दिन बदत्तर होते जाएगी, मानो वे इस समाज का हिस्सा ही नहीं हैं, न उन्हें रोटी चाहिए, न कपड़ा, न घर, और न हीं उनके बच्चों को स्कूल की फीस देनी है।[1]

यह समाज निर्धनता की गहरी खाई में इसी तरह धकेला गया है। यदि ऐतिहासिक, धार्मिक, पौराणिक सन्दर्भों को देखा जाए तो बहुत कुछ स्पष्ट होता है। सबसे पहले धर्मग्रन्थों, स्मृतिकारों ने इनसे शिक्षा का अधिकार छीना। संस्कृत भाषा बोलने, पढ़ने पर प्रतिबंध लगा। मनुस्मृति में कहा गया है–'ब्राह्मण शान्तिपूर्वक शूद्रों की सम्पत्ति का अधिकार कर सकता है, क्योंकि शूद्रों की कोई भी चीज अपनी नहीं होती है। उसकी सम्पत्ति को स्वामी द्वारा किसी भी क्षण अपने अधिकार में लिया जा सकता है।'[2] 'वास्तव में, शूद्र को सम्पत्ति का संचय नहीं करना चाहिए। भले ही वह उसके लिए समर्थ हो। क्योंकि शूद्र की संचित सम्पत्ति को देखने मात्र से ब्राह्मण को कष्ट होता है।'[3]

हिन्दुस्तान टाइम्स में प्रकाशित श्रीमति गोपाली पत्नी श्री नानक चन्द मकान नं. 28, खिज़राबाद, नई दिल्ली, के पत्र में शोषण का एक ऐसा रूप सामने आता है, जो इस समाज के प्रति उपेक्षा भाव दिखाता है–'मैं 60 वर्षीय विधवा भंगी जाति से हूँ। मैं कुछ घरों में सफाई कार्य करके अपनी जीविका चलाती हूँ। मेरे पति, नानक चन्द, पुत्र श्री तुड़ा, ईगतपुरी रेलवे स्टेशन, मुम्बई में इंडियन रेलवे के कर्मचारी होने के नाते, सफाई कार्य करते थे, 35 वर्ष पूर्व, 4.5.1957 को मृत्यु होने तक।

उनके प्रॉविडेंट फंड, ग्रेच्यूटी, फेमिली पेंशन और उनकी दो महीने की तनख्वाह जो उस समय बकाया थी, मुझे आज तक नहीं मिली है। इन 35 वर्षों में, मैंने असंख्य बार, रेलवे अधिकारियों, जो भी बताए गए, से कोशिशें कीं, मौखिक आश्वासनों के अलावा मुझे आज तक कुछ नहीं मिला है।

यदि कुछ नहीं हो सकता है, तो कृपया कम-से-कम मेरे इस मामले को गिनीज बुक को ही भेज दें। यह एक विश्व रिकॉर्ड होगा, विश्व के सबसे बड़े लोकतंत्र की नौकरशाही का, जहाँ उसके सबसे निचले कर्मचारी की विधवा की दरख्वास्त का उत्तर तक नहीं दिया जाता है।'[4]

हिन्दुस्तान टाइम्स की ही एक रिपोर्ट में बताया गया है–'इन सालों में आवश्यक वस्तुओं और उपभोक्ता वस्तुओं के दाम असाधारण रूप से बढ़े हैं, लेकिन कर्नाटक शिक्षा विभाग में एक सफाई कर्मचारी को कुल मिलाकर 50 रु. प्रतिमाह वेतन के रूप में दिए जाते हैं। जिसे 20 वर्षों से दैनिक वेतन भोगी के

रूप में रखा हुआ है। यह शान्त-सा रहस्योद्घाटन कर्नाटक राज्य सरकार के दैनिक वेतन भोगी कर्मचारी फेडरेशन के अध्यक्ष प्राध्यापक श्री के.एस. शर्मा ने एक प्रेस कान्फ्रेन्स में किया।

उसने कहा कि अप्रैल, 1989 में सुप्रीम कोर्ट ने श्रेणी 'डी'—राज्य सरकार के सबसे निम्न श्रेणी कर्मचारी—के लिए निर्देश दिया था कि जनवरी, एक, 1990 से ऐसे प्रत्येक कर्मचारी को 500 रु. से कम पारिश्रमिक न दिया जाए। लेकिन जब राज्य सरकार के पुस्तकालयों ने इसे लागू किया, राज्य सरकार के शिक्षा विभाग ने इसे लागू नहीं किया। प्रोफेसर शर्मा ने राज्य सरकार से अपील की कि एक मानवीय दृष्टिकोण से ऐसे गरीब लोगों को उनके श्रम का पूरा भुगतान किया जाए, जो अपनी ड्यूटी को पूरी तरह से सम्पन्न कर रहे हैं।'[5]

उपर्युक्त रिपोर्ट से स्पष्ट होता है कि आज भी उनके श्रम का वाजिब मूल्य उन्हें नहीं दिया जाता है। वे निरन्तर विपन्नता की खाई में गिरकर और अधिक नर्क भोगने के लिए विवश कर दिए जाते हैं।

ऐसा ही एक मामला 1992 में बरला, जिला-मुजफ्फरनगर, उत्तर प्रदेश के उप डाकघर में 80-85 वर्ष के सूरता नाम के एक बूढ़े सफाई कर्मचारी को दैनिक वेतन भोगी के रूप में रखकर महीने के मात्र 150 रुपए दिए जा रहे थे। जबकि उस समय कम-से-कम 600 रुपए वेतन राज्य सरकार ने निर्धारित किया हुआ था। सूरता 15-20 वर्ष से इस डाकघर में दैनिक वेतनभोगी के रूप में काम कर रहा था।

राजेन्द्र चुटेला ने बताया कि रुद्रप्रयाग (उत्तरांचल) के एक गाँव में रह रहे 24 दलितों को गाँव के सवर्णों ने प्राकृतिक स्रोत से पीने का पानी भरने से रोक दिया। दलितों ने विरोध किया तो उनके साथ मारपीट की गई और रात को उनके घरों पर पत्थर बरसाए गए, मजबूर होकर रात्रि में ही सभी दलित अपनी जान बचाकर गाँव से पलायन कर गए। सभी पीड़ित जिला अधिकारी रुद्रप्रयाग के कार्यालय के समक्ष अपनी जान-माल व सम्मान की रक्षा के लिए धरने पर बैठे हैं, लेकिन उनकी समस्या पर कोई ध्यान ही नहीं दिया गया।[6]

दलितों के उत्पीड़न पर लोकतन्त्र की सरकार असहाय दिखाई देती है। संसद में तत्कालीन उपप्रधानमन्त्री एवं गृहमन्त्री लालकृष्ण आडवाणी का वक्तव्य इसकी पुष्टि करता है। श्री लालकृष्ण आडवाणी ने 22 अगस्त, 2003 को संसद में माना कि 'तमाम कानूनों के बावजूद हम दलितों पर अत्याचार रोक नहीं पाए हैं। उनका कहना है कि पूर्वाग्रहों से ग्रसित होकर दलितों पर की गई कार्यवाही से दुनिया भर में देश की छवि खराब होती है। दलितों के बारे में पूर्वाग्रह समय-समय पर

प्रगट होते रहते हैं।' आडवाणी ने कहा कि 'कहीं भी, किसी पर भी अत्याचार होते हैं तो उसकी जिम्मेदारी केन्द्र पर ही होती है, लेकिन उसकी अपनी सीमाएँ हैं।'[7]

भारतीय समाज-व्यवस्था सामन्ती ढाँचे पर निर्मित हुई है। जिसे ऋषि-मुनियों, राजा-पुरोहितों ने तैयार किया और दार्शनिकों, विचारकों, साहित्यकारों ने खाद-पानी देकर सुदृढ़ किया है। आज कहने को तो भारत में लोकतन्त्र है। लोक यानी जनता द्वारा संचालित। लेकिन समाज-व्यवस्था के सामने बौना। जहाँ जातीय अहम ही सर्वश्रेष्ठ है, शक्तिशाली है। जिसने जीवन के प्रत्येक क्षेत्र को प्रभावित ही नहीं किया अपनी गिरफ्त में कसा हुआ है। इसकी गिरफ्त इतनी ताकतवर है कि भंगी-समाज इससे छूट नहीं पा रहा है।

इस समाज की वर्तमान आर्थिक, सामाजिक स्थिति का विश्लेषण करने के लिए अतीत को अनदेखा नहीं किया जा सकता है। कुछ लोग अक्सर कहते हैं कि 'यह समाज अपनी नरकीय स्थिति से उबरना नहीं चाहता है।' अक्सर सामाजिक कार्यकर्ता यह शिकायत करते हैं कि–'हम उन्हें समझाना चाहते हैं, उन्हें जागरूक करना चाहते हैं, पर वे समझना ही नहीं चाहते हैं।' कुछ लोग तो यहाँ तक कहते हैं कि–'सफाई कार्य करते-करते ये इतने आलसी हो गए हैं कि दो घंटे काम करो और फिर दिन भर निठल्ले बैठे रहो'...यानी वे कहना चाहते हैं कि वे यथा-स्थिति से सन्तुष्ट हैं या फिर वे महत्त्वाकांक्षी नहीं हैं... ऐसा कहकर वे उन तमाम कारणों, स्थितियों, षड्यन्त्रों को नजरअन्दाज करते हैं, जिनके कारण ये इस स्थिति में पहुँच हैं।

1916 के संयुक्त प्रान्त (आज का उ.प्र.) नगरपालिका अधिनियम-II की धारा–201 में वह व्यवस्था थी कि यदि कोई जमादार (मेहतर), जिसका किसी घर या भवन में घरेलू सफाई का प्रथागत अधिकार है, सफाई का काम करने से मना करता है, तो मजिस्ट्रेट को अधिकार है कि वह ऐसे जमादार पर दस रुपए तक का जुर्माना कर सकता है, ऐसे ही कानून 1911 के पंजाब नगरपालिका की धारा–165 में था, कि सफाई का काम बन्द करनेवाले जमादार पर दस रुपए जुर्माना और जब्ती का आदेश भी किया जा सकता है, और धारा–165 के तहत उसकी अगली कड़ी अदालत में अपील नहीं की जा सकती है।

जरा कल्पना कीजिए 1911, 1916 में दस रुपए का जुर्माना एक सफाईकर्मी के लिए कितनी बड़ी रकम रही होगी। ऐसी सजा, जबकि उनकी मासिक आय दस रुपए नहीं रही होगी। यदि वे इस कार्य को छोड़ना भी चाहें तो कानून उनसे जबरन कराएगा या उन्हें सजा देना। यह एक प्रकार की साजिश थी सफाईकर्मियों को दास बनाकर रखने की क्योंकि कानून उसे मुक्त नहीं होने देगा। यानी

यथास्थिति से असन्तुष्ट होकर भी आप दासता से मुक्त नहीं हो सकते हैं।

ग्रामीण जीवन में एक आचार संहिता थी जिसे सभी को पालन करना जरूरी था। डॉ. अम्बेडकर ने इस आचार संहिता का अध्ययन किया था। उनका कहना थ कि इस संहिता का उल्लंघन दंडनीय अपराध था।

धर्मसूत्रों, स्मृतियों के अध्ययन से साफ होता है कि ये आचार संहिता भंगी-समाज पर जबरन थोपी गई। जिसके कारण उन्हें गाँव के दक्षिण में रहना पड़ता था, वे अपना निवास पूरब में नहीं बना सकते थे। वे अपने पास कोई सम्पत्ति या भूमि नहीं रख सकते थे। किसी सवर्ण के सामने बैठ नहीं सकते थे। सीधे खड़े नहीं रह सकते थे। घोड़े या पालकी पर भंगियों का दूल्हा नहीं जा सकता था। आज भी ऐसी घटनाएँ लगातार हो रही हैं 'कफल्टा' कांड (उत्तरांचल) को कौन भूल सकता है।

9 मई, 1980 को अल्मोड़ा जिले के सल्ट विकास खंड में दलितों की एक बारात बिरल गाँव से पिपल जा रही थी। इन दोनों गाँव के बीच कफल्टा गाँव में दलितों की डोली को रोक लिया, संघर्ष इतना बढ़ा कि 15 लोग मारे गए। जिसमें 14 दलित थे।[8]

इसी तरह टिहरी जिले में दलितों की एक बारात को सवर्णों ने 21 दिन तक रोके रखा। ताजा घटना गंगोलीहाट के हनेरा गाँव में सवर्णों ने दलितों की बारात को रोक लिया। दुल्हन को डोली से गिरा दिया। दूल्हे को मारा-पीटा गया।[9]

'अमर उजाला' लिखता है—'हनेरा में रविवार को दलितों की बारात पर सवर्णों ने जमकर जुल्म ढाया। दुल्हन को लेकर लौट रही दलित समाज की बारात को न सिर्फ लाठी-डंडों से लैस सवर्णों ने रोक लिया, बल्कि दुल्हन को डोली से गिराकर बारातियों के साथ मारपीट की, और जातिसूचक शब्दों का प्रयोग भी किया।[10]

यदि कोई दलित सवर्णों द्वारा स्थापित मान्यताओं के विरुद्ध आवाज उठाता है या उन्हें मानने से इन्कार करता है तो उसे प्रताड़ित करने के तमाम हथकंडे अपनाए जाते हैं। तब ऐसी स्थिति में कोई इन कार्यों से कैसे मुक्त हो सकता है।

1927 में महाड़ आन्दोलन के समय डॉ. अम्बेडकर ने दलितों से संकल्प कराया था कि कोई भी मृतक पशुओं की खाल नहीं उतारेगा, न उन्हें उठाएगा। इससे दलितों में स्वाभिमान की चेतना पनपी और उन्होंने ये सब कार्य छोड़ने प्रारम्भ किए तो सवर्णों ने इसके विरुद्ध अपनी ताकत का इस्तेमाल किया।

दिसम्बर, 1930 में मद्रास प्रेसीडेन्सी में रामनाड जनपद के कल्लार सवर्णों ने

दलितों पर आठ प्रतिबन्धों का आदेश जारी कर मनादी पिटवा दी–

1. आदि द्रविड़ों की स्त्रियाँ सोने-चाँदी के जेवर नहीं पहनेंगी।
2. उनके मर्द घुटनों से नीचे धोती/वस्त्र नहीं पहनेंगे।
3. वे कोट, कमीज और बनियान नहीं पहनेंगे।
4. कोई भी आदि द्रविड़ बाल नहीं कटवाएगा।
5. अपने घरों में केवल मिट्टी के बर्तन इस्तेमाल करेंगे।
6. उनकी स्त्रियाँ अपने शरीर के ऊपरी भाग को वस्त्र से नहीं ढकेंगी।
7. उनकी स्त्रियाँ उबटन का इस्तेमाल नहीं करेंगी।
8. मर्द लोग धूप या वर्षा से बचने के लिए छाते का इस्तेमाल नहीं करेंगे।

जब आदि द्रविड़ों ने विरोध किया और प्रतिबन्धों को मानने से इन्कार किया तो उन्होंने और ग्यारह प्रतिबन्ध लगा दिए। उनमें से कुछ इस प्रकार हैं–

1. उनके बच्चे स्कूल नहीं जाएँगे, न पढ़ाई करेंगे।
2. उनके बच्चे मिरासदारों के मवेशी चराएँगे।
3. पुरुष, स्त्रियाँ गुलामों की तरह काम करेंगे।
4. अपनी जमीन मिरासदारों को सस्ते दामों पर बेचेंगे।
5. यदि वे ऐसा नहीं करेंगे तो उनकी फसल लूट ली जाएगी।
6. वे अपने विवाह आदि समारोहों में संगीत नहीं बजाएँगे।

जब आदि द्रविड़ नहीं झुके तो उन्हें गाँव छोड़कर जाना पड़ा। ऐसी ही घटना 1927 में महाड़ क्रान्ति के बाद मध्य भारत की बलाई जाति ने जनजागरण के तहत समाज सुधार का जब आन्दोलन चलाया। सवर्णों ने इसे अपना अपमान समझा और उन बलाइयों पर आठ प्रतिबन्ध लगा दिए। जब वे नहीं माने तो उन्हें बहिष्कृत कर दिया गया। बलाइयों ने तत्कालीन राजदरबार में गुहार लगाई, लेकिन राजदरबार में भी कोई सुनवाई नहीं हुई। अंततः उन्हें भी निष्कासन सहना पड़ा। अपने पुरखों के गाँव छोड़कर धार, देवास, भोपाल, ग्वालियर तथा अन्य राज्यों में जाना पड़ा।

ये उदाहरण भारतीय समाज-व्यवस्था में सवर्णों के वर्चस्व और सामन्ती व्यवस्था के परिणाम थे।

कंवल भारती अफ्रीकी लेखक न्युमी वाथ्योंगो के विचार उद्धृत करते हुए कहते हैं–'औपनिविक ताकतें अपने आर्थिक और राजनीतिक नियन्त्रण को ज्यादा से ज्यादा मुकम्मल रूप देने के लिए सांस्कृतिक परिवेश पर अपना नियन्त्रण बनाने की कोशिश करती हैं। शिक्षा, धर्म, भाषा, साहित्य, गीत, नृत्य के विविध रूप

अभिव्यक्ति के प्रत्येक रूप आदि पर नियन्त्रण करके वे जनता के समग्र मूल्यों पर नियन्त्रण हासिल कर लेती है, और अन्ततः जनता के विश्व-दृष्टिकोण पर भी उनका नियन्त्रण हो जाता है, और इसी के अधीन लोग खुद को परिभाषित करने लगते हैं।'[11]

इस कथन से जो निष्कर्ष निकलता है, वह भंगी-समाज के सन्दर्भ में स्पष्ट दिखाई पड़ता है। आज भी यह नियन्त्रण विभिन्न रूपों से जारी है। कहीं धार्मिक कार्यकलापों के द्वारा अपने अधीन बाँधे रखना, तो कहीं राजनीतिक हथकंडों द्वारा।

सरकारी, अर्धसरकारी, या निजी संस्थानों, नगरपालिकाओं आदि में कार्यरत सफाईकर्मी की औसत आय 3,000 रु. से 5,000 रु. के बीच है। जिसके बलबूते पर उसकी आर्थिक स्थिति में थोड़ा बहुत परिवर्तन दिखाई पड़ता है। ऐसे अनेक परिवार हैं जिन्होंने अतीत से बाहर निकलकर प्रगति की नई सुबह देखी है। अपने बच्चों को स्कूल, कॉलेज भेजने के सपने बुने हैं। इन्हीं सपनों से कुछ लोग पढ़-लिखकर आगे आए हैं। क्लर्क, अधिकारी, डॉक्टर और इंजीनियर बने हैं। लेकिन ठेकेदारी प्रथा जिस प्रकार गति पकड़ रही है, इनकी प्रगति सपना बनकर ही रह जाएगी।

सन्दर्भ

1. नवभारत टाइम्स—20 मई, 1994, नई दिल्ली।
2. मनुस्मृति, अध्याय-8, श्लोक—417
3. मनुस्मृति, अध्याय-10, श्लोक—119
4. हिन्दुस्तान टाइम्स, 8 फरवरी, 1993, नई दिल्ली।
5. हिन्दुस्तान टाइम्स, 7 मार्च, 1992, नई दिल्ली।
6. दैनिक हिन्दुस्तान, 2 मई, 2004, नई दिल्ली।
7. जनसत्ता, नई दिल्ली, 23 अगस्त, 2003, पृ.10
8. सहारा समय—11 दिसम्बर, 2004, देहरादून, पृ. 29
9. वही
10. अमर उजाला—22-23 नवम्बर, 2004, देहरादून
11. कंवल भारती—व्यवस्था का यथार्थ और दलित कहानी, कथाक्रम—अक्तूबर-दिसम्बर, 2005, पृ. 139, न्युमी वाथ्योंगो—भाषा, संस्कृति और राष्ट्रीय अस्मिता, पृ. 54

समस्या और समाधान

हिन्दू समाज में जातियों का निर्माण, फिर ऊँच-नीच के आधार पर उनका विभाजन एक योजना के तहत हुआ है। जिसे दार्शनिक आधार देकर सुदृढ़ किया जाता रहा है। जिसका उद्देश्य समाज पर वर्चस्व बनाए रखना एक वर्ग के लिए जरूरी था। सत्ता पर अपना अधिकार बनाए रखने के लिए यह वर्ग नए-नए हथकंडे इस्तेमाल करता है। जो विभिन्न रूपों में दिखाई पड़ते हैं। जातियों को निम्न से निम्न बनाकर उन पर अपना शिकंजा कसते रहना और फिर उन जातियों को 'गाली' की तरह इस्तेमाल करना एक सोची-समझी रणनीति है। इसीलिए भंगी, मेहतर, जमादार, धेड़, चमार गालियों की तरह प्रयोग में लाए जाते हैं। यह इन जातियों की दुर्दशा का प्रतीक है। अनेक संस्थाएँ सरकारी, गैर-सरकारी अपने आकर्षक, भव्य दावों के बावजूद भी, इनकी मुक्ति असम्भव लगती है। आज भी ये इस नारकीय जीवन की अन्धी सुरंग से बाहर निकलने का रास्ता खोज रहे हैं।

सन् 1963-64 के आसपास बर्वे और मलकानी समितियाँ बनीं। सरकार ने इन समितियों का गठन सफाई पेशे से जुड़े लोगों का जीवन स्तर सुधारने और उनके कल्याण हेतु सुझाव देने और उनकी समस्याओं की समीक्षा करने के लिए किया गया था। महाराष्ट्र सरकार ने बहुत जोर-शोर से दावा किया था कि 2 अक्तूबर, 1963 तक सिर पर मैला ढोने की प्रथा बन्द हो जाएगी। लेकिन मलकानी समिति ने इस दावे को खोखला बताया था।

वस्तुस्थिति का एक सटीक उदाहरण श्री वि.न. बर्वे ने अपनी रिपोर्ट में दिया था—"दो बाल्टियों के शौचालयों की पद्धति साबरमती आश्रम में महात्मा गांधी ने शुरू की थी। जब तक गांधी जी आश्रम में रहे, तब तक बाल्टियाँ उठाने के लिए वहाँ भंगियों की नियुक्ति क़तई नहीं की गई। आश्रमवासी ही यह काम करते थे। यही वहाँ का अनुशासन था। गांधी जी के बाद वह हरिजन आश्रम कहलाया जाने लगा। दो बाल्टियों वाले शौचालय तो वहाँ बरकरार रहे, किन्तु सफाई के लिए अब वहाँ भंगी नियुक्त किए गए।"[1]

महात्मा गांधी के अछूतोद्धार (?) की धज्जियाँ उड़ानेवाला यह एक ऐसा उदाहरण है जो हमारी धार्मिक, सामाजिक, दार्शनिक उद्घोषणाओं की पोल खोल देता है।

एन.आर. मलकानी को उससे गहरा क्षोभ होता है। उन्होंने आवेशित स्वर में कहा है–'दूसरे मुल्कों में न भंगी कभी थे, न आज हैं। किन्तु हमारे यहाँ हैं। हम मानकर चलते हैं कि दुनिया में हम ही सबसे पाक साफ हैं। हमारा दंभ और अहंकार जितना महान है, उतना ही हमारा पतन भी महान है।'[2]

योजना आयोग ने 1989 में एक कार्यदल का गठन किया, जिसने मैला ढोनेवाले और उनके आश्रितों के पुनर्वास के लिए अनेक सुझाव दिए। सफाई कर्मियों के पुनर्वास की राष्ट्रीय योजनाएँ 1992 में शुरू हुईं, लेकिन परिणाम वही ढाक के तीन पात।

15 अगस्त, 1994 को राष्ट्रीय सफाई कर्मचारी आयोग की स्थापना की घोषणा हुई। जिसके अध्यक्ष पद पर मांगीलाल आर्य की नियुक्ति की गई। जिसने अपनी रिपोर्ट 17 नवंबर, 1995 को सरकार को सौंपी, लेकिन सरकार ने रिपोर्ट को फाइलों में बन्द कर दिया।

जिन राज्यों में सितम्बर 1998 के बाद मैला ढोने की प्रथा पूरी तरह बन्द है, वहाँ भी भंगी, मेहतर, वाल्मीकि या अन्य सफाई कर्मचारी जाति के भंगी पन से पीड़ित ही नहीं त्रस्त भी हैं। ये राज्य हैं–केरल, कर्नाटक, गुजरात, त्रिपुरा। यानी पेशा खत्म होने के बाद भी जाति के दंश से मुक्ति मिलना तो और भी कठिन है। समाज में अस्पृश्यता की भावना उतनी ही गहरी है। उससे छुटकारा नहीं मिला।

जयप्रकाश वाल्मीकि अपने लेख में कहते हैं–'सफाई कार्य को कम कष्टप्रद बनाने के लिए संगठित क्षेत्रों में कुछ सुविधाएँ दी गई हैं। जैसे नगर निगमों, परिषदों में कचरा उठाने की हाथ गाड़ियाँ, डम्पर और उसके साथ कचरा भरने की मशीन आदि। लेकिन इस दिशा में भी अभी बहुत कुछ करना शेष है। जैसे सीवर लाइनों की बनावटों में सुधार लाना तथा कस्बों की पालिकाओं के अधीन सफाई कर्मचारियों को समय पर वेतन आदि का भुगतान एवं चिकित्सा व अन्य सुविधाएँ मुहैया कराना सम्मिलित है। जहाँ तक असंगठित क्षेत्र के सफाई कर्मचारियों के प्रति जवाबदेही की बात है, उस ओर सरकार क़तई ध्यान नहीं दे रही है। सरकारी और गैर-सरकारी का भेद इस सन्दर्भ में पूरी तरह बेमानी है। सफाई का काम जितना महत्त्वपूर्ण है, यह बताना जरूरी नहीं है। इसलिए उससे जुड़े हर व्यक्ति के स्वास्थ्य व कल्याण का नैतिक उत्तरदायित्व पूरी तरह सरकार

तथा समाज पर है, जिसे समझा जाना जरूरी है। दुःख की बात यह है कि करोड़ों रुपयों से संचालित सफाई कर्मचारियों के पुनर्वास की राष्ट्रीय योजनाएँ संपूर्ण वाल्मीकि ज़ाति की 'मुक्ति' का भाव कहीं दिखाई नहीं देता।'[3]

जयप्रकाश वाल्मीकि अपने लेख में कई गम्भीर मुद्दों की चर्चा करते हैं, और सरकारी, गैर-सरकारी तौर पर किए गए कार्यों का विश्लेषण करते हैं। उनका कहना है—'इस राष्ट्रीय योजना के अन्तर्गत जिन लोगों की मैला ढोने के काम से जुड़े होने के रूप में पहचान की गई है, उन्हें ही इस योजना के तहत लाया जाता है। लेकिन सफाई पेशे से जुड़े इसी समुदाय के उन स्त्री-पुरुषों को इस योजना से अलग रखा जाता है, जो सवर्णों के मोहल्लों में जजमानी प्रथा के तहत कार्य करते हैं। यहाँ अधिकतर स्त्रियाँ और लड़कियाँ काम करती हैं, जो फ्लश के शौचालयों को धोती हैं तथा उनमें पानी का बहाव अवरुद्ध हो जाने पर हाथ डालकर खोलती हैं। तेजाब से उन्हें चमकाती हैं, एवं घरों में बच्चों द्वारा त्यागे मल-मूत्र मिश्रित कूड़े को उठाकर, सिर पर रखकर फेंकने के लिए ले जाती हैं। फ्लश शौचालयों की सीट को चमकाने के लिए तेजाब या अन्य किस्म के हानिकारक रसायनों से इन्हें रगड़ना पड़ता है। इस दौरान उड़ने वाला धुआँ सीधे उनकी आँखों में जाता है। जिसके कुप्रभाव से कई तरह के नेत्र रोग जन्म लेते हैं। रसायनों से चर्म रोग का खतरा भी बना रहता है। घरों में अभद्र व्यवहार और यौन शोषण का खतरा एक अतिरिक्त संकट है।'[4]

सफाई कार्य से जुड़े लोग जिन विपरीत परिस्थितियों में काम करते हैं, उनके कारण वे ऐसे असाध्य रोगों की चपेट में आ जाते हैं, जो उनके लिए जान लेवा साबित होती है।

विशेष रूप से निजी अस्पतालों में उन्हें वेतन भी न्यूनतम से कम मिलता है। सेवा घंटों का भी हिसाब नहीं रहता है। न उनके उपचार की व्यवस्था होती है। भविष्य निधि, जीवन बीमा आदि की कटौती अधिकांश अस्पतालों में नहीं है। इन सफाई कर्मियों का जो लगातार शोषण हो रहा है, उसकी ओर सरकार और जनप्रतिनिधियों ने आँखें मूँद ली हैं। जैसे ये सब उनके सरोकारों में शामिल नहीं है।

सरकारी संस्थानों में जहाँ सफाईकर्मियों की स्थायी नियुक्तियाँ होती थीं, तथा सरकारी वेतनमान मिलते थे, वहाँ भी अब ठेकेदारी प्रथा लागू हो गई है। ठेकेदार और सरकारी अफसरों की मिलीभगत से सरकारी नियमों का खुलेआम उल्लंघन होता है। जो लोग सफाई कार्य में रखे जाते हैं, उनके साथ बन्धुआ मजदूरों जैसा व्यवहार आम बात है। कहने को वे स्थायी कार्य पर हैं, लेकिन वास्तविकता कुछ

और ही होती है। किसी भी सफाई कर्मचारी को 20 दिन से ज्यादा काम पर नहीं रखा जाता है। न उसे किसी भी प्रकार की सुविधाएँ ही दी जाती हैं। महीने में 1200-1300 रु. से ज्यादा वेतन उसे नहीं दिया जाता है। आज 1200-1300 रु. में एक परिवार ठीक से जीवनयापन नहीं कर सकता है। बच्चों की पढ़ाई-लिखाई, स्कूल-कॉलेज भेजने की बात का तो सवाल ही नहीं उठता है। उनके जीवन-स्तर में इससे लगातार गिरावट आ रही है। यह एक सोची-समझी साजिश के तहत किया जा रहा है।

सबसे दुःखद स्थिति उन सफाई कर्मियों की है जो अवरुद्ध सीवर लाइनों की सफाई करते हैं। जयप्रकाश वाल्मीकि ने हमेन होलो में डुबकी लगानेवालों की नारकीय स्थिति का जो चित्रण किया है, वह दिल दहला देनेवाला है–'बनावट की दृष्टि से त्रुटिपूर्ण और सही तरीके से इनकी देखभाल न होने के कारण ये खड्डे (होल) कई तरह से मौत का कुआँ हैं। गन्दगी से भरे इन मेल होल में नंगे बदन बिना किसी आवश्यक उपकरण के उतरने के जो खतरे हो सकते हैं, जिन्हें कोई भी सभ्य समाज नजरअन्दाज नहीं कर सकता है। यदि इनमें पैदा होनेवाली मिथेन जैसी जानलेवा गैसों की ही बात करें तो समझ में आते देर नहीं लगती है कि यह कितना भयावह काम है। हर वर्ष न जाने कितने सफाई कर्मचारी इन गैसों से असमय ही काल के गाल में समा जाते हैं। इसे पिछले वर्ष (2004) भारत वर्ष की राजधानी में हुई मौतों से समझा जा सकता है।'[5]

निःसन्देह सीवर लाइन की सफाई करना नारकीय यातना से गुजरने के समान है। यह सिर पर मैला ढोने से भी ज्यादा त्रासद है। फिर सरकार हो या राष्ट्रीय योजनाएँ सफाई कर्मचारियों के विषय में कोई भी गम्भीर नहीं है।

राजस्थान सरकार की गतिविधियों पर टिप्पणी करते हुए जयप्रकाश वाल्मीकि लिखते हैं–'राष्ट्रीय सफाई कर्मचारी आयोग के तत्कालीन राष्ट्रीय अध्यक्ष पन्नालाल ताँबे ने मार्च, 2003 में जयपुर प्रवास के दौरान संवाददाताओं को बताया कि सफाई कर्मचारियों के कल्याण की विभिन्न योजनाओं के तहत केन्द्र ने राज्य को पिछले दस सालों में 44 करोड़ रुपये दिए थे, लेकिन वह इसमें से केवल 12 करोड़ का ही उपयोग कर पाया। संसद की लोक सेवा समिति के अध्यक्ष के रूप में पूर्व केन्द्रीय मन्त्री बूटा सिंह ने भी करनाल (मई, 2003) में बताया कि सफाई कर्मचारियों के उत्थान के लिए चलाई जा रही योजनाओं की सारी राशि राज्य सरकारों ने चट कर ली। यानी उस राशि का अन्य कामों के लिए उपयोग कर लिया।'[6]

राजस्थान में सफाई कर्मचारियों और उनके आश्रितों को लाभ क्यों नहीं

मिला। इस पर दैनिक नव ज्योति समाचार पत्र लिखता है—लाभ न मिलने के ये कारण हैं—[7]

1. राज्य अनुसूचित जाति निगम योजना के कार्यान्वयन में उदासीन।
2. राज्य स्तर एवं जिला स्तर पर कमेटियों का निष्क्रिय होना।
3. विभिन्न सम्बन्धित विभागों में तालमेल का अभाव।
4. पहचान हेतु नए सर्वेक्षण की आवश्यकता।
5. प्रशिक्षण में संस्था एवं ट्रेडों के उपयुक्त चुनाव का अभाव।
6. बैंकों द्वारा इकाई लागत अनुसार ऋण नहीं दिया गया।
7. केन्द्र से प्राप्त राशि का व्यय नहीं होने से राज्य सरकार केन्द्र द्वारा दी जानेवाली आगे की सहायता से वंचित हो गई।
8. राज्य स्तर पर मुख्य सचिव की अध्यक्षता में समय-समय पर आगे की मीटिंगों का न होगा।

सफाई पेशे से जुड़े इस समाज के प्रति जो उपेक्षा भाव सदियों से चला आ रहा है, उसी की छाया आज भी बरकरार है। उसका रूप जरूर बदला है, लेकिन भीतर से सब कुछ वैसा ही है। इसका एक बड़ा कारण भारतीय समाज-व्यवस्था में रची-बसी विषमता की मानसिकता है। जिससे सिर्फ इस पेशे से जुड़े लोगों को ही जूझना नहीं पड़ता है, बल्कि इस समाज के पढ़े-लिखे, इस पेशे से बाहर निकल आए लोगों को भी जूझना पड़ता है। चाहे वे सरकारी संस्थानों में कार्यरत कर्मचारी, अधिकारी, उच्चाधिकारी हों, या व्यवसायी, कलाकार, लेखक, खिलाड़ी या अन्य, इस उपेक्षा भाव का उन्हें हर रोज सामना करना पड़ता है। इसीलिए इस समाज के लिए बनी तमाम सरकारी, अर्द्धसरकारी योजनाएँ अर्थहीन हो जाती है। उनको क्रियान्वयन करने का कहीं कोई उत्साह दिखाई नहीं पड़ता है। ये योजनाएँ सिर्फ कागज़ों पर बनती हैं, पूरी होती है।

सूखे शौचालयों व मैला ढोने के कार्य को प्रतिबन्धित करने के लिए कानून वर्ष 1993 में पास हुआ था। एक दशक से ज्यादा समय हो चुका है फिर भी अभी तक इस कार्य में लाखों व्यक्ति, विशेष रूप से महिलाएँ लगी हैं। जिस समय यह कानून बना था, उस समय मैला ढोनेवालों की संख्या 6,53,000 मानी गई थी। सरकार द्वारा मैला ढोनेवालों व उनके आश्रितों के लिए एक राष्ट्रीय योजना उसी समय के आसपास आरम्भ की गई थी। वर्ष 2003 में भारतीय कंट्रोलर व आडिट जनरल (सी.ए.जी.) ने अपनी रिपोर्ट में बताया कि इस स्कीम की उपलब्धियाँ सीमित हैं।

कुछ स्वैच्छिक संस्थाओं ने राजस्थान, मध्य प्रदेश में सर्वेक्षण कराए थे। उनका

माननाथा कि एक दशक पहले यदि मैला ढोनेवाले 6,53,000 थे, तो आज ये पाँच लाख से ऊपर ही हैं। वर्ष 1997-98 में सामाजिक न्याय व सशक्तिकरण मन्त्रालय ने एक संसदीय समिति को बताया था कि मैला ढोनेवाले 8,25,572 व्यक्ति हैं। इसी प्रकार उत्तर प्रदेश सरकार ने वर्ष 2001 में दावा किया था कि सब मैला उठानेवालों का पुनर्वास हो गया है, पर बाद में एक सर्वेक्षण से पता चला कि राज्य में इस कार्य में लगे 38,253 व्यक्तियों का पुनर्वास होना शेष है। मैला ढोनेवालों और उनके आश्रितों की मुक्ति और पुनर्वास सम्बन्धी स्कीम पर एक दशक में लगभग छः सौ करौड़ रुपए खर्च किए गए हैं। इसका अर्थ हुआ, उस समय जिन छः लाख मैला ढोनेवालों को चिह्नित किया गया था, उन पर प्रतिव्यक्ति मात्र दस हजार रुपया खर्च किया गया। लेकिन यदि वाल्मीकि बस्तियों में जाकर देखा जाए तो इस बजट को खर्च करने के चिह्न कहीं नज़र नहीं आएँगे। तो आखिर यह 600 करोड़ कहाँ और कैसे खर्च हुआ ? उनके लिए किसी वैकल्पिक रोजगार की कोई व्यवस्था क्यों नहीं की जा सकी ?

सी.ए.जी. ने पुनर्वास के घपलों और अनियमितताओं के बारे में अपनी रिपोर्ट में लिखा कि आन्ध्र प्रदेश के कुडप्पा जिले में वर्ष 1997-98 में 80 हजार से एक लाख रुपए प्रति यूनिट के बजट से 28 पुनर्वास इकाइयाँ स्थापित की जानी थीं। पर एक निरीक्षण के दौरान पता चला कि इनमें से 24 इकाइयाँ का अस्तित्व ही नहीं है। कुर्नूल जिले में, जहाँ चार दुकानें पुनर्वास के लिए स्थापित की जानी थीं, वहाँ तीन का अता-पता नहीं था। इसी तरह अन्य राज्यों में भी इसी तरह की धाँधलेबाजी पाई गई। स्पष्ट है कि पुनर्वास के नाम पर समाज के इस शोषित, दलित समाज के साथ लगातार धोखा ही हुआ है, और आज भी जारी है।[8]

जयपुर (राजस्थान), इन्द्रा कॉलोनी

25 वर्षीय चन्दा सूर्योदय से पहले उठ जाती है और घर के कामों से निबटकर सुबह आठ बजे अपने कार्यस्थल पर पहुँच जाती है। यहाँ उसे लगभग 25 सूखे शौचालय साफ करने होते हैं। वह शौचालय को साफ कर मानवमल को लोहे की पत्ती की मदद से परात या टोकरी में डालती है। परात भर जाने पर उसे उठाकर फेंकने के लिए लगभग एक किलोमीटर चलना पड़ता है। इस प्रक्रिया में उसे बहुत गन्दगी, दुर्गन्ध सहनी पड़ती है। किसी तरह जर्दा चबाकर वह इस दुर्गन्ध को भुलाने का प्रयास करती है, फिर भी दुर्गन्ध का असर कई बार इतना हावी हो जाता है कि उसे उल्टी हो जाती है। गर्मी के दिन सबसे कठिन होते हैं। हर वर्ष

निश्चित रूप से एक-आध बार अधिक उल्टी के कारण उसकी हालत इतनी बिगड़ जाती है कि ग्लुकोज चढ़ाना पड़ता है। उसका काम एक दिन भी रुके बिना चलता ही रहता है, बिना किसी विराम के, किसी राहत या किसी उम्मीद के। हालाँकि कार्य इतना कठिन व खतरनाक है और चन्दा इससे नफरत भी करती है, फिर भी वह इसे छोड़ पाने की स्थिति में नहीं है। क्योंकि उसका पति बेरोजगार है। इस काम में नकद तो कम मिलता है, पर खाने को नियमित रूप से कुछ न कुछ मिल ही जाता है। अतः भूख मिटाने का एक सहारा है।

रीता इसी कॉलोनी की 15 वर्षीय किशोरी है। जो नौ वर्ष की आयु से यही काम कर रही है। रोज सुबह रीता अपनी माँ सीमा और बहन कृष्णा के साथ इस काम के लिए निकल पड़ती है, और पाँच घंटे के दुर्गन्ध पूर्ण कार्य के बाद घर लौटती है। रीता इस कार्य को निभाने की मजबूरी में इतनी परेशान है कि इस बारे में उससे बात करना भी कठिन है। वह स्कूल में पढ़ाई जारी रखने की बहुत इच्छुक थी पर काम का बोझ होने के कारण अन्ततः माँ का हाथ बँटाने के लिए उसे जाना पड़ा। इनके परिवार में नौ सदस्य हैं। रीता के पिता राजेश कुछ समय पहले दुर्घटनाग्रस्त हो गए थे, जिसके बाद से उन्हें कोई स्थायी रोजगार नहीं मिल पाया है। अब कभी बन्द गटर साफ करने का खतरनाक काम मिलता है भी तो एक बार में सिर्फ तीस रुपए कमा पाते हैं। परिणामस्वरूप सीमा और बेटियों को मैला ढोने के कार्य पर ही आश्रित रहना पड़ रहा है। रीता का कहना है कि वह बुरी तरह थक जाती है। मानो किसी ने पीट-पीट कर सारी ताकत निचोड़ ली हो। सीमा बताती है, "काम पर जाते वक्त मेरी दोनों बेटियाँ रोज रोती हैं। पर मेरी भी मजबूरी है, मैं अकेले नहीं कर सकती हूँ। जब उन्हें घसीट कर ले जाती हूँ तो मेरा दिल रोता है। इस दर्द को बस मैं ही जानती हूँ।"

उरई (उत्तर प्रदेश)

माया को भी आठ बजे से एक बजे तक यही काम करना पड़ता है। जब उसकी टोकरी अनेक परिवारों के मल से भर जाती है तो इसे सिर पर लेकर उसे लगभग डेढ़ किलोमीटर किसी निर्जन स्थान पर फेंकने जाना पड़ता है। चालीस परिवारों का मल ढोने में उसे यह दूरी तीन बार तय करनी पड़ती है। इस गन्दगी से भरे कार्य से उसका स्वास्थ्य इतना बिगड़ा रहता है कि अधिकांश आय डॉक्टर की फीस और दवाओं पर खर्च हो जाती है। माया को प्रतिमाह प्रति परिवार 5 से 10 रुपए मिलते हैं। इस तरह महीने भर में वह तीन सौ रुपए कमा पाती है।

कुछ बचा-खुचा खाना मिल जाता है। इसमें से कुछ खाना परिवार के सदस्य खाते है, बाकि सूअरों को खिला दिया जाता है।

उपरोक्त उदाहरण भारत डोगरा के आलेख 'मैला ढोने का अभिशाप' के कुछ अंश हैं, जो इस पेशे की भयावह स्थिति दर्शाते हैं। ये तीन उदाहरण भर हैं। लाखों लोग इस पेशे में हैं, जिनकी ओर किसी का ध्यान नहीं है। यह एक सामाजिक मामला है, जिसे अभी तक उदासीनता के साथ देखा जाता रहा है। उरई (उ.प्र.) बुन्देलखंड क्षेत्र में है। परमार्थ समाज सेवी संस्थान ने, राजस्थान में मानवाधिकार सम्पर्क केन्द्र ने इस दिशा में कुछ पहल की है। वैकल्पिक रोजगार ढूँढ़ने के प्रयास भी हुए हैं।[9]

दिल्ली

दिसम्बर, 2003 दिल्ली में सीवर की सफाई के दौरान तीन कर्मचारियों की मौत हो गई थी। मरनेवाले सफाई कर्मचारी थे, जो निजी ठेकेदार के लिए काम करते थे। जातिवाद भारतीय समाज में सफाई कर्मचारी की मौत कोई अर्थ नहीं रखती। दिल्ली नगर निगम ने एक बहुत बड़ा क्रान्तिकारी (?) कदम उठाया। सफाई कर्मचारी कहना सम्मानजनक नहीं है, तो एक नया नाम दिया गया—स्वच्छता कर्मचारी या स्वच्छकार। मानो नाम बदलकर उन्होंने अपनी ओर से महान काम कर दिया। लेकिन वास्तविक स्थिति यह है कि सन् 2003 ई. में कम-से-कम 22 कर्मचारी मौत के मुँह में समा गए। इस सम्बन्ध में आँकड़े उपलब्ध नहीं हैं, लेकिन प्रत्येक वर्ष देशभर में पाँच-छह सौ सफाई कर्मचारी सीवर सफाई के दौरान मर जाते हैं।[10]

राष्ट्रीय मानवाधिकार आयोग के दिशा-निर्देश के अनुसार सीवर लाइन में काम करनेवाले सफाई कर्मचारियों की सुरक्षा के लिए सीवर सफाई का कार्य करते समय, उनके पास गैर सिलेंडर, गैस मास्क, टॉर्च, सेफ्टीबैल्ट, सेफ्टीड्रैस, रस्सी और सीढ़ी का होना जरूरी है। लेकिन निजी कम्पनियाँ, ठेकेदार इन कर्मचारियों की सुरक्षा की ओर ध्यान ही नहीं देती हैं। न जल निगम बोर्ड, दिल्ली, न एन.डी.एम. सी. जैसे स्थानीय निकाय ही इनकी सुरक्षा के प्रति गम्भीर हैं। गर्मी के दिनों में इन सीवर लाइनों में मिथेन गैस सल्फर आक्साइड और हाइड्रोजन जैसी खतरनाक गैसें पैदा हो जाती हैं। सीवर व्यवस्था इतनी अव्यवस्थित और अराजक है कि ये अक्सर बन्द होती रहती हैं। जिसके कारण इस प्रकार की दुर्घटनाओं से बच भी जाएँ तो वह गम्भीर रोगों का शिकार हो जाता है। लगातार गन्दगी और विषैली

गैसों में काम करते रहने से इनके स्वास्थ्य के लिए गम्भीर खतरा बना रहता है। दिल्ली के ही एक अखबार में छपी रिपोर्ट के आधार पर जल बोर्ड प्रबन्धन ने अपने पाँच हजार सीवर कर्मचारियों की चिकित्सा जाँच कराई थी। जिसमें साठ प्रतिशत कर्मचारियों को इन खतरनाक गैसों के कारण पीड़ित पाया गया। इसका परिणाम यह है कि सफाई कर्मचारी की औसत आयु 45-50 वर्ष के आसपास पाई गई।

उदारीकरण और भूमंडलीकरण के इस दौर में सरकार ने अपनी जिम्मेदारी से बचने के लिए सफाई कर्मचारियों की भर्ती पर ही रोक लगा दी है। सफाई का सारा काम ठेके पर कराया जाने लगा है। अकेले दिल्ली में सफाई के इस काम में 50 हजार सफाई कर्मचारी लगे हुए हैं। ठेकेदार इनका शोषण करते हैं, और इनकी सुरक्षा के प्रति लापरवाह हैं। दूसरे शब्दों में सरकार की भूमिका भी सन्देह के घेरे में आ जाती है। पहले इन कर्मचारियों से पिंड छुड़ाया, और फिर ठेकेदार के हवाले कर दिया। जो इनकी सुरक्षा के प्रति तो लापरवाह है ही, इनका आर्थिक शोषण भी करता है। स्थानीय निकाय, न्यायपालिका, कार्यपालिका भी इनके प्रति उतने ही लापरवाह हैं। इस काम के दौरान न्यूनतम सुरक्षा की ओर भी किसी का ध्यान नहीं जाता है। इसलिए ये लोग अमानवीय, नारकीय कार्य करने को मजबूर हैं। किसी कर्मचारी की कार्य पर मृत्यु हो जाने पर, उनके परिवार को मुआवजा तक नहीं मिलता है। किसी प्रकार की कानूनी लड़ाई लड़ पाना इनके वश की बात नहीं है। दुर्घटना होने पर इनका परिवार, जो पहले ही खराब स्थिति में होता है, और भी ज्यादा बदत्तर हालत में पहुँच जाता है।

आज भी ये सफाई कर्मचारी अत्यंत अमानवीय, असुरक्षित स्थितियों में काम करते हैं। क्या सरकार का यह उत्तरदायित्व नहीं है कि वह सफाई कर्मचारियों की सुरक्षा के पुखता इन्तजाम करे। आधुनिक मशीनीकरण करे। उनका जीवन बीमा करे। ठेकेदार पर कोई नियम लागू नहीं होता। न चिकित्सा सुविधा, न जाँच सुविधा। जब देश की राजधानी के ये हालात हैं तो बाकि शहरों में क्या होता होगा ?

शहर छोटे हों या बड़े सफाई कर्मियों की स्थितियाँ सभी जगह एक ही जैसी है। समूचा देश उनके लिए कत्लगाह है। जब-जब वे इस दलदल से बाहर आने के लिए छटपटाए, उनकी कोशिशों को बेरहमी से कुचला गया। कभी धर्म का वास्ता देकर तो कभी संस्कृति का, वे तमाम हथकंडे इस्तेमाल करते रहे इन्हें अपने अधीन रखने के। समय की गर्त में डूबते चले गए। लेकिन न समाज ने इनकी सुध ली, न धर्म है।

हरियाणा

भारतीय संविधान में भले ही छुआछूत को अपराध घोषित कर दिया हो, सभी सार्वजनिक स्थानों पर कोई आ-जा सकता है, ऐसा कानून भारत में मौजूद है, लेकिन देश के उन्नत राज्यों में गिना जानेवाला हरियाणा राज्य किसी कानून को नहीं मानता। गाँव का एक साझा तालाब सिर्फ सवर्णों की मिल्कियत बनकर रह गया है। हरियाणा के नरवाणा (जिला जिन्द) उपमंडल के गाँव घासों कला में आज भी दलित तालाब के पानी का उपयोग नहीं कर सकते हैं।

कहा जाता है कि घासों कलां गाँव एक वाल्मीकि ने बसाया था। धीरे-धीरे इस गाँव का आकार क्षेत्र बढ़ता गया और वाल्मीकियों के अलावा इसमें ब्राह्मण, जाट, चमार, लुहार, खाती आदि भी बस गए। गाँव में जीवन का आधार खेती है। धीरे-धीरे उच्च जातियों के वर्चस्व ने वाल्मीकियों को पीछे कर दिया और एक दिन ऐसा आया कि साझे तालाब के पानी पर सिर्फ उच्च जातियों का अधिकार हो गया। सरपंच चन्दगीराम (ब्राह्मण) ने सार्वजनिक मुनादी पिटवाकर यह घोषणा करवा दी कि अनुसूचित जाति का कोई भी व्यक्ति इस तालाब के घाट से पानी नहीं लेगा, न नहाएगा। जो ऐसा करेगा, उसे दंडित किया जाएगा। 80-90 वर्ष पुराने तालाब पर सबसे ज्यादा रोक लगाई गई वाल्मीकियों के लिए। लेकिन युवा जयप्रकाश ने इसे आत्मसम्मान का सवाल बनाकर विरोध किया। वाल्मीकि के नौजवानों ने इस प्रतिबन्ध के खिलाफ आवाज उठाई, एक नई चेतना का संचार हुआ।

जब अखबारवाले इस गाँव में पहुँचे तो सरपंच चन्दगीराम ने खुलेआम कहा, "इसमें कोई क्या कर सकता है ? ये कंजर (वाल्मीकि) साफ-सुथरे नहीं रहते हैं। इनके नहाने से तालाब का पानी खराब हो जाता है। मैं तो जात-पाँत नहीं मानता, लेकिन अगर यह पाबन्दी हटी तो मैं इस्तीफा दे दूँगा।" अपनी सोच और मानसिकता का इजहार खुलेआम किया था। सहायक उपायुक्त जी.के. पाणिग्रही को लगभग धमकाते हुए सरपंच बोला था, "अगर तालाब के घाट में ये लोग चढ़ेंगे, तो गाँव में खून-खराबा हो जाएगा।" उपायुक्त जी.के. पाणिग्रही बेबस वापिस चले गए थे।

एक बुजुर्ग वाल्मीकि से जब पूछा गया तो उसकी बात में सैकड़ों साल की दहशत की परछाई दिखाई दे रही थी, "हमने शुरू से ही छुआछूत के इस जुल्म को सहा है, कभी विरोध नहीं कर पाए। अगड़ी जाति के पास जमीन है, साधन है, सरकार है, प्रशासन है, ये हमारे साथ कुछ भी कर सकते हैं।"

संविधान के अनुच्छेद–17 के मुताबिक छुआछूत असंवैधानिक और अवैध करार देते हुए दोषी को कड़े दंड देने की व्यवस्था है। लेकिन सवर्णों के वर्चस्व और आतंक के सामने प्रशासन भी बौना है। जयप्रकाश के युवा साथी उपायुक्त, एस.डी.एम., बी.डी.ओ., नगराधीश से मिले, ज्ञापन दिया, लेकिन कोई सुनवाई नहीं हुई। एक अधिकारी के सामने सवर्णों ने दलितों पर हमला किया, लेकिन न तो कोई एफ.आई.आर. (प्राथमिकी) दर्ज हुई और न असामाजिक तत्त्वों के छुट्टे घूमने पर कोई पाबन्दी लगी।

सुशील राजेश की रिपोर्ट के अनुसार, 'सरपंच समर्थकों का मानना है कि सालों से इस पाबन्दी के खिलाफ किसी ने विरोध नहीं किया। ये तो अनुसूचित जाति के कुछ बिगड़े हुए नौजवान हैं, जो विरोध कर रहे हैं।'[11]

यानी कुल मिलाकर सवर्ण इस बात को मानने को तैयार नहीं हैं कि 'वाल्मीकि' भी इनसान हैं। उनकी भी मूलभूत जरूरतें हैं, मानवीय अधिकार हैं। नौजवान दस्ता, दिशा सांस्कृतिक मंच आदि संस्थाओं ने विरोध का संघर्ष जारी रखा है। सवर्णों के विरुद्ध उनकी जातीय दुराग्रहों की मानसिकता के खिलाफ वाल्मीकियों की जंग जारी है, जो इस नौजवान पीढ़ी की प्राथमिकताओं में है।

वैजवाड़ा विल्सन के अनुसार हरियाणा प्रदेश सरकार द्वारा मैला उठानेवालों को प्रशिक्षण देने उनके पुनर्वास के दावे किए जा रहे हैं, लेकिन सच्चाई इससे उलट है। उन्होंने बताया कि हरियाणा प्रदेश में 1991-92 में कई शुष्क शौचालयों का सर्वे किया गया था।[12]

राजकुमार का कहना है कि हरियाणा के 8 जिलों का सर्वे हुआ जिनमें चार जिले अंबाला, कुरुक्षेत्र, कैथल, यमुना नगर में मैला उठाने का कार्य हो रहा है। इन चार जिलों में लगभग 400 शुष्क शौचालय और इनमें लगभग 200 की संख्या में वाल्मीकि काम कर रहे हैं, जिनमें 85 प्रतिशत महिलाएँ हैं।[13]

सामाजिक संस्थाओं एवं कार्यकर्ताओं की रपटें

दिल्ली में सक्रिय 'सफाई कर्मचारी आन्दोलन' ने इस क्षेत्र में काफी काम किया। उन्होंने अपने स्तर पर अनेक नगरों, शहरों में सर्वेक्षण कराए हैं। लोगों को 'मैला ढोने' की प्रथा से मुक्त होने के लिए जागरूक करने के कार्यक्रम चलाए है। इसी संस्था के कार्यकर्ता श्री सूरज बडत्या, जो दो वर्ष तक दिल्ली विश्वविद्यालय में अध्यापन कार्य किए हैं और अब पूर्ण रूप से संस्था के लिए कार्य कर रहे हैं;

उनका मानना है कि 'सफाई कर्मचारी आन्दोलन' संस्था वाल्मीकी समाज में मैला ढोनेवाले लोगों के जीवन को बेहतर बनाने के लिए कार्य कर रही है।

इसी संस्था के श्री आकिल का कहना है कि कुछ संगठनों ने मिलकर पटना में सर्वे किया जहाँ उन्हें 1254 मैला उठानेवाले मिले। जिसमें फुलवारी क्षेत्र में 144 लोग यह कार्य कर रहे हैं। इस सर्वे के आधार पर जब उन्होंने कलक्टर से बात की तो वह मानने को तैयार नहीं थे। श्री आकिल का कहना है कि 10 जिलों (बिहार) में 6 जून, 2005 तक 'जन सुनवाई' की तथा हाई कोर्ट में जनहित याचिका दायर की, उनके अनुसार राँची (झारखंड) में भी सर्वे किया गया, जिसमें 475 मैला उठानेवाले पाए गए।[14]

पुष्पा वाल्मीकी के अनुसार 'गरिमा अभियान' के सर्वे में लखीमपुर में 153 परिवार इस कार्य में लगे हैं। लखीमपुर में जब शुष्क शौचालय तोड़े गए तो लोग बेरोजगार हो गए। बेकारी की वजह से नरेश नाम का व्यक्ति, परिवार को भूखा देखकर ज़हर खा कर मरना चाहता है।

श्री रमेश (उत्तर प्रदेश) का कहना है कि सरकार ने मैला ढोनेवालों के पुनर्वास हेतु 600 करोड़ रुपए दिए। लेकिन यह पैसा केवल 60 प्रतिशत लोगों तक ही पहुँचा है, वह भी 4 या 5 हजार रुपए। जबकि कम-से-कम प्रत्येक व्यक्ति को बीस हजार मिलना चाहिए था। बाकी रुपया बैंक और दलाल तथा अन्य अधिकारी खा गए। उ.प्र. में अम्बेडकर आवास योजना है, लेकिन उसके लिए भी बैंक पैसा देने के लिए तैयार नहीं है।

पंजाब के तीन जिलों में सर्वे किया गया—लुधियाना, संगसूर, फतेहगढ़ साहिब। इन जिलों में अभी भी मैला उठाने की प्रथा जारी है। सुभाष देशावर का कहना है कि इस सर्वे में ऐसे लोग भी मिले जो स्वयं अधिकारी हैं लेकिन उनकी पत्नी मैला उठाने का कार्य अभी भी कर रही है।

धीरज कुमार शील (उ.प्र.) का कहना है कि मुरादाबाद जिले की तहसील संभल के गाँव सिरसी, महमूदपुर, ईसा नगर, इस्लाम नगर, बड़ा हसनपुर आदि गाँव में सिर पर मैला ढोने के कार्य जारी हैं, जिसके कारण छुआछूत भी बहुत ज्यादा है। गाँव में आज भी नाई वाल्मीकियों के बाल नहीं काटता है।

राजकुमार, सूरज बडत्या (दिल्ली) लिखते हैं कि 15 सितम्बर, 2005 को नरेला (दिल्ली) में एक सीवर में काम करते हुए सज्जन कुमार की दम घुटने से मौत हो गई। तीन बेहोश हो गए। ये तीनों अकबरपुर, जिला सोनीपत (हरियाणा) में रहनेवाले हैं। ये ठेकेदार के मजदूर थे। इनको किसी भी प्रकार का कोई मुआवजा नहीं मिला है।

श्री जंगबहादुर, जम्मू का कहना है कि जम्मू सरकार ने अमृतसर से इस जाति के लोगों को सफाई कार्य के लिए बुलाया था, लेकिन न हम वहाँ घर बना सकते हैं, न हमें आरक्षण मिलता है। जम्मू में 15000 वाल्मीकि हैं, जो पाँच बस्तियों में रहते हैं। पढ़-लिखने के बाद भी हमारे पास कोई अधिकार नहीं है।

श्री बाबूलाल, कर्नाटक से कहते हैं कि दो जिलों में सर्वे किया तो 315 मैला उठानेवाले पाए गए। गुलबर्ग में सर्वे किया तो वहाँ 445 लोग यही कार्य करते हुए पाए गए।

आसिफ, म.प्र. का कहना है कि म.प्र. में 2200 लोग मैला उठाने का कार्य आज भी कर रहे हैं, जिसमें 97% महिलाएँ हैं।

देवेन्द्र (तमिलनाडू) कहते हैं कि हमने 12 जिलों मे सर्वे किया, यहाँ 35 मैला उठानेवाले हैं। जबकि सरकार कहती है कि एक भी नहीं है। हमारे पास इनके फोटो हैं। हमने सुप्रीम कोर्ट में जनहित याचिका दायर की है।

वाई. मोजेज कहते हैं कि सुनामी तूफान के दौरान नगरपालिका ने शवों को उठाने के लिए सफाई कर्मियों से जबरन यह कार्य कराया। इस कार्य के समय उनके स्वास्थ्य और सुरक्षा के प्रति नगरपालिका ने कोई भी सावधानी नहीं बरती।

सूरज बडत्या ने कहा कि मैंने 6 मैला उठानेवाली महिलाओं की जानकारी एकत्र की है। जो दिल्ली के शाहदरा और रिठाला इलाके में रहती हैं। इसके अलावा नन्द नगरी, चाँदनी चौक आदि इलाकों में भी हैं।

दिल्ली की मीना ने संगठनकर्ता उषा सागर को बताया है कि मैं मैला उठाने के साथ-साथ घरों की नालियां भी साफ करती हूँ। कभी बीमार हो जाने पर जब हम काम पर नहीं जा पाते हैं, तो वे बहुत चिल्लाते हैं, गाली-गलौच भी करते हैं। एक तो वैसे ही वेतन कम देते हैं, ऊपर से जिस रोज काम पर ना जायें तो पैसे काट लेते हैं। हम यह काम छोड़ना चाहते हैं, लेकिन हमें कोई और काम नहीं मिलता। हमें कोई और काम मिल जायेगा, तो हम यह काम छोड़ देंगे। छूतछात की भावना भी बहुत ज्यादा है।

उपरोक्त तथ्यों से यह स्पष्ट दिखाई देता है कि सरकारी आदेशों, सुप्रीम कोर्ट के आदेशों की अवहेलना किस तरह सामाजिक स्तर पर हो रही है।

सिर पर मैला ढोने की कुप्रथा समाप्त करके के लिए 12 साल पहले कानून बनाए जाने के बावजूद देश के कई हिस्सों में यह सिलसिला जारी रहने पर चिन्ता व्यक्त करते हुए उच्चतम न्यायालय ने इसके उन्मूलन हेतु समयबद्ध कार्यक्रम तैयार करने का निर्देश दिया है। न्यायमूर्ति एस.एन. वरियावा और न्यायमूर्ति एच. के. सोमा की दो सदस्यीय खंड पीठ ने सफाई कर्मचारी आन्दोलन की जनहित

याचिका पर इस कुप्रथा के समयबद्ध उन्मूलन के लिए केन्द्र सरकार और राज्य सरकारों को छः महीने के भीतर योजना तैयार करने का निर्देश दिया है।[15]

सन्दर्भ

1. बी.एन. बर्वे–चेयरमैन की रिपोर्ट ऑफ द स्कैवेंजर लिविंग कन्डीशन्स इन्क्वायरी कमेटी, स्टेट आफ बॉम्बे, बॉम्बे डायरेक्टर, गवर्नमेंट प्रिंटिंग पब्लिकेशन एण्ड स्टेशनरी ऑफ स्टेट, 1958-59
2. एन.आर. मलकानी–स्वच्छ लोग–अस्वच्छ देश। सफाई-दर्शन, 22 सितम्बर 1962, वर्ष-4 अंक-3, पृ. 38
3. जयप्रकाश वाल्मीकि–सफाई का अमानवीय चेहरा, समयान्तर, जनवरी, 2005, दिल्ली, पृ. 10
4. वही
5. वही
6. वही, पृ. 11
7. दैनिक नवज्योति–31 दिस. 1998 अंक
8. समायान्तर–जनवरी, 2005, दिल्ली, पृ. 13
9. भारत डोगरा–मैला ढोने का अभिशाप, समयान्तर, जनवरी, 2005 दिल्ली, पृ. 12
10. समायान्तर–जनवरी, 2004, दिल्ली
11. जनसत्ता–12 सितम्बर, 1993, नई दिल्ली, सुशीला राजेश की रिपोर्ट
12. दैनिक भास्कर, पानीपत, 6 नवम्बर, 2005
13. संघर्ष–वर्ष-1, अंक-1 अक्टूबर-दिसम्बर, 2005, दिल्ली, पृ. 5
14. वही, पृ. 4,5,6,8
15. दैनिक हिन्दुस्तान–अब भी मैला ढोने की प्रथा से सुप्रीम कोर्ट चिन्तित, 3 मई 2005, नई दिल्ली।

भंगी-समाज और आदि कवि वाल्मीकि

भंगी-समाज वाल्मीकि को भगवान मानता है। विशेष रूप से पंजाब में वाल्मीकि के मन्दिर, धर्मशालाएँ बहुतायत में देखने को मिल जाएँगे। बल्कि विदेशों में बसे इस समाज के लोगों ने अपने मन्दिर बना लिए हैं, और वहाँ वाल्मीकि की मूर्ति, चित्र प्रस्थापित किए हैं। अमृतसर से 12 किलोमीटर पर वाल्मीकि आश्रम है। जिसके विषय में कहा जाता है कि वाल्मीकि ने इसी स्थान पर लव-कुश को शस्त्र विद्या की शिक्षा दी थी। उसी स्थान पर सीता की रसोई है। इस विषय में अलग से चर्चा की जाएगी। यहाँ उन प्रश्नों पर चर्चा करना ध्येय है, जो भंगी-समाज और आदि कवि महर्षि वाल्मीकि के सम्बन्धों को लेकर अवसर उठाए जाते हैं। अक्सर कहा जाता है कि 'कहाँ रामायण जैसे महाकाव्य के रचयिता और कहाँ भंगी-समाज, जो मानवीय जीवन के निकृष्टतम चरण पर खड़ा है। गहरी हीनता-बोध ने जिस स्थान की रीढ़ तोड़कर उसे दीन-हीन कर दिया है। जिसमें न प्रतिभा की कमी है, न कर्मठता, कौशल की, न वीरता और साहस को। लेकिन फिर भी यह समाज स्वयं को ठीक से खड़ा नहीं कर पा रहा है, जो लोग आगे बढ़कर अपनी पहचान बनाने में सफल होते हैं, वे हीनताबोध के कारण, समाज की विद्वेषपूर्ण मानसिकता, अस्पृश्यता की अमानवीय प्रथा के कारण अपने आपको अलग करके अपनी पहचान छिपा लेते हैं। कई अंतर्राष्ट्रीय ख्याति के संगीतकार, फिल्मी अभिनेता, गायक, वैज्ञानिक, लेखक इस समाज से निकले, लेकिन उनकी पहचान गुप्त ही रही। इसीलिए वाल्मीकि और भंगी-समाज प्रश्नों के घेरे में खड़ा है।

रामायण रचयिता वाल्मीकि के जीवनवृत्त के सम्बन्ध में प्रामाणिक सामग्री का नितान्त अभाव है। लेकिन जो भी स्रोत सामग्री उपलब्ध है, इसके आधार पर किसी निष्कर्ष पर पहुँचना मुश्किल है। वाल्मीकि कृत रामायण में कहीं भी कोई संकेत नहीं मिलता है। हाँ, युद्ध कांड की फलश्रुति (रामायण 6,128,105) में तथा बालकांड, उत्तरकांड, और महाभारत में वाल्मीकि को रामायण का रचचिता माना गया है।

डॉ. याकोबी रामायण का रचनाकाल पाँचवीं शताब्दी ई.पू., छठी और आठवीं शताब्दी ई.पू. के बीच मानते हैं।[1] ए.ए. मैकडोनल की मान्यता है कि छन्दशास्त्र की दृष्टि से पाली गाथाओं तथा रामायण के श्लोकों की तुलना के आधार पर वाल्मीकि रामायण की रचना चौथी शताब्दी ई.पू. के मध्य में हुई थी।[2] ए.बी. कीथ भी आदि रामायण को चौथी शताब्दी ई.पू. की रचना मानते हैं।[3] लेकिन एम. विंटरनित्स इसे तीसरी शताब्दी पूर्व की रचना मानते हैं।[4]

फादर कामिल बुल्के का कहना है—'...अधिक सम्भव प्रतीत होता है कि वाल्मीकि ने लगभग 300 ई.पू. अपनी अमर रचना की सृष्टि की थी। इस निष्कर्ष की पुष्टि इससे भी होती है कि पाणिनी में रामायण, वाल्मीकि अथवा रामायण के प्रमुख पात्रों दशरथ, राम, लक्ष्मण, भरत, हनुमान, सुग्रीव, विभीषण आदि का उल्लेख नहीं होता है। लेकिन उनके समय में 'राम-कथा' प्रचलित हुई होगी, क्योंकि सूत्रों में कैकयी (7, 3, 2), कौशल्या (5, 1, 155) तथा शुपर्णखा (6, 2, 122) की ओर संकेत मिलते हैं।'[5]

मद्रास विश्वविद्यालय द्वारा प्रकाशित तैत्तिरीय प्रतिशाख्य (सन् 1930) में तीन स्थानों पर वाल्मीकि का उल्लेख मिलता है (5, 36, 9, 4, 18, 6) जो निश्चित रूप से आदिकवि से भिन्न हैं।[6] यह ए. वेचर तथा एच. याकोबी आदि विशेषज्ञों की राय है। इससे इस बात का पता चलता है कि 'वाल्मीकि' नाम प्राचीन काल में प्रचलित था। अतः हमें आश्चर्य नहीं होना चाहिए यदि अन्यत्र भी वाल्मीकि नाम के व्यक्तियों का उल्लेख मिल जाए।

ए.सी. दास का मानना है कि 'महाभारत के उद्योग पर्व में गरुड़वंशी विष्णुभक्त सुपर्ण पक्षियों की सूची में वाल्मीकि का नाम भी आया है। सुपर्ण वंश सम्भवतः सप्त-सिन्धु की एक यायावर आर्य जाति थी।'[7]

महाभारत में इनके सम्बन्ध में कहा गया है कि ये कर्म से क्षत्रिय थे—कर्मणाः क्षत्रियः सुपर्ण वाल्मीकि तथा आदि कवि वाल्मीकि की अभिन्नता के पक्ष में कोई भी प्रमाण नहीं मिलता है। अभिन्नता के विरोध में यह तर्क दिया जा सकता है कि सुपर्ण वंश महाभारत में विष्णु भक्त माना गया है। किन्तु आदि कवि वाल्मीकि के विषय में कहा गया है कि उन्होंने शिव की शरण ली थी। अतः अधिक सम्भव है कि सुपर्ण वाल्मीकि तथा आदि कवि वाल्मीकि अलग-अलग थे।

महाभारत में केवल द्रोण पर्व तथा शान्ति पर्व के अन्तर्गत वाल्मीकि को स्पष्ट शब्दों में कवि माना गया है। इसके अतिरिक्त शान्ति पर्व में भार्गव कवि का तथा अनुशासन पर्व में एक वाल्मीकि का उल्लेख है। जिसके विषय में कहा गया है, कि उसका यश श्रेष्ठ होगा। महाभारत के अनेक पर्वों में बहुत से स्थानों पर महर्षि

वाल्मीकि का उल्लेख है।

कुछ विद्वानों का मत है कि बालकांड के रचनाकाल के समय तक आदि कवि वाल्मीकि तथा प्राचीन ऋषि वाल्मीकि की अभिन्नता सर्वमान्य होने लगी थी, तथा वाल्मीकि को रामायण की घटनाओं को समकालीन माना जाने लगा था।

बालकांड के प्रारम्भ में रामायण की उत्पत्ति की कथा मिलती है। तपस्वी (सर्ग–1,1), मुनि (सर्ग–2,4), महर्षि (सर्ग–4,4) में वाल्मीकि नारद से रामकथा का सार सुन लेते हैं, और बाद में रामकथा को श्लोकबद्ध करते हैं। कुश-लव को रामायण कंठस्थ कराते हैं। ये दोनों सब जगह रामायण का गान करते हैं। यहाँ तक कि राम के दरबार में भी रामायण-गान करते हैं।[8]

इसी तरह उत्तरकांड में लक्ष्मण परित्यक्ता गर्भवती सीता को वाल्मीकि आश्रम के पास जंगल में छोड़ते समय उनको सांत्वना देते हुए कहते हैं–'वाल्मीकि के यहाँ आश्रय लेना, वे 'ब्राह्मण' और दशरथ के सखा हैं।'

राज्ञो दशरथ वस्यैव पितुर्मे मुनि पुंगवः।
सखा परमको विप्रोन्वाल्मीकिः सुमहायशा ॥ (रामायण, सर्ग–47)[9]

बाद में सीता वाल्मीकि आश्रम में लव-कुश को जन्म देती हैं। वे वाल्मीकि से रामायण सीखते हैं और उनका आदेश पाकर उसे राम के यज्ञस्थल पर सुनाते हैं। रामायण सुनकर राम सीता को बुलाते हैं। सभा के सामने वाल्मीकि सीता के सतीत्व का साक्ष्य देते हैं। इस अवसर पर वे कहते हैं–'मैं प्रचेता का दसवाँ पुत्र, मैंने हजारों वर्ष तप किया है।'

प्रचेत सोऽहं दशयः पुत्रो राघवनन्दन।
न स्मराभ्य नृतं वाक्यभिमौ तू तव पुत्र कौ।
बहुवर्ष सहस्त्राणि तपश्चर्या मया कृता ॥ 18 ॥ (रामायण, सर्ग–96)[10]

यहाँ वे इस बात पर जोर देते हैं कि मैंने कभी पाप नहीं किया है।

'मानस कर्मणा वाचा भूतपूर्व न किल्विषम्।"[11]

इससे स्पष्ट होता है कि आदिकवि के डाकू होने की जो कथा बाद में प्रचलित हुई, वह उचित नहीं जान पड़ती है।

वाल्मीकि रामायण में भार्गव च्यवन का दो प्रसंगों में उल्लेख हुआ है–बालकांड में 'सगर कथा' के अन्तर्गत (सर्ग–70, 32) तथा उत्तरकांड में 'लवण वध' के वृत्तान्त (सर्ग–60, 64) में। इन स्थानों पर भार्गव च्यवन तथा वाल्मीकि के किसी सम्बन्ध का संकेत नहीं मिलता है। किन्तु फिर भी उत्तरकांड रचनाकाल के समय तक वाल्मीकि का सम्बन्ध भार्गवों से जोड़ दिया गया था,

क्योंकि वाल्मीकि को प्रचेता का दसवाँ पुत्र माना गया। बाद में वाल्मीकि को भार्गव की उपाधि मिल गई। महाभारत में भार्गेव को रामचरित का रचयिता कहा गया है। ऐसा लगता है, जैसे वह वाल्मीकि ही है क्योंकि जिस श्लोक का उल्लेख है, वह रामायण के दक्षिणात्य पाठ के एक श्लोक से मिलता-जुलता है।

श्लोकश्चायं पुरागीतो भार्गवेण महात्मना।
आख्याते राम चरित नृपति प्रति भारत ॥ 40 ॥
राजनं प्रथम विन्देत ततो भार्या ततोधनम्।
राजन्यसति लोकस्य कुतो भार्या कुतोधनम् ॥ 41 ॥
(महाभारत, शान्ति पर्व, सर्ग–57)

अराज के धनं नास्ति नास्ति भार्याप्य राज के।
इदम त्याहितम चान्यत्कुतः सत्यम राज के ॥ 11 ॥
(रामायण, अयोध्या कांड, सर्ग–67)

परवर्ती रचनाओं में वाल्मीकि को बहुधा भार्गव माना गया है, उदाहरण के लिए विष्णु पुराण और मत्स्यपुराण (प्रचेता और वरुण एक है) ऋग्वेद में भृगु का नाम वरुणि माना गया है, तथा शतपथ ब्राह्मण में इनका स्पष्ट उल्लेख मिलता है कि भृगु वरुण के पुत्र हैं। भागवत पुराण में कहा गया है कि वरुण की पत्नी चर्षणी से दो पुत्र हैं, भृगु और वाल्मीकि। इससे यह स्पष्ट होता है कि भार्गव च्यवन तथा वाल्मीकि के वृत्तान्तों के सम्मिश्रण से वाल्मीकि को भार्गव की उपाधि मिल गई थी। 'वाल्मीकि' की उत्पत्ति प्रायः 'वल्मीक' (दीमक की बांबी) से मानी जाती है। अतः यह कथा प्रचलित हो गई कि वाल्मीकि वास्तव में 'वल्मीक' से निकले थे। अब ध्यान देने योग्य है कि भार्गव च्यवन के विषय में इस प्रकार की कथा व्यापक रूप से प्रचलित थी। महाभारत के आरण्यक पर्व के अनुसार भृगु के पुत्र च्यवन तपस्या करते हुए इतने समय तक निश्चल खड़े रहे कि उनका शरीर वल्मीक से ढँक गया था। राजपुत्री सुकन्या ने उनको अन्धा बना दिया था। बाद में उससे विवाह भी कर लिया था। यह वृत्तान्त भागवत पुराण और पद्मपुराण, स्कन्ध पुराण, देवी भागवत पुराण में भी मिलता है।[12]

वाल्मीकि तथा च्यवन दोनों के विषय में माना गया है कि वे वल्मीक से निकले थे, इसी कारण दोनों की कथाओं में एक-सा सम्मिश्रण दिखाई देता है। एक ओर वाल्मीकि को भार्गव की उपाधि दी गई है तथा दूसरी ओर च्यवन का सम्बन्ध रामकथा से जोड़ा गया, कृतिवास रामायण में तो वाल्मीकि को च्यवन का पुत्र बना दिया गया है। अश्वघोष अपनी पुस्तक 'बुद्ध चरित' में कहते हैं कि जिस काव्य की रचना करने में च्यवन समर्थ नहीं थे, उसकी वाल्मीकि ने सृष्टि की–

वाल्मीकि रादौ च ससर्ज पद्यं।

जग्रन्थ यन्न च्यवनो महर्षिः। (बुद्ध चरित)[13]

एक दूसरी परम्परा भारतीय वाङ्मय में देखने को मिलती है, जो वाल्मीकि को डाकू बताती है। उनका कहना है कि वे पहले डाकू थे, बाद में रामायण के रचयिता बने। इस कथा में न तो कोई प्रमाण है और न ही तार्किकता। इसकी प्राचीनता में भी सन्देह है। स्कन्ध पुराण में इसका सर्वप्रथम विकसित रूप दिखाई देता है। इस पुराण की अधिकांश सामग्री आठवीं सदी के बाद की है। इसमें बहुत से प्रक्षेप जोड़े गए हैं, जिनका रचनाकाल अज्ञात है। आर.सी. हाजरा भी इससे सहमत हैं।[14]

मजूला सहदेव के अनुसार छठी शताब्दी से पूर्व साहित्य में यह उल्लेखित नहीं है कि ऋषि वाल्मीकि डाकू थे, यहाँ तक कि 'वाल्मीकि' शब्द की भी कहीं चर्चा नहीं है। उनका यह भी कहना है कि महर्षि वाल्मीकि अपने समय के एक महान विद्वान, दूरदर्शी, क्रान्तिकारी व्यक्ति थे। वाल्मीकि रामायण के गहन अध्ययन और विश्लेषण के उपरान्त यह कहा जा सकता है कि 'तैतरिय प्रति साख्य' काल में बहुत पहले ऋषि वाल्मीकि रहे हैं, और शंकराचार्य के समकालीन थे। उन्होंने अपना अधिकांश समय 'तमसा' नदी के तट पर बिताया, जहाँ उन्होंने महाकाव्य रामायण की रचना की और सीता को आश्रय दिया।[15]

महाभारत में भी इसी प्रकार की एक कथा है, जिसमें वाल्मीकि युधिष्ठिर से कहते हैं कि किसी विवाद में मुनियों ने मुझे ब्रह्मघ्न कहा था, इस कथन मात्र से मैं पापी बन गया था। मैंने शिव की शरण ली और उन्होंने मुझे पाप मुक्त करके कहा—'तेरा यश श्रेष्ठ होगा।'

'स्कन्द पुराण' में वाल्मीकि के विषय में चार कथाएँ हैं। वैष्णव खंड के वैशाख मास महात्मय में एक व्याध का वृत्तान्त है, जिसका नाम नहीं दिया गया है। वह राम नाम का जप करने के फलस्वरूप यह वरदान प्राप्त कर लेता है कि अपने अगले जन्म में वल्मीक नामक ऋषि कुल में उत्पन्न होगा, तथा वाल्मीकि बनेगा।[16]

अवन्ती खंड में अवान्त्य क्षेत्र महात्मय में अग्निशर्मा की कथा वर्णित है। जिसमें कहा गया है कि वह डाकू था, किसी दिन सात ऋषियों सें भेंट होती है। वह उन्हें मार डालना चाहता है। ऋषियों ने उसे अपने परिवार से यह पूछने भेजा कि, "क्या तुम लोग मेरे पाप-फल के भागी बनने को तैयार हो ?" इस पर परिवार ने इंकार कर दिया। अग्निशर्मा ऋषियों के पास लौटा और उनका परामर्श पाकर मन्त्र जाप करने लगा। 13 वर्ष बाद वे सात ऋषि फिर उसी स्थल पर पहुँचे और

उन्होंने उसके शरीर के चारों ओर दीमकों की बांबी देखी। तब उन्होंने उसे बाहर निकाला, उसका नाम 'वाल्मीक' रखकर उसे रामायण लिखने के लिए कहा।[17]

नागर खंड में लोह जंघ नाम के एक ब्राह्मण की कथा मिलती है। वह माँ-बाप के प्रति बहुत अधिक कर्तव्यपरायण था। अकाल के समय अपने परिवार का भरण-पोषण करने के लिए डाकू बन गया था। फिर वही सात ऋषियों की कहानी, परिवार का इंकार, ऋषियों का 'जाट-घोट' मन्त्र जाप करने का उपदेश, वही 'वल्मीक' का उसके शरीर पर चढ़ना, ऋषियों का आना और 'वाल्मीक' नाम देना।[18]

ऐसी ही कथा प्रभास खंड में भी है। शमीमुख नाम के एक ब्राह्मण का पुत्र वैशाख चोरी करके अपने परिवार को पालता है। सप्त ऋषियों से भेंट, परिवार का पाप के भागीदार बनने से इंकार, इस पर वह वैरागी बनकर हजारों वर्ष तक तपस्या करता है। उसका शरीर 'वल्मीक' के ढँक जाता है। सप्त ऋषि लौटते हैं, और उसका नाम 'वाल्मीक' रखकर भविष्यवाणी करते हैं कि वह रामायण की रचना करेगा–

स्वच्छन्दा भारती देवी जिह्वाग्रेते भविष्यते।
कृत्वा रामायणं काव्यं ततो मोक्षं गमिष्यति ॥[19]

उपरोक्त कथाओं का सबसे ज्यादा प्रचलित रूप अध्यात्म रामायण के अयोध्या कांड में मिलता है। राम, लक्ष्मण, सीता निर्वासित होकर चित्रकूट के पास पहुँचते हैं, उन्होंने अपना निवास स्थान निश्चित करने के लिए वाल्मीकि से परामर्श माँगा। वाल्मीकि ने राम की स्तुति करने के पश्चात् अपनी कथा सुनाई–

अहं पुरा किरातेषु किरातैः सहवर्धितः।
जन्म मात्र द्विजत्वं मे शूद्रा चारहतः सदा ॥ 65 ॥[20]

मैं किरातों के साथ रहा करता था, और निरन्तर शूद्रों के आचरण में रत रहने के कारण मेरा बाह्मणत्व जन्म मात्र का था। शूद्रा के गर्भ से मेरे बहुत से पुत्र उत्पन्न हुए। चोरों के कुसंग से मैं भी चोर बन गया, और सदा धनुष-बाण धारण किए रहता–फिर वही सप्त ऋषियों की कहानी और वही अन्त

तुलसीदास भी कुछ ऐसे संकेत देते हैं–

जान आदि कवि नाम प्रतापू।
भय सुद्ध करि उलटा जापू ॥[21]

उलटा नामु जपत जगु जाना।
वालमीक भये ब्रह्म समाना ॥[22]

'तत्व संग्रह रामायण' में जो वाल्मीकि की कथा मिलती है, इसमें कई अलौकिक घटनाओं का समावेश किया गया है।

'आनन्द रामायण' के राज्यकांड में जो विस्तृत कथा मिलती है, उसमें वाल्मीकि के तीन पहले जन्मों का वर्णन किया गया है। पहले जन्म में वे स्तम्भ ब्राह्मण हैं। दूसरे में व्याध, तीसरे में कृणु के पुत्र हैं, और तपस्या करके वाल्मीकि बन जाते हैं।

'कृतिवास रामायण' में 'अध्यात्म रामायण' की कथा का किंचित परिवर्द्धित रूप पाया जाता है। व्याध का नाम रत्नाकार है, और वह च्यवन का पुत्र है। सप्त ऋषियों की जगह ब्रह्मा और नारद हैं। वैराग्य के बाद रत्नाकर ब्रह्मा के कहने पर नदी में नहाने जाता है। नदी पर उस की दृष्टि पड़ते ही वह सूख जाती है। तब ब्रह्मा रत्नाकर को राम नाम का जाप करने का परामर्श देते हैं।

एक अन्य कथा के अनुसार डब्ल्यू कुक कहते हैं कि 'परमेश्वर ने गुरुनानक को वाल्मीकि के पास भेजा था, गुरुनानक के अनुरोध पर वाल्मीकि ने अपनी पत्नी से पूछा, 'क्या तुम मेरे लिए प्राण देने को तैयार हो ?' नकारात्मक उत्तर सुनकर वाल्मीक तपस्वी के रूप में चंडाल गढ़ (चुनार, उ.प्र.) के गदा पहाड़ पर निवास करने लगे। वह स्थान भंगियों का तीर्थ स्थान बन गया।[23]

उपरोक्त कथा में वाल्मीकि तथा भंगियों का जो सम्बन्ध सूचित किया गया है, वह कई शताब्दियों से चला आ रहा है। भक्तमाल में वाल्मीकि को श्वपच कहा गया है।

पाँचवीं शताब्दी तक राम की भाँति वाल्मीकि को भी विष्णु का अवतार माना गया था। विष्णु धर्मोत्तर पुराण की रचना पाँचवीं सदी ई. में हुई थी। इसके प्रथम खंड में लिखा है कि त्रेता युग के अन्त में विष्णु वाल्मीकि के रूप में जन्म लेकर रामायण लिखनेवाले थे। इसके तीसरे खंड में कई स्थानों पर वाल्मीकि की पूजा का उल्लेख है। 'प्रतिभा लक्षणम्' के अन्तर्गत वाल्मीकि की मूर्ति के विषय में लिखा है–

गौरस्तु कार्यो वाल्मीकि जर्रा मंडल दुर्दशः।
तपस्यमिरतः शान्तो न कृशो न च पीवरः ॥ 64 ॥[24]

'वृहद्धभं पुराण'(13वीं सदी) के मध्यखंड (अध्याय–11) में सती विष्णु को वह वरदान देती है कि वह वाल्मीकि के रूप में महाकाव्य की रचना करें।

इंडोनेशिया में जो वाल्मीकि मन्दिर में वाल्मीकि की मूर्ति तथा उनके विष्णु अवतार होने का शिलालेख मिला है, वह भारत में प्रचलित विश्वास पर आधारित है।

रामायण के रचनाकाल को लेकर विद्वानों में गहरे मतभेद हैं। एच.डी. सांकलिया मानते हैं कि रामायण पाँचवीं सदी ई. की कृति है।[25] किन्तु कई विद्वानों ने इस मान्यता की आलोचना की है। इनमें से एक हैं, डी.सी. सरकार, जिनके अनुसार वाल्मीकि ने केन्द्रीय कांडों की रचना तीसरी सदी ई.पू. में की और 'बालकांड' और 'उत्तरकांड' दूसरी सदी ई. की समाप्ति के पूर्व जोड़ दिए।[26]

पी.वी. काणे की राय में 'रामायण' मूल अंश 300-200 ई.पूर्व से पहले का नहीं है, और इस महाकाव्य ने अपना वर्तमान रूप लगभग 200 ई. तक ले लिया था।[27] विंटरनित्ज मानते हैं कि दूसरी सदी ई. के अन्त में रामायण महाकाव्य अपने वर्तमान रूप में विद्यमान था। भारतीय इतिहास अनुसंधान परिषद के तत्वावधान में 'नया पुरातत्व' विषय पर 15-17 अक्टूबर, 1988 को आयोजित परिसंवाद में प्रस्तुत अपने अनुलिपित निबन्ध में बी.बी. लाल रामायण में वर्णित घटनाओं को लगभग 700 ई.पू. का बताते हैं, तथा इसके पाठ को दूसरी सदी ई.पू. से तीसरी सदी ई. के बीच मानते हैं।[28]

जे. एल. ब्राकिंगटन 'अयोध्या कांड' से लेकर 'युद्धकांड' तक के सारे भाग को पाँचवीं/चौथी सदी ई.पू. और ईस्वी सन् के आरम्भ के बीच का मानते हैं, और 'बालकांड' तथा 'उत्तरकांड' के पहली-तीसरी सदी ई. का मानते हैं।[29]

डॉ. मु.व. शाह कहते हैं कि 'स्कंद पुराण' वाल्मीकि को ब्राह्मण परन्तु किरातों में पला हुआ मानता है। अन्य स्थानों पर उनकी उत्पत्ति तिर्यग्योनी से कही गई है। लौकिक कथा के अनुसार वे किरात थे। बाद में ब्राह्मण बने। आश्चर्य यह है कि ऋषि मंडल में वाल्मीकि को स्थान नहीं है। उन्हें तर्पण नहीं है। लेकिन वे आदि कवि हैं।[30]

उपरोक्त तथ्यों से इतना तो साफ है कि ऐसा वर्ग था जो वाल्मीकि की उपलब्धियों, लोकप्रियता से कहीं-न-कहीं डरा हुआ था, और एक विशिष्ट शैली में उन्हें छोटा बनाने की कोशिश में था। ऋषियों में यदि उन्हें माना तो 'तर्पण' से बाहर क्यों ? यह एक ऐसा तथ्य है जो उन्हें किसी-न-किसी रूप में ब्राह्मणी-व्यवस्था से बाहर कर देता है। वास्तविकता चाहे जो भी हो लेकिन भंगी-समाज ने उन्हें भगवान का दर्जा दिया है। उनके मन्दिर बनाए हैं। 'प्रकट दिवस' मनाते हैं।

लेकिन वहीं कुछ ऐसे विद्वान भी हैं जो उन्हें इस रूप में स्वीकार नहीं करते हैं। ऐसे ही विद्वानों में भगवान दास हैं जो कहते हैं—'पंजाब प्रान्त की अनुसूचित जाति की सूची में पहली बार भंगियों के लिए 'वाल्मीकि' शब्द का प्रयोग सन्

1935 में किया गया था।'[31]

वाल्मीकि रामायण में एक श्लोक है–

बहु वर्ष सहस्त्राणि तपश्चर्या मया कृता।
नो पाश्नीय फलं तस्य दुष्टयं यदि मैथिली ॥
मनसा वाचा कर्मणा भूत पूर्व न किल्विषम।
तस्या फलम श्नाभि अपापा मैथिली यदि ॥[32]

हे राजन ! हजारों वर्ष तक मैंने कठोर तप किया है। मन, वाणी और कर्म द्वारा मैंने कभी भी कोई बुरा कर्म नहीं किया है, यदि सीता पाप रहित हो, तब ही मेरे शुभ कर्मों का फल मुझे प्राप्त हो।

इसी श्लोक के आधार पर विद्वानों का मत है कि 'वाल्मीकि' का डाकू होना संदिग्ध है। कालान्तर में पुराणों या अन्य ग्रन्थों में यह कैसे प्रचलित हुआ, यह विचारणीय है। हो सकता है, वाल्मीकि का सम्बन्ध मूल निवासी 'दस्यू' वर्ग से रहा हो, और 'दस्यू' का अर्थ जैसा कि वर्तमान में रूढ़ हो गया है, 'डाकू' कर दिया गया हो। जंगल के सियारों की हुँआ-हुँआ की तरह इस शब्द को लोकप्रिय बनाने में अनेक ग्रन्थों, विद्वानों का हाथ रहा है, जिससे आदि कवि की प्रतिष्ठा को खंडित करने की कोशिशें की गईं। यहाँ इस धारणा, मान्यता को पुष्ट करने के लिए दो तथ्य हमारे सामने हैं–वे ऋषि हैं लेकिन उन्हें 'तर्पण' नहीं है। दूसरा समूचे साहित्य इतिहास में 'शम्बूक-वध' दिखाने का साहस सिर्फ वाल्मीकि ही करते हैं। तुलसीदास अपनी रचना 'रामचरित मानस' में इस घटना का जिक्र तक नहीं करते। न ही कालिदास इस घटना का उल्लेख करते हैं। ये तथ्य वाल्मीकि को अस्पृश्यों से जोड़ते हैं।

भगवानदास की शंकाएँ अलग तरह से सामने आती हैं। वे कहते हैं–'अछूत जातियों ने जिस वाल्मीकि को अपनाया हुआ था, वह कौन था ? कोई नहीं जानता। शायद उसका सम्बन्ध भंगी जाति और सफाई पेशे से था। कहा जाता है उसकी मृत्यु कुरुक्षेत्र के निकट थानेसार में हुई जहाँ शरभंगी बाबा के नाम की समाधि थी। इसी कमी को पूरा करने के लिए और पंजाब की चूहड़ा जाति के रिश्ते वाल्मीकि से पुख्ता करने के लिए लाहौर के पंडित अमीचन्द शर्मा ने 1930 में 'वाल्मीकि-प्रकाश' नाम की पुस्तक लिखी जिसमें 'चूहड़ा जाति' के वाल्मीकि ऋषि से सम्बन्ध पक्का करने की कोशिश की गई।'[33]

कई विद्वानों का मत है कि पंजाब का चूहड़ा जाति के कुछ लोगों ने वाल्मीकि को अपना गुरु मान लिया और अपनी जाति वाल्मीकि बताने लगे। दंत कथाओं के अतिरिक्त उनके पास कोई लिखित प्रमाण नहीं था। 1891 और 1901 की जनगणना

में वाल्मीकि कहलानेवाले सिर्फ 6,105 थे, लालबेगी सबसे अधिक 1,63,751 थे। कुल आबादी 4,14,532 थी। जिसमें धानुक, हेला, पथरफोड आदि थे।[34]

श्री प्रियादास प्रभीत ने श्री भक्तमाल (श्री नाभाजी) की टीका लिखी थी, जो 1914 में तेजकुमार बुक डिपो, लखनऊ से प्रकाशित हुई थी। 1951 का भी एक संस्करण मिलता है। 'भक्तमाल' की रचना 1639 के आसपास मानी जाती है। इस टीका में श्री नाभाजी के बारे में एक टिप्पणी है कि श्री नाभाजी डोम वंश के थे। कहीं-कहीं लोग उन्हें भंगी भी कहते हैं; विशेष रूप से उत्तर प्रदेश में। लेकिन प्रियादास प्रभीत जी का कहना है, "स्वामी श्री नाभाजी का जन्म डोमवंश में भी कहते हैं, परन्तु पश्चिम देश में 'डोम' किसको कहते हैं, यह न जाननेवाले लोग इस देश में डोम भंगी का नामान्तर समझ के 'भंगी' भी कह बैठते हैं। सो, भंगी कहना महानुचित, अविचार व पाप है, क्योंकि पश्चिम माडवार आदि देशों में डोम कलावंत, ढाढी, भाट, कथक, इन विधाओं के उपजीवियों के तुल्य जाति (ज्ञाती) और प्रतिष्ठा है।"[35]

'श्री वाल्मीकि सरभंग जाति भेद' पुस्तक में भगवान का एक नाम भंगी कहा गया है। इससे बढ़कर उसमें बताया गया है कि भंगी और गंगा दोनों जनता के पापों का क्षालन करते हैं, इसलिए उन्हें दोनों को मुक्ति का भंडार कहा जाना चाहिए। इस मायने में वे भाई-बहन हैं। एक अन्य कहानी के अनुसार वरुण नाम के ऋषि के तीन पुत्रों में से एक की परवरिश 'क्रथनी' भंगन ने की थी, भंगियों ने वाल्मीकि को अपना गुरु मान लिया। उक्त पुस्तक में देवताओं और ऋषियों के नामों की लम्बी सूची है और वाल्मीकि जाति की उत्पत्ति-कथा बतलाई गई है, जो जोजेफ थलियथ में यही हकीकत बतलाई गई है।[36]

उपरोक्त तथ्यों के आधार पर जो निष्कर्ष निकलते हैं, उनसे यह तो तय है कि आज 'वाल्मीकि' और भंगी एक-दूसरे के पर्याय हैं। भारत के अनेक नगरों में वाल्मीकि मन्दिर बन चुके हैं। अमृतसर, जालन्धर, बिठुर, हर का पौडी हरिद्वार, ऋषिकेश, चंडीगढ़, फतेहाबाद (हरियाणा), हिसार, कुरुक्षेत्र, सन्नोर (पटियाला), रुड़की, पंचकुइया (नई दिल्ली), बोलनी (मेरठ), बबीना, चित्रकूट धाम, कनखल (हरिद्वार), सीतामढ़ी, बागपत (मेरठ), स्थानों पर अनेक मन्दिर हैं। अमृतसर का वाल्मीकि तीर्थ एक विशिष्ट और प्राचीन स्थान है।

सन्दर्भ

1. एच. याकोबी–डस रामायण, पृ.101
2. ए.ए. मैकडोनल–संस्कृत साहित्य का इतिहास, पृ. 309

3. फादर कामिल बुल्के–रामकथा, हिन्दी परिषद, प्रयाग विश्वविद्यालय, इलाहाबाद, चतुर्थ संस्करण, 1993 (प्रथम संस्करण–1905), पृ. 25
4. वही
5. वही
6. ए. वेचर–रामायण, पृ. 17, एच. याकोबी–डस रामायण, पृ. 66
7. ए.सी. दास–ऋग्वैदिक इंडिया, पृ. 65, 148
8. वाल्मीकि रामायण–बालकांड, सर्ग–1-4, गीताप्रेस, गोरखपुर
9. वही, सर्ग–47
10. वही, सर्ग–96
11. वही, सर्ग–96, श्लोक–20
12. फादर कामिल बुल्के–रामकथा, पृ. 28
13. अश्वघोष–बुद्ध चरित
14. आर.सी. हाजरा–पौराणिक रिकॉर्ड्स, पृ. 165
15. डॉ. मंजूला सहदेव–महर्षि वाल्मीकि : एक समीक्षात्मक अध्ययन, पंजाबी यूनिवर्सिटी, पटियाला
16. स्कंद पुराण–वैष्णव खंड, वैशाख मास महात्मय, अध्याय–21
17. वही, अवंतीखंड, अवान्त्य क्षेत्र महात्मय
18. वही, नागर खंड,
19. वही, प्रभास खंड
20. अध्यात्म रामायण–अयोध्या कांड–सर्ग–6, श्लोक–42-88
21. तुलसीदास–रामचरितमानस, बालकांड, दोहा–19
22. वही, अयोध्या कांड, दोहा–130
23. डब्ल्यू. कुक–ट्राइब्स एंड कास्ट्स, भाग–1, पृ. 262-263
24. विष्णु धर्मोत्तर पुराण, प्रथम खंड, तृतीय खंड, प्रतिभा लक्षणम, श्लोक–64
25. एच.डी. सांकलिया–द रामायण इन हिस्टोरिकल प्रसपैक्टिव, दिल्ली, 1982, पृ. 173
26. डी.सी. सरकार–आइ.एस.आर. VIII , अंक–1-2, जुलाई, 1981, एवं जनवरी–1982, पृ. 172
27. पी.वी. काणे–आइ.एस.आर.–I , द्वितीय संस्करण, पूना, 1968, पृ. 396, 402
28. बी.बी.लाल–हिस्टोरिसिटी आफ द महाभारत एंड रामायण : व्हॉट हैज आर्कियोलॉजी टु से इन द मैटर ?
29. जे.एल. ब्राकिंगटन–राइटिस राम : द इवाल्यूशन ऑफ एन एपिक, ऑक्सफोर्ड, 1984, पृ. 307, 309, 315
30. मु.व. शाह–भारतीय संस्कृति में शूद्रों का योगदान, संचेतना, अंक–60, 1980, दलित साहित्य विशेषांक–सम्पादक–महीप सिंह, चन्द्रकान्त बान्दिवडेकर
31. भगवानदास–वाल्मीकि जयन्ती और भंगी जाति, पृ. 18, दलित वर्ल्ड लाइब्रेरी, दिल्ली 1973
32. वाल्मीकि रामायण–उत्तरकांड, सर्ग–96, श्लोक–18, 24
33. भगवानदास, वही, 34
34. वही–पृ. 34
35. श्री प्रियादास प्रभीत–भक्तमाल टीका, पृ. 43
36. जोजेफ थलियथ–नोट्स ऑन स्क्वैंजर कास्ट ऑफ नार्थ मध्य प्रदेश, एंथरोपॉस, 56, 1981, पृ. 790।

गोहाना कांड : जातीय वैमनस्य की पृष्ठभूमि

गोहाना (सोनीपत, हरियाणा) कस्बे में 31 अगस्त, 2005 को दिन-दहाड़े 11 बजे वाल्मीकि बस्ती के 50 घरों में जाटों ने लूटपाट, आगजनी का जो तांडव किया वह भारतीय समाज-व्यवस्था की वर्चस्ववादी सोच और संकीर्ण मनोवृत्ति का परिचायक है।

'द ट्रिब्यून' समाचार पत्र की खबर के अनुसार 27 अगस्त, 2005 को वाल्मीकि बस्ती के निवासी शिव कुमार उर्फ काका पुराने बस अड्डे के पास स्थित फोटो स्टुडियो में आया और फोटोग्राफर से घर पर पत्नी का फोटो बनवाने का आग्रह किया। फोटो स्टुडियो तीन मंजिला इमारत के भूतल पर स्थित है। पुराना बस अड्डा वाल्मीकि बस्ती से सटा हुआ है। समाचार-पत्र लिखता है कि स्टुडियो के मालिक और घटना के चश्मदीद गवाह राजीव के अनुसार काका ने उससे उचित पैसे लेने की बात कही। राजीव ने कहा कि मैं आपको काफी समय से जानता हूँ, इसीलिए वाजिब पैसे ही लूँगा। इस बातचीत के समय वहाँ अशोक भी मौजूद था। अशोक उसी बिल्डिंग की दूसरी मंजिल पर अपने चचेरे भाई बलजीत सिवाच के साथ 'सिवाच सेल्स एवं पर्चेज' नामक फाइनेंस फर्म चलाता है। इस बातचीत में अशोक ने काका से कहा, "अगर लुगाई को दुकान पर ले आएगा, तो पाँच रुपए कम कर देगा।" काका को अशोक का इस तरह बोलना नागवार लगा, साथ ही अश्लील भी। उसने कड़े शब्दों में आपत्ति प्रकट की। दोनों में हाथापाई होने लगी। इसी बीच बाजार के कई लोग वहाँ बीच-बचाव के लिए आ गए। बलजीत भी उसमें शामिल था। बलजीत पास के ही गाँव घढ़वाल का रहनेवाला था। स्टुडियो वाले ने काका को यह कहकर घर जाने के लिए कहा कि वह उसके पीछे-पीछे आ रहा है, फोटो खींचने। इसी बीच वाल्मीकि बस्ती में एक महिला ने यह खबर पहुँचा दी कि बाजार में काका के साथ झगड़ा हो रहा है। खबर मिलते ही वाल्मीकि बस्ती के कई लोग बाजार की ओर दौड़े। काका उन्हें रास्ते में ही मिल गया था। वे सभी वापिस फोटो स्टुडियो पहुँचे। तब तक अशोक

वहाँ से फरार हो चुका था। लेकिन बलजीत वहाँ मौजूद था। जिसे उन लोगों ने मारा-पीटा। इस पिटाई में उसकी मौत हो गई।

पुलिस ने बलजीत की हत्या के आरोप में 27 अगस्त, 2005 को पाँच लोगों शिवकुमार उर्फ काका, वीरू, छोटा उर्फ हरी, और काका और लारा के खिलाफ मुकदमा (सं. 157 दिनाँक 27.08.05) दर्ज किया गया और 28 अगस्त को लारा को छोड़कर वाल्मीकि बस्ती के चार आरोपियों को गिरफ्तार कर लिया।[1]

फ्रंट लाइन के अनुसार लारा वाल्मीकियों का स्थानीय स्तर पर लोकप्रिय नेता है। उसके पिता भगवान वाल्मीकि सभा के अध्यक्ष हैं। लारा की अगुवाई में ही वाल्मीकि सभा की जमीन पर कब्जे की कोशिश को विफल किया गया था। कब्जे की कोशिश करनेवालों में एक पुलिस वाला भी था। इसी बीच 28 अगस्त को ही गाँव घढ़वाल में जाटों ने पंचायत बुलाई, जिसमें पुलिस को चेतावनी दी गई कि अड़तालिस घंटों के अन्दर वह हत्या के आरोपियों को गिरफ्तार करे। इस बैठक में लारा की गिरफ्तारी पर ज्यादा जोर था। लारा के बारे में पंचायत ने गाली-गलौच का इस्तेमाल किया।[2]

29 अगस्त को भी घढ़वाल में फिर बैठक हुई। 30 अगस्त को घढ़वाल में ही बुटाना, बरहा के आसपास के 12 गाँव की पंचायत, बुलाई गई। दैनिक भास्कर में प्रकाशित खबर के अनुसार इसकी अध्यक्षता बुटाना, बराह पंचायत के प्रधान बलबीर सिंह कुंड ने की। पंचायत में आरोप लगाया गया कि थानेदार और डी. एस.पी. रौनकी राय हत्यारों से मिले हुए हैं। इस पंचायत में यह भी कहा गया कि बलजीत की हत्या के मुख्य आरोपी की आरोप मुक्त करने का प्रयास किया गया, तो इसके गम्भीर परिणाम होंगे। बुटाना निवासी नफेसिंह, दलबीर सिंह ने कहा कि पुलिस की मिलीभगत से स्मैक, चरस व शराब का अवैध कारोबार चल रहा है। बरोदा के दलबीर सिंह ने कहा कि बलजीत की हत्या के आरोपी पहले भी हत्याएँ कर चुके हैं। चौधरी देवीलाल सहकारी मिल के निदेशक सरपंच चाँदराम ने कहा कि पंचायत को नरमी-गरमी दोनों बरतनी पड़ेगी। नहीं तो हत्या के आरोपी उन पर भारी पड़ेंगे। इसी पंचायत में अगली कार्रवाई के लिए एक समिति बनाई गई। अगली बैठक 31 अगस्त को बुलाई गई। इस पंचायत में डी. एस.पी. कुलदीप सिवाच को गोहाना में तैनात करने की माँग की गई। जाट जाति के कुलदीप सिवाच पहले भी गोहाना में रह चुके हैं।[3]

अनिल चमडिया और सुभाष गाताड़े अपनी रपट में लिखते हैं कि इस पंचायत का सबसे महत्त्वपूर्ण निर्णय मुख्यमन्त्री भूपेन्द्र सिंह हुड्डा को यह चेतावनी देने का था कि 31 अगस्त को 11 बजे तक मुख्यमन्त्री नहीं आए तो स्थिति बिगड़

सकती है।[4]

इस बीच 28 अगस्त को ही वाल्मीकि मोहल्ले के लोग घर-बार छोड़कर भागने लगे। स्थानीय समाचार पत्रों में छपी खबरों के अनुसार 29 अगस्त को नगरपालिका से 31 कर्मचारी गैरहाजिर थे। 30 अगस्त को भी तीस कर्मचारी गैरहाजिर रहे। 31 अगस्त को बढ़कर यह संख्या 45 हो गई थी। 31 अगस्त को केवल एक परिवार दीवान सिंह और उनकी पत्नी रिसालो ही मोहल्ले में मौजूद था। रोहतक और पानीपत से समाचार पत्रों में खबर आई कि रोहतक में बारह वाल्मीकि और पानीपत में गोहाना के अधिकतर परिवारों ने शरण ली।[5]

31 अगस्त को विकास नगर के सत्संग भवन में पंचायत बुलाई गई। स्थानीय खबरों के अनुसार पंचायत के लोगों से डिप्टी कमिश्नर, एस.पी. और एस.डी.एम. ने बातचीत की। मगर पंचायत की बैठकों ने स्थिति काफी बिगाड़ दी थी। स्थानीय समाचार पत्रों के अनुसार करीब डेढ़ सौ दो सौ से अधिक लोग लाठी, सरिया और गंडासे लेकर वाल्मीकि बस्ती में घुस आए थे। सबसे पहले रामलाल उर्फ बॉबी, जो कांग्रेसी नेता हैं, के घर पर हमला किया गया। घर के दरवाजे को तोड़ा गया। फ्रिज, टी.वी., व अन्य सामान तोड़-तोड़कर सड़क पर बिखेर दिए। इसके बाद गैस सिलेंडर के नॉब खोल दिए गए। जब गैस पूरे घर में फैल गई तो पटाखों की लड़ियाँ घर के अन्दर फेंक दी गई। इसी तरह एक-एक कर करीब दर्जन भर घर फूँक दिए। फिर वाल्मीकि बस्ती से डेढ़ सौ मीटर दूर बने अलग-अलग घरों के बीच चार वाल्मीकि घरों को चुन-चुनकर आग के हवाले कर दिया गया।[6]

वाल्मीकि परिवार दो दिन पहले ही हमले की आशंका के कारण घर छोड़ चुके थे। हमले के समय एक मात्र परिवार मौजूद था, जिसने किसी तरह भागकर अपनी जान बचाई। मौके पर डिप्टी कमिश्नर और एस.पी. खुद पुलिस बल के साथ मौजूद थे। लेकिन बस्ती फूँकने आए लोगों को पुलिस प्रशासन ने उत्पात मचाने से नहीं रोका।[7]

बाद में पुलिस ने सन्तोष व्यक्त किया कि घटना में किसी की मौत नहीं हुई है, और न ही कोई घायल हुआ है।[8] महानिरीक्षक वी.एन. राय ने बताया–'भीड़ पर पुलिस द्वारा गोली चलाए जाने का कोई कारण नहीं था। क्योंकि इससे किसी की जान को खतरा नहीं था। भीड़ में शामिल लोग खाली मकानों को जला रहे थे।'[9] महानिरीक्षक वी.एन. राय का खाली मकानों का आशय उनमें सामान तो भरा था, लेकिन कोई जीवित (जान) लोग नहीं थे। वहीं उपयुक्त सुरेश गोयल ने कहा कि यह सब (भीड़ की कार्रवाई) पन्द्रह मिनट चली। जबकि प्रत्यक्षदर्शियों को कहना है कि लगभग तीन घंटे तक आगजनी, लूटपाट होती रही।

आई.जी.पी. रोहतक रेंज के अनुसार भीड़ वाल्मीकि बस्ती में घुसी और मकानों पर पैट्रोल डालकर उनमें आग लगा दी और फिर गायब हो गए... 35 घरों में तोड़-फोड़ की लेकिन कोई घायल नहीं हुआ क्योंकि वे पहले ही घरों से बाहर जा चुके थे।[10]

इस घटना को अंजाम देनेवालों में प्रमुख थे किशन सिंह सांगवान, सांसद, भाजपा, सोनीपत, के दोनों पुत्र। लेकिन पुलिस किसी को भी गिरफ्तार नहीं कर पाई। लगभग एक हजार लोग इस आगजनी से प्रभावित हुए।[11]

अनिल चमडिया और सुभाष गाताड़े अपनी रिपोर्ट में लिखते हैं कि सोनीपत अनुमंडल गोहाना में हमले 31 अगस्त, 2005 को सुबह 11 बजे शुरू हुए और लगातार तीन घंटे तक चले। वाल्मीकि मोहल्ला, शान्ति अस्पताल के सामने और आर्यनगर वाल्मीकि मोहल्ला समता चौक पर सड़क के एक ओर मोहल्ले में तंग गलियाँ हैं। इस मोहल्ले में डेढ़ सौ के आसपास पक्के मकान हैं। इनमें स्थानीय नगरपालिका में सफाई कर्मचारी के रूप में काम करनेवालों की तादाद सबसे ज्यादा है। कई सेवानिवृत्त कर्मचारी भी हैं। सेवानिवृत्ति के बाद उन्हें अच्छी-खासी रकम मिली थी। यहाँ एक खास बात यह देखी गई कि बस्ती में विधवाएँ ज्यादा हैं। वे मेहनत-मजदूरी करके बच्चों का पालन-पोषण करती हैं। कई दूसरे सरकारी व निजी संस्थानों में सफाई कर्मी के अलावा दूसरे पदों पर कार्यरत हैं। मकान एक मंजिला से तीन मंजिला तक हैं। घरों में डी.टी.एच, कम्प्यूटर, रंगीन-श्याम श्वेत टेलीविजन, फ्रिज, एल.पी.जी. से जलनेवाले चूल्हे, वाशिंग मशीन आदि थे। सोफा सेट, पलंग, दीवान आदि से ड्राइंग रूम और बेड रूम भरे हुए थे।[12]

वाल्मीकि मोहल्ले में जानेवाले मुख्य रास्ते के पास एक पुराना वाल्मीकि मन्दिर है। जब गोहाना, गोहानाबाद हुआ करता था, तब भी यह मन्दिर वहाँ मौजूद था। इसके अलावा भी इस मोहल्ले में और भी कई मन्दिर हैं। समता चौक पर सड़क के दोनों ओर चौबीसों घंटे किराए पर गाड़ियाँ उपलब्ध करानेवाली ट्रैवल एजेन्सियाँ हैं, टेंट हाउस, सेनेट्री पेन्ट्स, पी.वी.सी. पाइप एंड हार्डवेयर की बड़ी-सी दुकान है। रॉयल इन्स्टीट्यूट ऑफ कम्प्यूटर टैक्नालॉजी, अंग्रेजी सिखानेवाला इन्स्टीट्यूट, गाड़ियों की खरीद-बिक्री करनेवाली दुकानें हैं, ऑटो-स्पेयर्स की आधा दर्जन दुकानें हैं, चौक और सड़क रात-दिन व्यस्त रहती हैं। शान्ति अस्पताल गोहाना का एक बड़ा अस्पताल है। उसके सामने एक आरा मशीन है, जहाँ लकड़ियों का ढेर पड़ा है। यहीं वाल्मीकियों की आधुनिक कोठियाँ हैं। इसमें वाल्मीकि जाति के प्रेमचन्द की भव्य कोठी है। इसके बगल में ईश्वरदास का मकान है। दूसरा हमला यहीं हुआ। हमले की तीसरी जगह शान्ति अस्पताल के

पीछे की तरफ आर्यनगर है (नीलम सिनेमा के निकट) जहाँ पचास के आसपास लोगों के मकान और कोठियाँ हैं। इनमें अन्य दलित जातियों के साथ ही वाल्मीकि जाति के लोग रहते हैं, जिनमें कई आधुनिक कोठियाँ हैं, वाल्मीकियों की संख्या लगभग आधी है। तीनों जगहों पर हमले के पहले घर से आखिरी घर तक की दूरी एक किलोमीटर से भी ज्यादा है। इस बीच सैकड़ों दूसरे लोगों के घर और दुकानें हैं, उन्हें कोई नुकसान नहीं पहुँचाया गया है। चुन-चुनकर वाल्मीकियों के घरों में ही आग लगाई गई और लूटपाट की।

घटना के चार दिन बाद (4 सितम्बर, 2005) जब वहाँ जन हस्तक्षेप, निशान्त नाट्य मंच, दलित अत्याचार विरोधी समन्वय समिति (दिल्ली) एवं दलित मुक्ति संगठन, जन अधिकार मंच, नौजवान भारत सभा (हरियाणा) की टीम पहुँची तो वाल्मीकि मोहल्ले में एस.डी.एम. के नेतृत्व में सरकारी अमला, आगजनी, तोड़-फोड़ और लूटपाट के शिकार घरों की सफाई करने में जुटा था। सफाई का जोर ऐसे घरों में खासतौर से था, जिनके निवासी हमले से पहले और 28 अगस्त की जाट-पंचायत की धमकी के बाद अपना घर छोड़कर जाने के बाद अभी तक वापिस नहीं आए थे। टी.वी. पर हमले की खबरें सुनने व देखने के बाद कई पीड़ितों के रिश्तेदार आए थे। लेकिन वे भी बेहाल थे। कोई आधा दर्जन मकानों की सफाई सरकारी मशीनरी द्वारा प्रमाण मिटाने की कोशिश थी। टीम ने इस कार्रवाई में हस्तक्षेप किया तो सफाई का काम रोक दिया गया। मोहल्ले के लोगों ने आगजनी और लूटमार से प्रभावित घरों की वीडियोग्राफी अपने स्तर पर कराने की कोशिश की थी।

कुछ परिवार तो जाटों की पंचायत की धमकी के बाद घर छोड़कर जाने लगे थे। कुछ पुलिस के आतंक से, क्योंकि बलजीत की हत्या में आरोपी लोगों के साथ निर्दोष लोगों को भी तंग करना शुरू कर दिया था। महिलाओं को पुलिस ज्यादा तंग कर रही थी। शिवकुमार उर्फ काका की माँ को पुलिस ने गिरफ्तार कर लिया था। वीरमती और लक्ष्मी ने टीम को बताया कि हमलावरों ने गली के बाहर ट्राली लगा ली थी और उस पर जितना सामान भर सके, उसे साथ ले गये। बाकी चीजें तोड़-फोड़ करके आग लगायी थी। सुनीता और उसके पति बृजलाल ने टीम को जला हुआ घर दिखाते हुए बताया कि उनका टी.वी., पंखे, गैस सिलेंडर तक उठा ले गए हैं। उन्होंने यह भी बताया कि पुलिस थाने का सिपाही सतबीर हुड्डा ने 31 अगस्त से पहले उन्हें मकान खाली कर देने की चेतावनी दी थी। सिपाही पुलिस की गाड़ी में आया था, और गली के बाहर थानेदार के बैठे रहने की जानकारी दी थी।

रवीन्द्र कुमार ने भी अपने तहस-नहस और लुटे हुए घर को दिखाया। उसके घर को तहस-नहस कर दिया था। सुभाष की माँ शान्ति कहती हैं—अन्दर जाकर देख लो। पहले भरा हुआ था, लूटकर ले गए। सेवानिवृत्त हो चुकी हैं। शशि और राखी जिनकी एक-दो महीने में शादी करनी थी। शादी के लिए जोड़ा गया सामान उठा ले गए। सेवानिवृत्ति के पैसे से घर बनाया था। अब बहू मजदूरी करती है। अशोक कुमार, कृष्ण कुमार ने भी अपना लुटा हुआ घर दिखाया। करन राम सी.ए. कर रहा है, उसका कम्प्यूटर उठाकर ले गए।

पीरदादा के पूजा स्थल के पास पचास घरों पर हमला हुआ। घरों में आग लगा दी गई। गैस सिलेंडर फट गए। दरवाजे जले हुए हैं, दीवारों में जगह-जगह दरारें दिखाई पड़ रही हैं।

ईश्वर सिंह के घर पर लूटपाट, तोड़फोड़ की गई। आर्यनगर के 44 नं. मकान का सामान बिखरा पड़ा है। यह रत्ती का घर है। उसके पति छबीला राम रोडवेज में काम करते हैं। उसके घर को जला दिया गया। 45 नं. में सेवा राम की विधवा पत्नी रोशनी ने बताया कि उनके घर में हमलावरों में पहले दारू पी। वहाँ बोतले पड़ी मिलीं। फोन टूटा पड़ा है। बक्सा तोड़कर फेंक दिया गया है।

मंजू की माँ चुन्नु के घर में सूअरों की खरीद-बिक्री का कारोबार है। राजस्थान से उनका व्यापार होता है। घर में लाखों नकद रुपए थे, क्योंकि कारोबार के लिए हर समय रुपयों की जरूरत पड़ती है, जिसे लूटकर ले गए। चुन्नु हमले की चशमदीद गवाह है। 31 अगस्त को हजारों की संख्या में हमलावर हथियारों के साथ आए थे। जिन्हें देखकर वह भाग गई और जिन्द की बस में सवार हो गई। बस जाम के कारण वाल्मीकि मोहल्ले के पास रुकी हुई थी। उसने बताया कि हमले के समय वाल्मीकि बस्ती में पुलिस थी। उनके घर पर हमला करनेवालों में विकास मोर था। 4 सितम्बर को जब टीम वहाँ पहुँची तब भी जलने की बदबू आ रही थी। पीछे के घर में रहनेवाले सोनू ने बताया कि पहले उससे हमलावरों ने जाति पूछी, जब उन्हें यह पता चला कि वह वाल्मीकि नहीं है, तो उसे जान से नहीं मारा, फिर भी तब तक घायल तो कर ही चुके थे। उसी ने बताया कि हमलावर मंगलदास सौदा के घर का दरवाजा गंडासे से तोड़ने लगे तो वह बचकर भाग निकला। हमलावरों ने अपने साथ लाई गाड़ियों में लूट का सामान लाद लिया था। 48 नं. में रामकुमार के घर लक्ष्मण की शादी हाल ही में हुई थी। ढाई लाख रुपए का सामान आया था। बावन हजार रुपए नकद थे। सब कुछ लूट कर ले गए।[13]

लूटपाट और आगजनी के समय डिप्टी कमिश्नर और एस.पी. भारी पुलिस बल के साथ मौजूद थे। मगर बस्ती फूँकने आए लोगों को पुलिस ने, प्रशासन ने

उत्पाद मचाने से नहीं रोका।[14]

गाँव बुटाना के पूर्व सरपंच चाँदराम ने कहा कि पंचायत अब कार्रवाई करके ही दम लेगी। गाँव घढ़वाल निवासी करण सिंह ने कहा राजनेताओं को पंचायत से दूर रखा जाए, तथा करो या मरो की नीति अपनाई जाए। आगे की कार्रवाई करने के लिए एक कमेटी का गठन किया गया। इसमें बाहरा के प्रधान बलबीर सिंह कुंडू के अलावा दलबीर मोर, नफे सिंह सांगवान, लहणा सिंह, महीपाल, प्रेम सिंह, रामकुमार, धूप सिंह, प्रताप सिंह, नरेश, रामधारी, राजबीर, रामफल, माना राम, सत्यनारायण, मलिक राज, राजु मोर, राधेश्याम, सुमेर चहल, फूल सिंह, सुरेन्द्र सिंह, मनोज कुमार को शामिल किया गया।[15]

गोहाना के वाल्मीकि संगठित और आर्थिक रूप से सम्पन्नता की ओर बढ़ रहे थे। यह भी इस आगजनी और लूटपाट का एक कारण है। वाल्मीकि संगठन सक्रिय हैं। उनके बीच नए तेवर का नेतृत्व उभर रहा है। जबकि वर्ग-व्यवस्था के तहत खुद को श्रेष्ठ माननेवाली जातियाँ उन्हें पुरानी स्थितियों में देखने की अभ्यस्त हैं। जातीय उत्पीड़न को अपना अधिकार समझना, अपना वर्चस्व बनाए रखने की हर सम्भव कोशिश करना। गोहाना में वाल्मीकि युवक से उसकी पत्नी के बारे में जाट युवक का दृष्टिकोण इसका एक उदाहरण है। गोहाना हमले के बाद एक पूर्व शिक्षक की प्रतिक्रिया से इस तथ्य की पुष्टि होती है—'यह तो होना ही था, इन्हें दलित (वाल्मीकियों को) कैसे कहा जा सकता है, जबकि इनके पक्के मकान हैं। जाट किसानों की स्थिति अच्छी नहीं है, और इन दलितों ने लाखों के मकान खड़े कर लिए हैं।'[16]

व्यक्तिगत स्तर पर किसी दलित द्वारा अपनी पहचान के लिए संघर्ष को उसकी 'अकड़' कहा जाता है, या फिर इसे जाटों के खिलाफ हमला ठहराया जाता है। इसके बदले में जाट अपनी ताकत व सत्ता दर्शाते हैं। ऐसा करने का मुख्य माध्यम पंचायतें हैं। ये पंचायतें ऊँची जातियों खासकर, जाटों के प्रभुत्व को दृढ़ बनाती हैं। इन पंचायतों की ताकत व सजा दे सकने व उसे लागू करने की इनकी क्षमता तलाब और दुलीना दोनों जगह दिखाई दी। राज्य कुछ ना करके इन पंचायतों की ताकत, कानूनी शासन व्यवस्था और दलितों को मिले संवैधानिक अधिकारों की धज्जियाँ उड़ा देती है।[17]

पंचायतें हमेशा दलित विरोधी रही हैं। इसका जीता-जागता उदाहरण हरियाणा की पंचायतें हैं। क्योंकि पंचायतें सत्ता और सम्पन्नता की सुरक्षा का एक माध्यम ही सिद्ध होती हैं। जिसने समाज को आधुनिक दिशा बोध से काटकर घोर संकीर्णतावादी और पुरातनपंथी बनाया है।

सबसे बड़ा सवाल यहाँ जाति-पंचायतों को लेकर है। ये पंचायतें सिद्धान्ततः तो लोकतन्त्र की मूल इकाइयाँ हैं, मगर क्या इतनी निरंकुश और स्वायत्त है कि किसी को भी जान से मार डालें ? बस्तियाँ जला दें ? अशिक्षित, अनपढ़, सामन्ती मूल्यों में रहनेवाले पंच और सरपंच सत्ता पाकर यही सब नहीं करेंगे तो कौन करेगा ? हमारा सोचना है कि इन जाति-पंचायतों को तत्काल कानूनी नियन्त्रण के दायरे में लेना चाहिए। इन्हें तब तक मान्यता नहीं मिलनी चाहिए, जब तक इनमें गाँव-समाज के हर वर्ग और वर्ण की प्रभावशाली भागीदारी न हो। जातियों की पंचायतों को मान्यता देना जातिवाद और आपसी विद्वेष को बढ़ाना है। बहरहाल, हर पंचायत के समय निगरानी के लिए मजिस्ट्रेट पुलिस और अन्य सरकारी तन्त्र जरूर मौजूद हों। व्यक्तिगत कानून के नाम पर सारे कानूनी और संवैधानिक मसले तय करने का अधिकार इन पंचायतों के पास बिल्कुल नहीं होना चाहिए।[18]

'सहारा समय' अपने सम्पादकीय में लिखता है—'गोहाना में वाल्मीकि बस्ती के पचास घरों में अब सिर्फ खाली दीवारें और जली हुई चीजों की राख है। हरियाणा के सोनीपत जिले की इस तहसील की बस्ती में ज्यादातर सफाई मजदूर रहते हैं। सौभाग्य से इस घटना में किसी की जान नहीं गई लेकिन दलित परिवारों की सारी गृहस्थी भस्म हो गई, जिसमें स्कूली बच्चों के कपड़े, और बस्ते भी थे। बताया जा रहा है कि यह अग्निकांड जाट समुदाय के एक व्यक्ति की हत्या का प्रतिशोध लेने के लिए किया गया और अब इस समुदाय की पंचायत कह रही है कि जिन दलितों के घर लुटे और जलाए गए वे सब असामाजिक तत्त्व थे। यह भी कहा गया कि घटना से दो दिन पहले पंचायत ने दलितों के खिलाफ कार्रवाई के फैसले की सूचना प्रशासन को दे दी थी, लेकिन हरियाणा पुलिस ने उसे रोकने के लिए कुछ नहीं किया। इसका अर्थ है कि दलितों के घर फूँकने, लूटने का यह काम आकस्मिक प्रतिक्रिया या स्वतःस्फूर्त क्रोध में नहीं, बल्कि सोच-समझकर, योजनाबद्ध और तथाकथित पंचायती न्याय के आधार पर किया गया है, और पंचायत का अहंकार देखिए कि वह कानून हाथ में लेने, लूटपाट और आगजनी करने को 'न्यायोचित' मान रही है।'[19]

इंडियन जस्टिस पार्टी के अध्यक्ष उदितराज लिखते हैं—'जब मैंने 2 सितम्बर को गोहाना में दलितों के जले हुए घरों को देखा तो ऐसा लगा जैसे शत्रु देश में आक्रमण किया हो। 31 अगस्त, 2005 को गोहाना (हरियाणा) में जिस तरह दलितों के लगभग पचास घर फूँके गए। उससे एक बार फिर सिद्ध हुआ कि हजारों वर्षों की मनुवादी मानसिकता आज भी खत्म नहीं हुई है।'[20]

इसी लेख में वे आगे कहते हैं–'31 अगस्त को पुलिस अधीक्षक और डी.एस.पी. की मौजूदगी में दोपहर बारह बजे से लगभग तीन घंटे तक घरों को फूँका जाता रहा। जेवरात, रुपए लूटे गए, देश की राजधानी दिल्ली की नाक के नीचे यह सब होता रहा। और प्रशासन मूक दर्शक बना रहा। गोहाना से सोनीपत और पानीपत की दूरी सिर्फ इतनी है कि आधे घंटे में पुलिस बल बुलाया जा सकता था, लेकिन प्रशासन ने ऐसा नहीं किया।'[21]

सुप्रसिद्ध पत्रकार राजकिशोर लिखते हैं–'हरियाणा के गोहाना गाँव में वाल्मीकियों के पचास घर फूँक दिए गए, निश्चय ही यह एक बर्बर घटना है, और चारों तरफ उसकी जिस तीव्रता से भर्त्सना हुई है, वह उचित ही है। ऐसा लगता है कि पिछले दो दशकों में विकसित तमाम दलित विमर्श के बावजूद जमीनी यथार्थ ज्यादा नहीं बदला है, और दलित विरोधी आक्रोश अब भी पहले की तरह कायम है। कहीं दलितों को अपमानित किया जाता है, कहीं उनकी बहन-बेटियों के साथ दुर्व्यवहार किया जाता है। दलित-विरोधी फिकरे तो कहीं भी सुने जा सकते हैं।'[22]

इस घटना की गहराई से जाँच-पड़ताल करते हुए राजकिशोर लिखते हैं–'गोहाना घटनाक्रम में तीन मोड़ हैं और किसी भी मोड़ पर हिंसा को रोका जा सकता था। जब दलित युवक की पत्नी पर फिकरा कसा गया, उसी समय वहाँ उपस्थित लोगों को हस्तक्षेप करना चाहिए था... लेकिन ऐसा नहीं हुआ। उस युवक ने अपने और अपनी पत्नी के सामने अपने आपको अकेला पाया। उसके लिए यह एक व्यक्ति का अपमान नहीं था, बल्कि उसकी जाति का अपमान था, पूरे समुदाय का अपमान था। दुर्भाग्यवश, अगड़ी जातियों के मन में अभी भी यह बात बैठी हुई है कि दलितों की बेइज्जती करना उनका हक है और बेइज्जत होने के बाद दलितों को सिर झुकाकर अपनी बेइज्जती चुपचाप स्वीकार कर लेनी चाहिए। यह मध्ययुगीन नजरिया है। जो आज के जमाने में नहीं चल सकता है ?'[23]

गोहाना कांड सिर्फ एक अग्निकांड नहीं है, यह समाज-व्यवस्था की क्रूर वास्तविकता का ही एक नया अध्याय है। पिछले वर्ष हरियाणा के ही झज्जर जिले में पाँच दलितों को मार डाला था। इस कांड में भी पुलिस की भूमिका एकपक्षीय थी। बल्कि हत्या पुलिस की मौजूदगी में ही हुई थी। पुलिस की मिली-भगत होने के पुख्ता सुबूत थे। हरियाणा में पंचायतों की तानाशाही कुख्यात है, और उनके सामन्तवादी, जातिवादी फैसलों के चलते दलितों, महिलाओं का उत्पीड़न हाल के वर्षों में हरियाणा की पहचान बन गई है। पंचायतें बुनियादी लोकतन्त्र और लोक

प्रशासन की संस्थाएँ मानी जाती हैं। जिनसे समता और न्याय के मूल्यों की प्रतिष्ठा और रक्षा करने की उम्मीद की जाती है, लेकिन सामन्ती–जातिगत ताकतों के नियन्त्रण के चलते, खासकर हरियाणा जैसे राज्यों में उनका आचरण अक्सर जन विरोधी होता है। जाति की जकड़नों से विद्रोह करने और अपनी इच्छा से स्वतन्त्र जीवन जीने की कोशिश करनेवाले युवक-युवतियों को दंडित और उत्पीड़ित करना पंचायतों का काम हो गया है। क्योंकि जिन पंचायतों को राष्ट्रहित में सामाजिक बदलाव और जागरूकता लाकर विकास की धारा से जोड़ना चाहिए वे उसे और पीछे ले जाने के साथ-साथ जातीय पूर्वाग्रहों को मजबूत करने में लगे हैं।

गोहाना कांड पर वाल्मीकि-समाज को पुनर्विचार और मंथन विश्लेषण करना होगा। जैसी सामूहिकता, विरोध, जिस स्तर पर दिखाया है, इस समाज ने, वह भविष्य की ओर संगठनात्मक विकास का संकेत है। अमृतसर, जालन्धर, लुधियाना, चंडीगढ़, पंचकूला, अम्बाला, सहारनपुर, देहरादून, दिल्ली, मुजफ्फरनगर, मेरठ, राजस्थान के अनेक नगरों आदि में जो प्रतिक्रिया हुई, वह भविष्य की धारा को प्रभावित करेगी।

इस षड्यन्त्र में निवर्तमान भाजपा सांसद किशन सिंह और उनके दोनों बेटों का नाम उभर कर सामने आया है। चाहे जो भी हो सम्पन्न होते वाल्मीकि परिवार एक बार फिर अपनी उसी पूर्व स्थिति में आ गए हैं। तिनका-तिनका जोड़कर उन्होंने अपने घर बनाए, सुविधाएँ जुटाईं और पल-भर में फिर से उनके घरों को खंडहर बना दिया गया। यह हजारों साल की मानसिकता है जिसे स्मृतिकारों, धर्मसूत्रकारों ने संस्कार और परम्परा के रूप में हिन्दू समाज को दिया है।

विरोध में सड़कों पर उतरे वाल्मीकि-कार्यकर्ताओं ने राष्ट्रीय मार्ग को जाम कर दिया, और कई सरकारी बसों पर हमला किया, मानवधिकार आयोग ने मामले को गम्भीरता से लेते हुए हरियाणा के मुख्य सचिव और सोनीपत के जिलाधिकारी से इस घटना पर अपनी टिप्पणियाँ भेजने के निर्देश दिए हैं।[24] अम्बाला में भी स्थिति तनावपूर्ण रही। हिसार के हांसी कस्बे में दिल्ली-हिसार राजमार्ग बन्द कर दिया गया।[25] पीली बंगा (राजस्थान) के वाल्मीकि समाज न्याय मोर्चा, सांसी समाज, धानक समाज के पदाधिकारियों ने मानवाधिकार आयोग को संयुक्त हस्ताक्षरित पत्र भेजकर अपना विरोध प्रकट किया।[26] अमृतसर, कपूरथला में विरोधियों का प्रदर्शन हिंसक हो उठा था। पुलिस को भीड़ पर आँसू गैस, लाठी चार्ज, हवाई फायरिंग करना पड़ा। इन झड़पों में अमृतसर में पचास से अधिक लोग घायल हुए। साथ ही तीन दर्जन वाहनों को क्षतिग्रस्त कर दिया गया।

विद्रोहियों ने कपूरथला में मणि महेश मन्दिर के पंखे तोड़ दिए।[27]

गोहाना कांड के विरोध में वाल्मीकि महासभा ने हरियाणा बन्द का आह्वान किया। पंचकुला, मुरादाबाद, सहारनपुर आदि स्थानों पर उग्र प्रदर्शन हुए। कुछ स्थानों पर तोड़-फोड़ भी हुई। फिरोजपुर, लुधियाना, होशियारपुर में प्रदर्शन हुए।[28]

गोहाना कांड कोई ऐसी पहली घटना नहीं है। पूर्व गुजरात, दक्षिण भारत के अन्य राज्यों, उत्तर प्रदेश में, महाराष्ट्र आदि राज्यों में ऐसी घटनाएँ होती रहीं। उ. प्र. के हमीरपुर जिले के एक गाँव में जब वाल्मीकि समाज के लोगों ने अपनी पंचायत की आज्ञानुसार गाँव का मलमूत्र उठाने से इंकार कर देने पर ग्राम समुदाय के अन्य निम्नस्तर के सेवकों और अधिकारियों ने उनको किसी भी प्रकार की सेवा-सुविधाएँ देने से इंकार कर दिया। इस बदले की भावना के कारण इस समाज को अपना निर्णय रद्द करना पड़ा यानी वे इस पेशे को छोड़ना चाहते थे लेकिन हिन्दू समाज ने उन्हें यह काम करने के लिए बाध्य किया। लखनऊ के निकट कोरी गाँव में जब नाइयों ने वाल्मीकियों की हजामत करने से मना कर दिया, तो उन्होंने उनके घर, सड़कों को बुहारने के काम को बन्द करने की धमकी दी। पूना-बंगलौर मार्ग पर कोल्हापुर से 18 मील दूर टोप के सवर्ण हिन्दुओं ने सरकार की कार्रवाई का विरोध किया, जब सरकार ने स्थानीय हरिजन सहकारी कृषि समिति को भूमि का अनुदान दिया। उस भूमि पर जब घास उग आई तथा तैयार हो गई तो सवर्ण हिन्दू उन खेतों में घुस गए और घास नष्ट कर दी। सन् 1953 में मैसूर में दशहरे के आनन्दोत्सव के कार्यक्रमों को लेकर सवर्ण हिन्दू पहलवानों तथा राज्य के कानून मन्त्री के बीच इस प्रश्न पर विवाद खड़ा हो गया कि दलित पहलवानों को भी उसी अखाड़े में प्रवेश करने दिया जाए, जहाँ सवर्ण हिन्दू पहलवान अपनी वीरता तथा करतब दिखानेवाले थे। यह झगड़ा इतना बढ़ा कि दोनों पक्ष अपनी बात पर अड़ गए और विवाद का रूप ले लिया।

1955 में अहमदनगर जिले के अगड़ गाँव में एक दलित और दो सवर्ण हिन्दुओं के बीच इसलिए गाली-गलौज हो गया कि उसने उनके प्रति आदर नहीं दिखाया। इस पर सवर्णों ने उनके घरों पर हमला कर दिया, जिसमें तीस स्त्री-पुरुष्रों को चोट आई। जब राजस्थान में जोधपुर के निकट मथानिया गाँव में पशु की खाल उतारनेवाले बांमियों ने गाँव के मरे मवेशियों को हटाने और खाल उतारने से इंकार कर देने से, सवर्णों ने उनका संगठित बहिष्कार कर दिया था। उ.प्र. के बाराबंकी में भंगियों की हजामत न करने पर उन्होंने नाइयों के मुहल्ले की सफाई रोक दी थी, पूरे गाँव ने भंगियों का बहिष्कार कर दिया था। बड़ौदा के साँपला गाँव में जब छित्तालाल दलित ग्राम पंचायत सदस्य, सवर्ण हिन्दू सदस्यों के सामने, सभा की कार्यवाही के

दौरान, बैठ गया तो सवर्ण सदस्यों ने उसका सामूहिक अपमान किया, और इतना प्रताड़ित किया कि वह गाँव छोड़ने पर मजबूर हो गया।

सन्दर्भ-सूची

1. द ट्रिब्यून, 8 सितम्बर, 2005
2. फ्रंट लाइन, 28 सितम्बर, 2005
3. दैनिक भास्कर, 1 सितम्बर, 2005
4. अनिल चमडिया और सुभाष गाताड़े, महावीर समता सन्देश, 10 अक्टूबर, 2005, उदयपुर
5. गोहाना–अनिल चमडिया, सुभाष गाताड़े की प्रकाशित रिपोर्ट
6. दैनिक भास्कर, 1 सितम्बर, 2005, पानीपत
7. दैनिक भास्कर, 1 सितम्बर, 2005 पानीपत, संजय मिश्र, देवेन्द्र सैनी की रिपोर्ट
8. द हिन्दू, 3 सितम्बर, 2005, नई दिल्ली
9. फ्रंट लाइन, अंक–23, सितम्बर, 2005
10. द हिन्दू, 1 सितम्बर, 2005, नई दिल्ली
11. वही
12. गोहाना–अनिल चमडिया, सुभाष गाताड़े की प्रकाशित रिपोर्ट, पृ. 3
13. वही
14. दैनिक भास्कर, 1 सितम्बर, 2005, पानीपत, संजय मिश्र, देवेन्द्र सैनी की रिपोर्ट
15. अमर उजाला, 31 अगस्त, 2005, गोहाना
16. फ्रंट लाइन, 23 सितम्बर, 2005
17. हरियाणा में गौ रक्षा की राजनीति–पी.यू.डी. दिल्ली, अप्रैल, 2003 की प्रकाशित रिपोर्ट
18. हंस, अक्टूबर, 2005, मेरी-तेरी उसकी बात, राजेन्द्र यादव, पृ. 8
19. सहारा समय, 13 सितम्बर, 2005, नोएडा
20. अमर उजाला, 6 सितम्बर, 2005, उदित राज का लेख–मनुवादी सोच का परिणाम
21. वही
22. अमर उजाला, 13 सितम्बर, 2005, देहरादून, राजकिशोर का लेख–गोहाना में अहिंसा की तलाश
23. वही
24. जनसत्ता, 13 सितम्बर, 2005, नई दिल्ली
25. वही
26. प्रशान्त ज्योति, 4 सितम्बर, 2005, श्री गंगा नगर, राजस्थान
27. अमर उजाला, 6 सितम्बर, 2005
28. वही, 3 सितम्बर, 2005
29. द टाइम्स ऑफ इण्डिया–27.7.53, 13.8.53, 7.10.53, 16.10.53
30. द टाइम्स ऑफ इण्डिया–13.1.55, 22.1.55, 29.3.55, 11.11.55

परिशिष्ट-I

विभिन्न प्रदेशों में वाल्मीकि जातियों, उपजातियों को विभिन्न नामों से जाना जाता है—

प्रदेश / राज्य	जातियाँ / उपजातियाँ
आंध्र प्रदेश	मेहतर, माल
आसाम	मेहतर, भंगी, लालबेगी
बिहार	हरी, मेहतर, भंगी, लालबेगी
गुजरात	भंगी, मेहतर, ओलगना, रूखी, मलकाना, हलालखोर, लालबेगी, वाल्मीकि, कोरार, जडमल्ली, मेघवाल
हरियाणा	वाल्मीकि, चूहड़ा, भंगी, मज़हबी
हिमाचल प्रदेश	वाल्मीकि, भंगी, चूहड़ा, चूहड़े, मज़हबी
जम्मू और कश्मीर	चूड़ा
केरल	चंडाल
मध्य प्रदेश	भंगी, मेहतर, वाल्मीकि, लालबेगी, धारकर, डोम, डूमार, रूखी
महाराष्ट्र	भंगी, मेहतर, ओलगना, रूखी, मलकाना, हलालखोर, लालबेगी, वाल्मीकि, कोरार, जडमल्ली
मेघालय	मेहतर, भंगी, लालबेगी
मणिपुर	मेहतर, भंगी
उड़ीसा	मेहतर, भंगी, बालमिकी, वालाकिकी, हाडी
पंजाब	बाल्मीकि, चूहड़ा, भंगी, मज़हबी, लालबेगी, मुसल्ली, डोम बालमीक, बालनीक
राजस्थान	भंगी, चूहड़ा, मेहतर, ओलगना, रूखी, मलकाना, हलालखोर, लालबेगी, बाल्मीकि, वाल्मीकि, कोरार, जडमल्ली, मेघवाल
तमिलनाडु	परैयान, चंडाल
त्रिपुरा	मेहतर, भंगी

उत्तर प्रदेश	बल्हार, बालमीक, बाल्मीकि, वाल्मीकि, हेला, मजहबी, धानुक, डोम बंसोड, ख़ाकरूब, हाडी, भंगी, हलालखोर, दारापुरी रावत, गोजी पुरी रावत, डूमार
बंगाल	मेहतर, मेहतोर, हारी, भंगी, भुईमाली, डोम, हेला
उत्तरांचल	डोम, बाल्मीकि, शिल्पकार

सन्दर्भित पुस्तकों की सूची

1. रामशरण शर्मा : 1. शूद्रों का प्राचीन इतिहास, राजकमल प्रकाशन प्रा.लि., नई दिल्ली, 1992
   2. पर्सपैक्टिव इन सोशल एंड इकोनोमिक हिस्ट्री ऑफ अर्ली इंडिया, 1983
2. डॉ. भीमराव अम्बेडकर : 1. सम्पूर्ण वाङ्मय, खंड-1, 6, 13, डॉ. अम्बेडकर, प्रतिष्ठान, कल्याण मंत्रालय, भारत सरकार, नई दिल्ली, 1998
   2. जाति प्रथा उन्मूलन
   3. हू वर शूद्राज ? 1946, बम्बई
   4. भगवान बुद्ध और उनका धर्म–अनुवाद भदन्त आनन्द कौशल्यायन
3. ब्लंट : द कास्ट सिस्टम ऑफ नार्दन इंडिया
4. आर. रौथ : ब्रह्म एंड डाई ब्राहमनेन साइट शृफ्ट, डेर डोय चेन मार्गे नलेडिशन गेज़ेल शाफ्ट, बर्लिन
5. जेम्स मिल : द हिस्ट्री ऑफ इंडिया, द्वितीय संस्करण, लन्दन, 1820
6. जे.सी. घोष : द इंग्लिश वर्क्स ऑफ राममोहन राय
7. स्वामी दयानन्द सरस्वती : सत्यार्थ प्रकाश, अजमेर, सम्वत्–1966
8. वी. केतकर : दि हिस्ट्री ऑफ कास्ट इन इंडिया, न्यूयार्क, 1909
9. भगवान दास : वाल्मीकि जयन्ती और भंगी जाति, 1973, दलित वर्ल्ड लाइब्रेरी, नई दिल्ली
10. अरूण ठाकुर और महम्मद खडस : नरक सफाई, राधाकृष्ण प्रकाशन, नई दिल्ली, 1996

11. एथोविन : 1. आर.इ. ट्राइब्स एंड कास्ट ऑफ बाम्बे, बाम्बे गवर्नमेंट, 1920, भाग-1
2. ट्राइब्स एंड कास्ट, 1872
12. श्रीधर व्यंकटेश केतकर : महाराष्ट्रीय ज्ञानकोश (भ) खंड-4
13. बांबे गजेटियर, आठवाँ खंड, बीसवाँ खंड (1984)
14. बिट्ठल राम शिन्दे : भारतीय अस्पृश्याचे चा प्रश्न, मुम्बई, महाराष्ट्र शासन, समाज कल्याण परिषद, सांस्कृतिक, क्रीड़ा पर्यटन विभाग, 1976
15. दामोदर धर्मानन्द कोसाम्बी :1. बौद्ध संघाचा परिचय, मुम्बई, मंगेश नारायण कुलकर्णी, 1926
2. भगवान बुद्ध : जीवन दर्शन, लोकभारती, 1987
16. डॉ. गोविन्द सदाशिव घुर्ये :जाति, वर्ग और व्यवसाय, राजपाल एंड संस, दिल्ली
17. मेन : ऐश्यण्ट लॉ (नवीन संस्करण, 1930)
18. शेरिंग : हिन्दू ट्राइब्स एंड कास्ट्स, 1930
19. डॉ. पांडुरंग वामन काले : धर्मशास्त्र का इतिहास, तृतीय संस्करण, 1980
20. आर.एन. दांडेकर : ए एज ऑफ द गुप्ताज एंड अदर एसेज
21. रिकाड्र्स ऑफ बुद्धिस्ट किंग्डम्स : अनुवाद-लैग
22. हेमचन्द्र : देशी नाम माला
23. कल्हण : राजतरंगिणी
24. अलब्रूनी : इंडिया
25. विमन पी. शाह : द एजुकेशन प्राब्लमस ऑफ शैडयुल्ड कास्ट एंड शैडुल्ड ट्राइब्स स्कूल एंड कॉलेज स्टूडेंट्स, नई दिल्ली, 1982
26. जे.एच. हट्टन : कास्ट इन इंडिया, कैम्ब्रिज यूनिवर्सिटी प्रेस, 1946
27. जनगणना रिपोर्ट 1891, भाग-1
28. गजेटियर ऑफ देहरादून : एच.जी. वाल्टन, 1911
29. एच.आर. मलकानी : क्लीन पीपल एंड अनक्लीन कंट्री, नई

दिल्ली, 1965

30. गौस अंसारी : उत्तर प्रदेश में मुस्लिम जातियाँ
31. पं. बक्शीराम : वाल्मीकि सभा का इतिहास
32. बी.एच. मेहता : सोशल एंड इकोनोमिक्सि कंडीशंस ऑफ मेघवाल, अनटचेबुल्स ऑफ बाम्बे सिटी (शोध प्रबन्ध)
33. संजीव खुदशाह : सफाई कामगार समुदाय, राधाकृष्ण प्रकाशन, नई दिल्ली, 2005
34. लारेंस डिसुजा : बेडास (वाल्मीकि समाज), यूनेस्को लिटरेसी सेंटर, बंगलौर, 2000
35. एम. केन्नड्री : नोट्स ऑन क्रिमनल्स क्लासेज इन द बाम्बे प्रेसीडेंसी, गवर्नमेंट सेन्ट्रल प्रेस, 1908
36. वी.आर. गुलाटी : एंथरोपोलोजी ऑफ ट्राइब्स
37. सत्यनारायण दूबे : प्राचीन भारत का इतिहास
38. एम.आर. विद्रोही : दलित दस्तावेज, 1989, दलित साहित्य प्रकाशन संस्थान, नई दिल्ली
39. लुई डी गोमेज : बुद्धिज्म इन इंडिया (द एनसाइक्लोपीडिया ऑफ रिलीजन, भाग-II, सम्पादक—मर्सिया एलिमड)
40. राइस डेविस : डायलॉग ऑफ द बुद्ध (दीर्घ निकाय का अनुवाद; पुनर्मुद्रण, लंदन, 1973)
41. रामशरण शर्मा : शुद्राज इन एशियंट इंडिया, द्वितीय संस्करण, 1980
42. संविधान भाग-III, : अनुच्छेद—17
43. एम.आर. मलकानी : क्लीन पीपल एंड अनक्लीन्ड कंट्री, नई दिल्ली
44. बाम्बे गजेटियर : खंड-8
45. वी.एस. सोहनी : एक धेड-ना-दुखनी-कहानी, बम्बई, भारत सेवक समाज, 1921
46. 1910 जनगणना कमिशनर की रिपोर्ट : कमिश्नर का वक्तव्य, भाग-1
47. भगवान दास : मैं भंगी हूँ, दलित वर्ल्ड लाइब्रेरी, नई दिल्ली
48. डी.सी. किंकर : स्वतन्त्रता संग्राम में अछूतों का योगदान,

तुलाचन्दानी प्रकाशन, लखनऊ, 1986

49. रोमिला थापर : भारत का इतिहास, राजकमल प्रकाशन, नई दिल्ली, 1991
50. हरबंस सिंह : एनसाइक्लोपीडिया ऑफ सिक्खिज्म
51. हंस राज रहबर : बोले सो निहाल
52. राजेन्द्र प्रसाद जैन : सन् 1857 का विप्लव और शाह ज़फर
53. दामोदर धर्मानन्द कोसाम्बी : प्राचीन भारतीय संस्कृति और सभ्यता
54. राहुल सांकृत्यायन : मानव समाज, 1986
55. डी.एन. झा : प्राचीन भारत : एक रूपरेख
56. ए.ए. मैकडोनल : संस्कृत साहित्य का इतिहास, मोतीलाल, बनारसीदास, देहली
57. फादर कामिल बुल्के : रामकथा, हिन्दी परिषद, प्रयाग विश्वविद्यालय, इलाहाबाद, चतुर्थ संस्करण, 1993 (प्रथम संस्करण 1950)
58. ए. वेचर : रामायण
59. एच याकोबी : डच रामायण
60. अश्वघोष : बुद्ध चरित
61. ए.सी. दास : ऋग्वैदिक इंडिया
62. आर.सी.हाजरा : पौराणिक रिकाड्र्स
63. डॉ. मंजुला सहदेव : महर्षि वाल्मीकि : एक समीक्षात्मक अध्ययन, पंजाब यूनिवर्सिटी, पटियाला
64. डब्ल्यू कुक : ट्राइब्स एंड कास्ट्स
65. एच.डी. सांकलिया : द रामायण इन हिस्टोरिकल पर्सपैक्टिव, दिल्ली, 1982
66. बी.बी. लाल : हिस्टोरिसिटी ऑफ द महाभारत एंड रामायण : व्हाट हैज आर्कियोलोजी टू से इन द मैटर?
67. जे.एल. ब्रांकिगटन : राइटिस राम : द इवाल्यूशन ऑफ एन एपिक, ऑक्सफोर्ड, 1984
68. श्री प्रियादास प्रभीत : भक्तमाल टीका
69. जोजेफ : नॉट्स ऑन स्कैवैंजर कास्ट ऑफ नार्थ मध्य प्रदेश, एंथरोपास, 1961

70. बी.एन. बर्वे : चेयर मैन रिपोर्ट ऑफ द स्क्वैंजर लिविंग इन्क्वायरी कमैटी, स्टेट ऑफ बाम्बे, बाम्बे डॉयरेक्टर, गवर्नमेंट प्रिंटिंग पब्लिकेशन एंड स्टेशनरी ऑफ बाम्बे स्टेट, 1958-1959

71. ग्रीवन : नाइट ब्रूमस, बनारस, 1860

सन्दर्भ : प्राचीन ग्रन्थ

1. ऋग्वेद–जयदेव विद्यालंकार, आर्य साहित्य मंडल, अजमेर
2. आपतस्तम्ब धर्मसूत्र–सम्पादक : जी. बुलहर, बम्बई, 1932
3. वसिष्ठ धर्मसूत्र–सम्पादक : ए.ए. फुहरर, बम्बई, 1916
4. मनु स्मृति
5. नारद स्मृति–सम्पादक : जे. जाली, कलकत्ता, 1885
6. याज्ञवल्कय स्मृति
7. गौतम धर्मसूत्र–सम्पादक : एल. श्रीनिवास चार्य, मैसूर, 1917
8. विनय पिटिक
9. अंगुत्तर निकायव
10. सुत्त निपात
11. कौटिल्य अर्थशास्त्र–सम्पादक : आर. शामाशास्त्री, मैसूर, 1924
12. विष्णु धर्मसूत्र
13. पाराशर
14. बोधायन धर्मसूत्र–सम्पादक : ई. हुल्श, लिपजिंग, 1884
15. खुद्दक निकाय
16. डच रामायण–एच. याकोबी
17. वाल्मीकि रामायण, गीता प्रेस, गोरखपुर
18. स्कन्द पुराण
19. अध्यात्म रामायण
20. रामचरितमानस, गीताप्रेस, गोरखपुर
21. विष्णु धर्मोत्तर पुराण

सन्दर्भित पत्र-पत्रिकाएँ

1. इन्द्रप्रस्थ भारती, अंक-3, जलाई, सितम्बर, 1991, हिन्दी अकादमी, नई दिल्ली
2. इतिहास, अंक-जनवरी, 1992, भारतीय इतिहास अनुसंधान परिषद, नई दिल्ली
3. समयान्तर, अक्टुबर-2005, जनवरी-2005, जनवरी-2004, नई दिल्ली, सम्पादक-पंकज विष्ट
4. इंडिका, अंक-1, बम्बई, 1984
5. आइ.एच.आर., भाग-II, अंक-1, पूना
6. चाँद, अछूतांक, मई, 1927, सम्पादक—नन्द किशोर तिवारी, इलाहाबाद
7. दीप सौजन्य, दिवाली अंक, 1985
8. मेहतर समाज स्मारिका, सम्पादक, बाला साहेब लाड़, कोल्हापुर (महाराष्ट्र), स्थानिक मेहतर समाज संस्था, 1986
9. वाल्मीकि बन्धु, सम्पादक, डॉ. पी.वी. कट्टिमणि, धारवाड़
10. आई.एच.आर. VIII, अंक-1-2, जुलाई, 1981, जनवरी, 1982-I, द्वितीय संस्करण, पूना, 1968
11. संचेतना अंक-60, 1980, दलित साहित्य विशेषांक, सम्पादक-महीप सिंह, चन्द्रकान्त बांदिवडेकर, नई दिल्ली
12. नवभारत टाइम्स, 20 मई, 1994, नई दिल्ली
13. हिन्दुस्तान टाइम्स, 8 फरवरी, 1993, नई दिल्ली
14. दैनिक हिन्दुस्तान, 2 मई, 2004, नई दिल्ली, 3 मई, 2005
15. जनसत्ता, 23 अगस्त, 2003, 12 सितम्बर, 1993, 13 सितम्बर, 2005 नई दिल्ली
16. सहारा समय, 11 दिसम्बर, 2004, 13 सितम्बर, 2005, देहरादून
17. अमर उजाला, 22 नवम्बर, 2004, देहरादून

23 नवम्बर, 2004, देहरादून
31 अगस्त, 2005, पानीपत
6 सितम्बर, 2005, देहरादून
13 अगस्त, 2005, देहरादून
3 सितम्बर, 2005, देहरादून

18. सफाई दर्शन, 22 सितम्बर, 1962, अंक-3
19. दैनिक नव ज्योति, 31 दिसम्बर, 1998
20. दैनिक भास्कर, पानीपत, 6 नवम्बर, 2005, 1 सितम्बर, 2005
21. संघर्ष, अंक-1, अक्टुबर-दिसम्बर, 2005, दिल्ली
22. द ट्रिब्यून 8 सितम्बर, 2005
23. फ्रंट लाइन, 28 सितम्बर, 2005
    23 सितम्बर, 2005
24. द हिन्दू, 3 सितम्बर, 2005, 1 सितम्बर, 2005, नई दिल्ली
25. हंस, अक्टुबर, 2005,
    अक्षर प्रकशन, नई दिल्ली, सम्पादक-राजेन्द्र यादव
26. प्रशान्त ज्योति 4 सितम्बर, 2005, श्री गंगा नगर, राजस्थान।

●●●